发达国家再工业化背景下我国制造业升级的策略研究

周海蓉 著

上海远东出版社

图书在版编目(CIP)数据

发达国家再工业化背景下我国制造业升级的策略研究 /
周海蓉著. —上海：上海远东出版社，2022
ISBN 978-7-5476-1826-4

Ⅰ.①发… Ⅱ.①周… Ⅲ.①制造工业-产业结构升
级-研究-中国 Ⅳ.①F426.4

中国版本图书馆 CIP 数据核字(2022)第 132454 号

责任编辑　程云琦

封面设计　李　廉

发达国家再工业化背景下我国制造业升级的策略研究

周海蓉　著

出　　版	**上海远东出版社**	
	(201101　上海市闵行区号景路 159 弄 C 座)	
发　　行	上海人民出版社发行中心	
印　　刷	上海信老印刷厂	
开　　本	710×1000　1/16	
印　　张	15.25	
插　　页	1	
字　　数	231,000	
版　　次	2022 年 8 月第 1 版	
印　　次	2022 年 8 月第 1 次印刷	

ISBN 978-7-5476-1826-4/F·693

定　　价　68.00 元

前　言

20世纪90年代以来，美国、欧盟、日本等发达国家和地区面临着产业发展困境，一方面"去工业化"趋势凸显，低端产业加速流失，另一方面，虚拟经济逐渐在经济发展中占据主导地位，实体经济更加呈现不断萎缩的发展态势，直至制造业发展愈发"空心化"，最终导致失业率居高不下，财政陷入巨额赤字。2008年全球金融危机之后，发达国家更是陷入了以"高债务、高失业、低增长、低投资"为主要特征的经济发展状态，且由于新增长点不明，复苏进程长期缓慢。为了提振经济增长、探索解决结构性问题的"治本"之策，发达国家开始反思曾经那种过度依赖于虚拟经济的发展模式。为了使经济增长重新回归实体经济，美国、欧盟、日本等发达国家和地区将"再工业化"作为重塑竞争优势的重要战略，力求实现从"去工业化"到"再工业化"的快速转身。2010年8月11日，美国总统奥巴马签署《制造业促进法案》，正式启动了美国"再工业化"战略。备受欧债危机困扰的欧盟成员国也开始重新重视制造业的地位，多个成员国提出将实施"再工业化"战略。自1980年以来首次出现贸易逆差的日本，也出台了"再工业化"战略的相关举措，着力扭转由于产业空心化所导致的制造业流失。以发达国家为主导，以数字化、人工智能化制造与新型材料的应用为标志的新一轮工业革命正悄然袭来。未来，发达国家的"再工业化"战略，必将对全球制造业的竞争态势、发展格局和力量对比产生深远影响。

从我国制造业发展的视角来看，当前我国制造业的发展仍处于世界制造业产业链的中下游，在全球贸易中的收益并不丰厚。随着发达国家加快推进"再工业化"战略，全球将步入新一轮工业化浪潮，使我国制造业发展再次处在"不进则退"的风口浪尖。首先，技术获取可能更加艰难。由于发达国家的"再工业化"

战略重点聚焦高端制造业和高端制造环节，而现阶段我国制造业的发展正处于从低端环节向中端和高端环节迈进的关键时期，必然会与发达国家在制造业发展中产生许多新的"交集"，触发更多新的"碰撞"。为此，发达国家必然会加快对资本和技术输出的限制，尤其会加强技术封锁。而且，随着部分高端制造企业向发达国家回迁，与之相配套的设计研发也将发生转移。因此，我国制造业获得核心技术的道路将更加艰难。其次，贸易规则可能出现转向。"再工业化"战略的目标是增加出口、平衡贸易，恢复制造业竞争力，并将从制造业的现代化、高级化和清洁化中寻找发展新动力。因此，发达国家将利用其技术优势在竞争规则和国际贸易规则上做文章，力图使国际竞争规则和国际贸易规则的制定更有利于其发展高技术和高清洁制造业，从而制造贸易壁垒，各种贸易摩擦将愈发频繁和激烈，将对我国制造业参与国际竞争和国际贸易产生制约效应。再次，低端锁定可能更加强化。之前，我国制造业的发展主要是从低端环节入手，参与全球价值链的价值分配，在这种纵向压榨的模式下很难获得产业升级的主动性。而且，我国由外资所主导的分工网络，本身就具有较强的封闭性，导致关键知识难以溢出。因此，即便主导的外资企业实现了发展升级，为其所配套的我国本土企业也几乎很难同时实现升级。"再工业化"战略从本质上而言，实际上是发达国家应对新一轮工业革命，紧抓制造业数字化、智能化发展趋势，以全球范围内价值链的动态优化和重组为途径，从而重塑制造竞争优势的一种战略。这种战略的实施不排除会进一步锁定我国制造业发展所面临的分工低端化和技术低级化的困境，我国制造企业在全球价值链的低端锁定效应有可能进一步强化。

基于此，本书立足于"再工业化"战略的深层次内涵与战略特征，重点聚焦发达国家"再工业化"战略的主要战略举措，从而在发达国家实施"再工业化"战略的背景下，剖析制约我国制造业转型发展的瓶颈，并提出加快提升我国制造业竞争能力、实现我国制造业可持续性发展的对策建议，对于有效应对发达国家"再工业化"战略，加快我国制造业转型升级具有重要意义。

其一，系统梳理美国、英国、德国和日本等发达国家制造业的发展历程，把握其工业化发展的主要特征和历史规律。在此基础之上，重点剖析其"去工业化"历程，这也是实施"再工业化"战略的历史背景和现实出发点。"去工业化"历程最明显的特点就是金融业和房地产业得到飞速发展，但是众多制造业企业却开始外迁，进而导致金融衍生品过度泛滥，与此同时，产业发展呈现"空心化"态势。

其二，重点分析发达国家"再工业化"战略的主要举措。虽然"再工业化"战略的实施是因为发达国家充分认识到"去工业化"和虚拟经济过度发展给整个经济体系带来深层次冲击，但是"再工业化"战略的推行并不是为了将之前转移到新兴经济体的低端生产环节重新移回本国，而是更加关注新一轮制造业发展中的关键领域和高端环节。因此，为了能够为制造业发展创造良好的支撑环境，发达国家在科技投入、人才培育、融资环境等多方面采取相关配套政策，特别是十分注重新技术突破所需要的产学研体系的构建，并不断创新基于制造业发展新趋势的研发模式。

其三，发达国家推出"再工业化"战略之后，取得了一定成效。例如，有些发达国家的制造业企业开始将部分生产环节向本国转移；制造业在 GDP 中所占的比重开始缓慢回升，并带动了制造业就业岗位的增加。而且，由于"再工业化"战略基本都明确了吸引外商直接投资的相关优惠政策，因此，制造业领域的FDI 也呈现不断增加的态势。

其四，发达国家"再工业化"战略的实施必然会对全球制造业的发展格局产生深远影响。特别需要关注的是"再工业化"战略对全球产业竞争、国际分工、核心要素、生产模式、创新模式、产业组织和贸易环境等方面所产生的影响以及未来的演化趋势。

其五，聚焦我国制造业发展的历史脉络和发展进程。重点分析我国工业化进程的不同阶段划分、不同发展阶段所取得的主要成就以及在发达国家实施"再工业化"战略的时代背景下，我国制造业高质量发展所面临的突出问题和关键瓶颈。

其六，重点分析在发达国家实施"再工业化"战略背景下，我国制造业发展所面临的新机遇和新挑战。发达国家"再工业化"战略的推进和实施使得我国制造业发展所面临的国际环境和产业生态体系发生了深刻变化，在这一全新的时代背景下，我国制造业的高质量发展既要抓住新机遇，在某些有可能实现赶超的领域进行前瞻性的优先布局，又要积极应对制造业发展新趋势所带来的新挑战，避免陷入新一轮的低端锁定。

其七，重点分析发达国家实施"再工业化"战略背景下，我国制造业的升级策略。在新的形势和要求下，我国需要进一步明确未来加快推动制造业高质量发展的战略路径和发展重点，尤其是聚焦产业导向、关键领域、产业融合、体制优化、区域协同、金融支撑、产业政策、绿色发展和人才支撑等重点领域，制定更具针对性的对策和举措。

目　　录

第 1 章

总　论

　　制造业发展对于国民经济增长具有强大的拉动作用，因为经济增长的最恒久动力来自技术创新，制造业不仅是技术创新的主要来源，而且是技术创新的重要使用者和传播者。绝大多数高收入国家在其发展过程中都经历了"制造业富国"这一阶段。从历史数据看，发达国家经济增速最快的时期都出现在制造业高速发展过程中，1950—1973 年，发达国家国内生产总值年均增长率达到 4.05%，而且发达国家的制造业在发展高峰时期，占国内生产总值的 25%—35%。进入"后工业化"阶段，发达国家经济增速普遍放缓，工业产值在国内生产总值中的比重迅速下降，经济增速也随之下滑到不到 2%。特别是 2008 年全球金融危机之后，发达国家普遍陷入失业率上升、信贷增长乏力和财政状况恶化的困境。为尽快恢复国内经济增长，降低失业率，发达国家在吸取金融危机教训的基础上，重新认识到发展实体经济的重要性，纷纷推行以重振制造业为核心的"再工业化"战略。例如，2011 年 2 月，美国国家经济委员会发布的《美国的创新战略：保障经济增长和繁荣》强调，制造业技术创新是未来经济增长和竞争力提升的基础。欧盟在 2012 年产业政策通报的开篇即点明了"再工业化"战略所肩负的经济增长重任："欧盟需要在 21 世纪扭转工业角色的弱化趋势。这是实现可持续增长、创造高附加值就业以及解决我们面临的社会问题的唯一道路。"2013 年，英国政府发布了《制造的未来：英国的机遇和挑战新时代》的研究报告，推出"高价值制造"战略，鼓励制造企业在本土生产更多世界级的高附加值产品，以加大制造业在促进国民经济增长中的作用。

"再工业化"战略实施之前，随着发达国家在全球范围内进行制造业发展布局，制造业资本加速流向以中国为代表的新兴经济体，金融资本则进一步流向了美国等发达国家，制造业领域的跨国公司在这一过程中逐渐成为全球化的重要行为主体，助推了全球价值链分工体系的形成，推动全球金融、贸易、技术的快速流动与深度融合。随着制造业全球化布局的持续深入，全球价值链打破了传统贸易生产和交换的界限，一项产品从研发、零部件生产到装配终端产品的整个过程，是在多个国家和区域完成的，全球超过三分之二的国际贸易是通过全球价值链进行的。

全球制造业的价值链也逐渐演化为由技术密集型产业、资本密集型产业、劳动密集型产业组成的金字塔式的垂直结构。发达国家的制造业主要集中在技术和资本密集型产业，位于全球价值链的顶端，对全球价值链的利润分配掌握充足的话语权。而新兴经济体则主要集中在劳动密集型产业，位于全球价值链的底端。新兴经济体向发达国家转变的过程，也即是从全球价值链底端向顶端攀升的过程。随着发达国家实施"再工业化"战略，积极推进创新引领高端制造业发展，力图巩固其全球制造业中心地位，此举必将对全球产业链、价值链、供应链的"三链"秩序产生深远影响，重构"三链"结构。例如，劳动密集型生产环节将加速向南亚、东南亚等地区转移，资本和技术含量较高的生产环节则可能转移至美国等发达国家。全球产业链、供应链在新冠肺炎疫情之后呈现内向化发展态势，一方面在纵向分工上趋于缩短，另一方面在横向分工上趋于区域化集聚。同时，新一轮科技革命与贸易格局变化也将对制造业的产业组织、空间布局产生深刻影响，制造业全球产业链、供应链布局将迎来进一步调整。

我国在改革开放后多年来持续高位的制造业投资比重为之后的经济起飞奠定了基础，特别是通过改革开放大规模承接发达国家的制造业转移，吸纳全世界的科技成果，深度参与并融入全球价值链、产业链的合作，推动了我国工业化进程、现代化进程以及要素效率提升。随着美国、德国等制造业强国纷纷实施"再工业化"战略，同时我国的劳动力优势也在逐渐衰减，制造业的发展和升级将面临发达国家高端制造"回流"与新兴经济体低端制造"流入"的双向挤压，这将改变我国长期以来"以市场换技术"的发展轨道及通过"学习曲线"实现后发国家赶超发展战略的路径。

在发达国家持续推进"再工业化"战略的背景下，我国应当把发展先进制造业摆在更突出的位置。为此，我国既要积极应对发达国家"再工业化"战略给我国制造业升级带来的新挑战，同时也应当抓住全球制造业创新步入新一轮活跃期的有利机遇，既抓住存量优化，又做好增量培育，广泛应用先进制造技术，积极采用先进制造模式，着力构建具有竞争力的现代化产业链条，在重要领域和核心环节上确保关键时刻"不掉链子"。

第 2 章
发达国家实施"再工业化"战略的时代背景

工业化是人类历史上从国别现象演变为全球现象的重要历史过程。工业化现象虽然是从少数国家开始萌芽，但是最终几乎世界上所有的国家都被卷入工业化浪潮中，并且踏上以工业化带动现代化的发展之路。但是，工业化并不是一帆风顺的，而是呈现螺旋式的发展进程。工业化进程最早发端于 17 至 18 世纪的西欧以及西欧移民国家，不仅使这些国家成为世界上最主要、最先进的工业化国家，而且为这些国家的崛起奠定了坚实的物质基础。从某种意义而言，两次世界大战都是工业文明发展到一定阶段的极端表现①。从 20 世纪中后期开始，经济全球化的迅猛发展导致国际产业分工格局发生巨大变化，特别是发达国家的制造业发展活力有所下降，经济发展越来越依赖于以资本运作和证券化手段为主体的金融运作，形成了虚拟经济与实体经济"头重脚轻"的不稳定结构。由此，引发了之后"再工业化"战略的兴起。

2.1 主要发达国家的制造业发展历程

在三大产业中，制造业是真正具有强大造血功能和辐射效应的产业，对整个经济体的繁荣发展和国力强盛有着十分重要的战略意义。18 世纪中叶以前，人

---

① 金碚.大国筋骨：中国工业化 65 年历程与思考[M]. 广东经济出版社,2015：213.

类社会的发展经历了漫长的停滞期，经济平均增速约为零。1700 年，全球总人口约 6 亿人，从公元前 10000 年至公元 1700 年，年均增速仅为 0.04%。直到英国开启了第一次工业革命，人类社会才打破规模报酬递减与人口指数增长的恶性循环。从发达国家的发展历程来看，其强大的经济实力和国力背后都离不开制造业发展的有力支撑。在《富裕的杠杆》一书中，莫基尔将经济增长的驱动力归结为以下四个方面：资本存量的增加[①]；商业扩张，如贸易的全球化[②]；规模效应[③]；知识积累，包括技术进步和制度变革[④]。这四方面的经济增长驱动力显然都离不开并且蕴含在工业化进程中。发达国家也正是凭借着工业化充分发展的优势，一直推动着世界以发达国家的经济发展为核心进行运转。

2.1.1　英国的制造业发展历程

英国是当今世界上最早开始工业化和城市化的国家，在时间上比美国、法国、德国、意大利等发达国家提前了 100 年左右，比大部分发展中国家提前了 200 多年。英国在工业革命开始之前就已具备良好的市场条件基础。17 世纪中期，英国在政治上实现了统一，国内不再存在关税壁垒，使得英国成为全球最早建立起统一市场的国家，这为后来发展市场经济创造了良好的条件。而且，封建专制制度被推翻，之前经济体系中所存在的"专卖权"等也被逐步取消，这使得政府对经济发展的干预程度逐步降低，为制造业的发展创造了相对自由的发展环境。从英国在国外的扩张来看，"圈地运动"和殖民运动的推进为英国发展制造业提供了强有力的资本支撑，同时也打开了制造品海外销售的广阔市场。而且，英国在较长时间内保持了国内形势的稳定，几乎很少受到战争的破坏，特别是从 17 世纪中叶内战结束之后，几乎没有发生过规模较大的战争，基本上没有遭到过外来敌人的入侵，这为工业革命在英国的兴起创造了稳定的国内环境。

18 世纪中期到 19 世纪 40 年代的"圈地运动"对工业化产生了初始推动作

---

① 索洛增长。
② 斯密增长。
③ 诺斯增长。
④ 邵宇,陈达飞.创新:现代经济增长的不竭源泉[EB/OL].澎湃新闻,2021-10-24.

用。这一阶段通过"圈地运动"实现对农民的财产剥夺和强制性农场化，提高了农业生产剩余的能力，迫使农业劳动力大量转向工业，从而开始了英国的工业化和城市化进程。始于16世纪的英国"圈地运动"持续了大约4个世纪，但对工业化和城市化的推动作用主要体现在18世纪中期的工业革命以后。其作用主要体现在，首先扩大了农场规模，提高了农业的相对价值和绝对剩余价值水平。1851年的一项调查显示，英格兰和威尔士的农场总面积为2 470万英亩，其中经营面积在100—500英亩以及500亩以上的大农场约占78.2%，经营面积在50—100英亩的中等农场约占13%，经营面积在5—50英亩的小农场仅占8.6%。即使是小农场，在经营方式上也完全不同于工业革命以前的小农经济。农场规模的扩大为具有不可分特征的农业机械技术的广泛采用提供了可能。随着机械技术的广泛应用，化肥和良种技术也开始推广，并实行了耕作制度改革，使得农业生产水平和生产效率大幅提高。在1650—1800年的150年间，英国的小麦单产水平平均提高了77%，而仅在19世纪上半叶就提高了79%，其中19世纪50年代比30年代的小麦产量提高了大约50%。1790年以后，农业生产的增长速度逐渐加快，1790—1815年间平均增长率大约为0.2%，1816—1846年间为0.3%，一个农业劳动力在1700年时只能养活1.7人，而到1800年时就能够养活2.5人了。可见，"圈地运动"实际上是通过土地的生产关系的变革，极大地带动了农业生产力的发展，使农产品供给能力大为增强，农业剩余供给水平大幅提高。其次，迫使农业劳动力大量转向工业。工业革命时期大规模的"圈地运动"，使得越来越多的小自耕农丧失了土地所有权和在公有土地上的放牧权，为当时日益增长的城市机器大工业部门提供了大量的廉价劳动力。英国的农村人口占总人口的比重迅速降低。1700年，农村人口占总人口的比重约为60%，1801年降到36%，1821年降到32%，1851年降到16%。与此同时，城市数量迅速增加。1801年，英国5 000人以上的城市只有105座，工业革命结束后的1851年，猛增到265座。而且出现了伦敦、曼彻斯特等人口上百万和几十万人的大城市。1801—1851年间，英国城市居民占全体居民的比重由32%上升到50.1%。

19世纪40年代到20世纪30年代，农业贸易条件的恶化进一步推动了英国的工业化进程。19 世纪 40 年代之前,英国的议会和政府基本由大地主、大商人和金融贵族所控制,他们为了本阶级的利益而不惜牺牲工业资产阶级的利益,多次颁布"谷物条例",实行关税保护,限制和禁止国外廉价农产品以及工业原料的进口。"谷物条例"在保护农业生产者利益的同时,却为高速发展的工业产业带来了一系列障碍。例如,谷物价格过高,在工人的日常支出中食物费用占一半以上;工资的高低取决于面包的价格,从而造成了谷物价格和工人工资轮番上涨的现象,导致了工业产品中工资成本过高,由此工业资本家的利润逐渐下降。因此,19 世纪上半叶,对农业生产的保护成为工业化和城市化进一步发展的障碍。为了降低谷物价格,进而降低工业品成本,扩大工业品市场,增加工业利润,工业资本家和城市消费者联合起来,与大地主开展斗争。终于在 1846 年,废除了"谷物条例",实行自由贸易,放开农产品市场。此后,两大产业的比较利益逐渐向工业转移。1840 年,英国农产品对工业品的相对价格指数为 112%,废除了"谷物条例"后,1850 年即下降为 90%,1900 年下降到 80%。由此可见,从 19 世纪中期开始,英国农业的贸易条件明显恶化。这种状况又通过城市和农村的"推""拉"两种力量,使得工业化和城市化的速度大大加快,工业化和城市化最终在工业对农业的超强度剥夺中大大地向前迈进了。城市化过程催生的需求,带来手工业和消费行业的兴旺。在整个 19 世纪的英国发展历程中,纺织工业都是英国的主导产业,进口棉花、自产羊毛,并出口棉纺织品和毛纺织品,纺织品的出口占相当大的比重。

与此同时,英国的文化思想和科技进步的条件为工业革命的发生奠定了基础。由于当时的英国社会受到了比较深刻的"功利主义"的影响,英国民众十分渴望能够大量积累财富,所以具有强烈的进取精神,为工业革命的兴起提供了创新活力的氛围。从宗教政策来看,英国拥有比较宽松的宗教政策,吸引了大量的新教徒,从而为工业革命的兴起带来了大量的资金支持。更为重要的是,英国在科技创新方面实现了具有里程碑意义的突破,从 16 世纪到 19 世纪先后诞生了培根、牛顿、胡克、波义耳等近代科学的鼻祖,"科技进步可以改善人类生活"的理念深深地影响英国政府和民众。1660 年,英国成立了"皇家学会"。1754 年,又成立了"工艺制造业和商业促进会",这些以科技为导向的机构和团体成为推动英国科技进步和工业革命兴起的重要力量。除此之外,英国较为领先的银行业也为工业革命提供了有力的资金支撑。18 世纪中叶,英国开始出现地方银行,主要吸收散落在民间的零散资金,并在本地开展相关的资金融通业务。1776 年,瓦特在英国展示了他的第一台蒸汽发动机,英国开启了第一次工业革命,同时也开启了英国作为世界制造中心的地位。为了垄断"世界制造中心"的地位,英国禁止出口任何其工业核心技术,并禁止任何相关方面的人才离开英国。之后,英国的工业革命取得巨大的成就。1850 年,英国的金属品和纺织品的产量占到世界总产量的 50%,煤炭的产量占到世界总产量的三分之二。1870 年,英国的工业产量在全球的占比为 31.8%,高于美国的 23.3%,德国的 13.2% 和法国的 10%。

2.1.2　美国的制造业发展历程

美国的工业化进程基本上可以分为三个阶段。第一阶段:工业化发展的萌芽阶段(1776—1815 年)。此时,美国的农业国家特征明显,初步建立了以农业、畜牧业和手工业为主导的产业体系。如果有 1 美元投入工业,那么就有 7 美元投入农场、农业装备等,农产品产值占到了当时美国全部商品生产的一半以上。1784—1786 年间,美国从英国进口的货物总值达到 759 万英镑,而同一时期,美国出口到英国的货物总值却只有 248 万英镑,货物贸易的逆差达到 511 万英镑。由于货物出口市场的不断萎缩,使得美国国内的商人和农场主纷纷破产,并引发了严重的社会动荡,有的区域甚至爆发了起义。在这一时期,"美国究竟应该走向何方"成为各方热议的话题。当时摆在美国政府面前有两条可供选择的道路,一条道路是以托马斯·杰斐逊为代表的依托农业发展立国的道路;另一条道路则是亚历山大·汉密尔顿所提倡的大力发展制造业的强国路径。1791 年 12 月,汉密尔顿专门向美国国会提交了《关于制造业发展的报告》,特别提出,如果美国想在全球经济中占据有利的发展地位,就必须向工业化国家转型,而不能单纯发展农业,因为制造业的发展关系到整个国家的经济独立。但是,由于当时美国的经济结构仍然是由英国的种植庄园主等掌控，所以这一提议并没有得到重视。而且，当时美国政府实行低税率政策，进口税率仅为 9%，即便开始发展制造业，也很难起到保护国内制造企业的作用。

1807 年，英国炮轰了美国战舰"切萨皮克号"，这一次袭击将美国从传统农业大国的美梦中惊醒过来。1807 年 12 月，美国政府专门出台了"禁运法案"，明确规定禁止一切船只离开美国前往国外的港口；船主只有在交给政府两倍于所运货物价值的债券以后才能进行沿海贸易，而且货物必须运往美国领土。制定这一法案的初衷本来是想给英国政府一点教训，希望能够借此中断对英国的农产品供应，从而打击英国政府。但是出乎意料的是，这一法案的执行结果却与初衷恰恰相反：不仅没有打击到英国政府，反而几乎摧毁了美国的商业，使得美国的经济运行陷入瘫痪状态。1807—1808 年，美国的对外贸易急剧下降，出口额从 1.834 亿美元迅速下降到了 2 243 万美元，下降幅度高达 88%；进口额则从 1.385 亿美元降低至 5 699 万美元，下降幅度高达 59%。众多的小农场主在此次危机中破产，工业制成品的供应又明显滞后，由此导致关税收入急剧减少，财政开始出现巨额亏空。因此，在强大的压力之下，美国政府于 1809 年初取消了"禁运法案"。这一法案的取消反而在很大程度上刺激了制造业的发展，工业品的价格大幅上升，1810 年，美国制造业的生产总值已经达到 1.2 亿美元。

第二阶段：工业化发展的起步阶段（1815—1860 年）。这一阶段，美国的制造业发展取得了突飞猛进的成效。1824 年和 1828 年美国政府先后两次提高关税，特别是 1860 年林肯当选美国总统之后，制定了高达 44% 的关税。在高关税的保护下，美国的钢铁业取得了极大的发展。同时，美国政府开始积极吸引海外移民，以此为制造业的发展提供了充足的劳动力储备。但是，作为工业革命的发源地，英国为了能够继续保持技术垄断的地位，不仅在 1774 年和 1781 年制定了禁止纺织机器出口的法律，而且自 1782 年开始制定了更严格的法律，限制熟练劳动力离开英国。美国只好偷偷在英国招募相关人才，例如散布秘密告示，告知愿意前往美国从事纺织制造的人才将获得巨额报酬等，由此带动和吸引了一大批劳动力前往美国发展，工业革命开始在美国展开序幕。尝到吸引劳动力的甜头之后，美国政府还专门制定了《移民奖励办法》，希望能够进一步加大人才吸引力度。这些政策的制定均取得了较为突出的成效，为美国制造业的发展奠定了坚实的人才支撑。与此同时，美国制造业的发展不仅实现了产值的快速增长，更为重要的是制造业开始向新兴部门进行传播，制造业发展的派生需求开始不断增加。

第三阶段：工业化发展的成熟阶段（1860—1889 年）。美国的工业革命可以说是在十分有利的自然及社会背景下迅速发展起来的。一方面，开放的劳动力市场为美国吸引了大量的移民涌入，为制造业的发展提供了充足的劳动力保障；另一方面，美国大量引入来自欧洲的先进技术，并在此基础上完成了包括汽车、石油开采等在内的多项重大技术发明。经过了近一个世纪的发展之后，美国的工业生产总值开始超越农业生产总值，甚至超过了同期英国、法国等欧洲国家的工业生产总值。1900 年，美国工业总产值占到了世界工业总产值的 30%，一跃成为全球制造业规模最大的国家。1913 年，美国的煤、生铁和钢铁等传统工业产品产量已经达到世界第一，制造业在国民经济中所占的比重也在 20 世纪 50 年代达到 28% 的峰值。以汽车制造为例，1925 年，美国的汽车产量就已经是英国的 25.5 倍、法国的 24.1 倍。1929 年，底特律的汽车产量占到了美国汽车总产量的 80% 和全世界汽车总产量的 70%，由此也使得底特律吸引了美国南部的大量居民，人口也在 1950 年达到了 185 万人的峰值。之后，美国的制造业发展在历经升级换代、淘汰夕阳产业的同时，开始朝着知识密集型和技术密集型的方向发展，特别是在生物医药、机械制造、精密仪器、航天航空等众多领域，始终保持着世界领先地位，不仅产值规模大幅增长，而且拥有许多在全球产业链占据高端位置的顶尖企业，强大的制造业实力令许多国家望尘莫及。

2.1.3 德国的制造业发展历程

德国的工业发展迟于英国约半个世纪。由于封建割据和农奴制的长期统治，直到 19 世纪三四十年代，德国还是一个农业国，产业工人仅占全国人口总数的 2.98%。1848 年资产阶级革命后，机器大工业才逐步确立起来。1871 年德意志帝国建立以后，依靠对国内廉价劳动力的剥削和对国外军事侵略及战争赔款，实现了大工业的迅速发展。德国工业化发展的主要标志是以铁路为代表的交通运输业，极大地带动了钢铁、煤炭和相关机器制造的发展。莱茵河流域的鲁尔地区成为当时德国重工业发展的主要集聚地，特别是以蒸汽机车为代表的机器制造业得到了快速发展，大量产品出口到欧美市场。1871 年至 1914 年间，德国基本完成了统一，紧紧抓住了第二次工业革命的机会，正式走上工业化发展道路。一方面，德国开始积极改造传统的机械设备制造行业，形成了以加工工具等为主的轻型机械设备。同时，以机床制造为主的重型机器设备制造业也得到了快速发展，并且开始涉足电力机器设备制造行业。但是，当时"德国制造"的声誉却并不佳，特别是受到英国政府的歧视，迫使德国必须在其出口的商品上贴上"德国制造"的标签，将其与优质的英国产品进行区分。之后，德国制造企业为了改变这一尴尬状况，奋力进行技术改造，不断完善机床等工业制成品的性能。特别是德国积极利用英国和法国已有的技术进行改良，制造出比其更为先进的蒸汽机及其他产品，在钢铁工业、化学工业和电力工业等方面开始领先于其他国家，出现了"英法开花，德国结果"的局面。因此，第一次工业革命是以英法创新技术为主要核心，而德国在第二次工业革命中则以技术改良促进制造业发展，以较小的代价实现了制造业快速发展。到了 1893 年左右，德国工业品已经被赋予"优质"和"高精度"的标签，"德国制造"反而成为优秀制造品牌的象征。除此之外，德国制造企业在生物医药、仪器设备等领域开始深耕，并逐步在全球取得垄断性的市场地位。1906 年，德国的工业产值占世界工业总产值的比重已经超过英国，达到 16%。1907 年，德国制造已在各主要制造领域，特别是技术密集型的制造领域中取得突出成就。1914 年，德国基本完成工业化过程，建立起完整的工业体系，成为名副其实的欧洲工业强国。

汽车、机械制造、电子电气和化工是德国工业的四大支柱，其销售额约占国内生产总值的 1/4，产品在国际市场上具有较高的竞争力。2007 年对于德国机械工程行业来说是硕果累累的一年。在美元持续疲软的情况下，对特定种类的产品如机床工具的需求却大幅增长。2007 年的前 9 个月中，德国机床工具的外贸订单就增长了 29%。而国内对此产品领域的需求增长还要旺盛，订单量激增了

35%。传统工业如汽车和机械仍在出口中占据主导，分别占工业出口总额的27.4%和16.6%。

2.1.4　日本的制造业发展历程

江户时代是日本政府从欧洲引进并着手准备第一次工业革命的关键时期。这一时期主要有如下特征：商业和贸易繁荣、政治稳定、基础设施建设不断加快、手工作坊日趋增多，培育了拥有较强经济实力的商人阶层。明治维新之后，日本通过学习欧美国家近代工业化的经营思想、制度设计以及引进外国先进技术和设备，加快了工业化进程，改变了制造业基础薄弱、结构不合理等状况。第二次世界大战前，日本的钢铁、机械、兵器、汽车、飞机等产业已具备一定实力，为制造业发展奠定了基础。第二次世界大战之后，日本制造业发展主要经历了四个阶段。

第一阶段：制造业快速崛起，促成日本形成经济增长奇迹。战后初期，日本实施了解散财阀、农地改革、劳动立法等民主化改革，促进了社会生产力的发展，为制造业的高速增长创造了条件。在资金、物资供应紧缺的情况下，1947年吉田内阁开始推行"倾斜生产方式"，将有限的资源集中使用，优先生产煤炭，继而用于发展钢铁、电力等产业，由此带动整体产业的复苏。随着产业及经济逐步恢复，1952 年日本实施《企业合理化促进法》，加快推动产业现代化、生产规范化和企业规模化。20 世纪 50 年代中期以后，在继续促进产业合理化的同时，日本开始将重点转向扶持重工业。为振兴机械、石化等重工业，日本政府在资源供给、融资条件、税收优惠、技术支持等方面予以倾斜，并限制进口相关产品。1945—1955 年成为日本经济恢复的关键时期，GDP 迅速增长，年均增长率高达18.16%，制造业在这一段时间成为主要带动力量，年均复合增长率高达30.3%。这一时期，出版印刷业、造纸工业、食品制造业和纤维工业等劳动密集型轻工业是日本制造业发展的主导产业。主要是由于日本经济以稳定和恢复为目标，实施了产业复兴政策和产业合理化政策，旨在解决劳动力，提供就业的机会，因此，能够提高日用品供给能力的劳动密集型的轻工业得到了快速发展。

第二阶段：20 世纪 70 年代石油危机爆发，推动日本制造业成功转型。1956 年到 1972 年间，日本实现了 GDP 年均增长率保持在 15.23% 的高水平经济增长阶段。其中，制造业增长率为 16.98%，高于整体 GDP 增长率，制造业占全产业的比例也为战后日本经济历史中最高，始终高于 30%，在 1970 年甚至达到了 37.5%。这一时期，日本制造业结构也发生了较大变化，特别是重化工业化政策对促进战后日本企业发展壮大、确立制造业强国地位发挥了重要作用。钢铁业、金属制品制造业等重化工业迅速发展，成为日本制造业的主导产业，呈现明显的"重工业化"特征，重化工业等资本资料产业的年均复合增长率为 17.8%，重化工产业占总体制造业的比例已从 1956 年的 57% 上升至 1972 年的 65%。同时，电气、运输、机械制造业等加工组装工业也发展迅速，成为主导产业。高技术产业比例已经超过低技术产业，说明这段时期日本制造业同时表现出了"技术集约化"的趋势。伴随制造业的崛起，日本的产品出口日益扩大，20 世纪 60 年代中期基本扭转了贸易长期逆差的状况，并于 1968 年跃居世界第二经济大国。1973 年，第一次石油危机爆发，给能源短缺的日本造成重创，制造业成本显著上涨，产业竞争力下降，甚至经济一度陷入负增长。以此为转折，日本开始大力推动能源结构转型，开发和推广节能、新能源等技术，扩大利用可再生能源，并引导和推动制造业从资源消耗型重化工业向低能耗技术密集型产业转变。经过调整和转型，日本不仅节能环保技术走在世界前沿，对大宗商品价格波动的承受能力增强，而且实现了制造业的结构升级，劳动生产率明显高于欧美发达国家，产品性能及出口竞争力进一步提升。

1973 年石油危机以后，能源价格和工资的上涨导致钢铁、造船、化学等在高速发展时期的支柱产业失去了竞争力，取而代之的是汽车、电子等加工组装型产业成为主角，加工组装工业尤其是其中的机械制造业开始制造业的发展。日本的汽车产业到 20 世纪 70 年代末，已经达到可以与世界上最大的汽车生产国美国相抗衡的水平了。1968 年，日本汽车产量在全球汽车总产量中占比为 9.5%，与美国相差悬殊；而到了 1983 年，日本汽车产量在全球汽车总产量中占比达到 24.1%，已经超越美国。在这一时期，日美两国围绕汽车及汽车零部件的贸易摩擦不断演化升级，也从侧面反映出了日本产品及产业竞争力的提高。

第三阶段：20世纪90年代初"泡沫经济"崩溃后，日本制造业在困境中探寻出路。20世纪80年代中期以后，跻身于世界经济、贸易、投资、援助大国之列的日本，后发效应开始消退，国内市场日渐饱和。在1985年"广场协议"后日元大幅升值的情况下，日本采取了宽松货币政策，以防止出口下滑和经济萧条。释放出的资金大量进入房地产、股票市场，推高了地价和股价，经济"泡沫"膨胀，制造业的竞争优势开始滑坡。随着20世纪90年代初"泡沫经济"的崩溃，日本经济陷入长期低迷，由此引发了有关制造业与经济增长的关系、如何看待制造业在日本经济中地位的讨论，如日本著名经济学家野口悠纪雄曾认为，制造业立国的经济发展模式是日本经济停滞不前的原因之一。他认为日本必须改变以往的制造业立国模式，确立以"人才开国""富人模式"为目标的新兴成长模式，才能使日本经济尽快从低迷中活跃起来。

这一时期，日本国内外经济环境发生重大变化。世界经济从工业化时代向信息化、网络化时代过渡，新兴市场快速发展，各国和地区积极推动产业结构转型，而日本的发展则相对滞后。典型的例子便是1999年，日本的信息技术经费投入远低于美国、英国、加拿大、法国、德国等。日本制造业存在信息技术渗透缓慢、与市场需求脱节、新的比较优势缺位等问题，索尼、松下等大企业一度陷入经营困境，开始纷纷调整企业战略，探索适应未来发展趋势的转型之路①。

可以说日本是第一个成功复制工业革命经验并快速完成工业化的亚洲国家。日本制造业发展的经验主要体现在以下方面。第一，积极培育优势产业。因为日本的资源较为匮乏，所以在国际制造业竞争中通常处于不利地位，为此日本政府对那些本国所不能够生产的关键零部件和技术装备实施减免关税的政策，以降低本国企业的使用成本。第二，不断优化产业组织规模。日本长期以来处于工业发展的"追赶者"的地位，为此日本政府通过制定相关产业政策，积极鼓励大型企业之间的兼并重组，更有效地提高产业集中度、提升生产效率，从而增强大企

---

① 徐梅.日本制造业强大的原因及镜鉴[J].人民论坛，2021(Z1).

业、大集团在国际市场上的竞争能力。第三，构建多元化的创新生态体系，产业界、学术界和政府之间有机结合，推进制造业领域相关技术的研发是日本非常具有特色的制造业创新模式，特别是在 20 世纪 70 年代，由于石油危机的爆发和发达国家对日本所实施的技术封锁政策，日本政府通过这一模式十分有效地激发了企业层面和社会层面的创新活力。例如，日本的制造业企业十分注重长期的传承和持续创新，在先进制造业领域具有很强的实力，日本入围全球百强制造业企业超过 40 家，在产业上游的原料和设备领域，无论是专利的质量还是数量都非常突出。例如，日本精工奉行技术至上主义，将摩擦学技术、材料技术、解析技术及机电一体化技术等四大核心技术作为企业安身立命之本。为生产出低摩擦、高精度、低噪音、长寿命的轴承，需加强基础物理化学研究，如最佳的润滑剂配方、钢材中微量元素种类及密度、可液固态转化的转动装置介质等。为此，日本精工与全球物理化学家加强合作，定期赞助世界摩擦学大会等全球学术会议，以此来加强基础研究，进而带动技术创新和产品质量提升。日立集团同样注重基础研究，除了 2 000 人规模的应用研究团队外，专门有 100 余人在做相关基础研究。此外，因技术、解决方案、管理经验和客户关系等可以在不同领域间相互赋能，有效发挥"1＋1＞2"优势，日本制造业还出现平台化发展趋势，如日立发布的"Lumada"物联网核心平台，可高效地提供能源、产品、生命健康、移动出行、信息技术等领域的解决方案[①]。

2.2　主要发达国家的"去工业化"历程

工业化的进程通常分为三个阶段，即工业化初期、工业化中期和工业化后期。这三个不同的工业化发展时期具有不同的发展特点：在工业化发展初期，工业呈现较为快速的增长态势，工业的发展和增长速度会远远快于第一产业和第三产业，显示出十分强劲的发展势头；在工业化发展的中期阶段，虽然工业的发展仍然保持较快增速，但是与第三产业之间的关系越来越密切，由此也带动了第三

---

① 周毅,许召元,李燕.日本经验对我国制造业高质量发展的启示[EB/OL].国研网,2020-03-16.

产业增长率的提升，二者在增长率方面的差距开始逐步缩小；在工业化发展的后期阶段，随着专业化程度的进一步提升，第三产业的发展开始逐步超过工业，并逐步成为经济发展的主导部门，工业增长率也开始出现放缓的势头。通常，在工业化初期阶段，制造业就业人数占比与服务业就业人数占比皆会上升。然而，制造业就业占比最终会达到顶峰，而后随着就业从商品生产向服务生产转移，制造业就业占比将逐步下降。德国、日本和韩国等国都拥有巨额的制造业贸易盈余，即便如此，制造业就业占比依然下降显著。

起始于 20 世纪 70 年代的"去工业化"使得美国等发达国家的经济发展重心加快从制造业向服务业转移，经济结构开始不断呈现"软化"的特征，制造业在GDP 中所占的比重不断下降。1970—2000 年间，美国制造业在全球制造业总产值中的比重一直在 20%—30%之间摇摆，国内 90%以上的传统制造业向国外转移，大约减少了 600 万个制造业就业岗位，制造业就业岗位从 1998 年的 1 760 万个下降到 2010 年的 1 160 万个。制造业在美国主要的经济门类中拥有最大的效应系数：制造业每投入 1 美元，在相关经济活动中将产出 1.35 美元。相比之下，服务业每投入 1 美元，相关经济活动的产出是 0.55—0.66 美元。平均而言，一个制造业就业岗位可支持 2.5 个其他产业的就业岗位，而在高端制造领域，可以支持高达 16 个就业岗位。2010 年，美国制造业在全球制造业总产值中的占比降至 19.4%，低于当时我国的 19.8%。2011 年，美国制造业在全球制造业总产值中的占比低至 15.2%。就连以制造业为本的通用汽车公司，也开始通过金融工具增加公司盈利。

2019 年第三季度，英国经济出现自 2012 年以来的首次季度萎缩。2019 年 9月底，英镑兑美元汇率创 30 个月新低，低至 1.20。按照当时流行的说法，导致英镑持续走软的主要原因是英国"脱欧"带来的政治动荡，以及由此产生的不确定性，都使得投资者对英镑信心减弱。其实"脱欧"仅是一个方面，另一方面，"去工业化"给英国经济所带来的严重负面影响也不容忽视。20 世纪 80 年代中期开始，作为工业革命摇篮的英国却开始推行所谓"去工业化"战略，传统工业成了大力压缩和调整的对象，以金融业为代表的服务业成为重点发展对象，英国通过调整产业结构方式开始逐步远离工业。到 21 世纪初，服务业在英国国内生产总值中的比例提高到了 70%，英国的经济结构实现了由生产型到服务型的根本转变。但随着英国制造业的不断萎缩，英国金融业就把越来越多的资金用于发展本国的房地产和购买美国次贷债券，助长了本国及美国的房地产泡沫，可以说在英国产业中所占比重过大的服务业对房地产业泡沫迅速膨胀起了推波助澜的作用；另一方面，在泡沫破裂前，英国以金融业为代表的服务业又从房地产业泡沫迅速膨胀中得益最多，于是出现了房地产业和服务业"共同繁荣"的"双赢"局面。当时，英国兰德人事服务公司进行的一项调查结果显示，英国将可能面临由于技术工人短缺造成的劳动成本持续上升的严重局面。该公司对分布在英国各地的 559 家产业公司进行了系列调查后发现，76% 的企业严重缺乏合适的技术工人，由于技术工人的奇缺，不仅使技术工人身价倍增，而且迫使企业不得不更多地使用非技术工人，为此要付出更多的工资，导致劳动成本大幅上升。英国商会主席弗罗斯特曾指出："工业在英国受冷遇多年，工业从业人员从 20 世纪 80 年代的 500 多万人下降到现在的不足 300 万人，人们一窝蜂地涌向服务业，英国经济严重失衡，英国需要一个强大的工业。"[1]

以工业发展立国的日本，1955 年制造业在 GDP 中所占的比重是 33.7%，1970 年有所上升，达到 43.1%。但是到 2010 年，已经下降至 25.2%。原因在于经过快速的工业化进程之后，日本为了进一步承接国际产业的转移，开始通过对外直接投资的方式在海外建设制造业工厂。最初的表现是纺织业等劳动密集型制造向东南亚国家转移。随着与美国签订"广场协议"，日元大幅升值，日本政府开始向海外转移资本密集型和技术密集型的制造业部门，甚至一些技术研发部门也难逃向国外转移的命运。1991 年，泡沫经济破裂，日本 GDP 的年均增长率为 0.9%，经济长期停滞不前。制造业附加值的增长率为负值，说明制造业的发展已经开始呈现下降趋势。而这一时期，日本服务业的比重继续上升，制造业的比重则持续下降，到 2006 年时，制造业所占比重已经下降至 32.5%。就产业劳动率而言，1992 年日本制造业产业劳动率已经被批发零售餐饮和金融保险业超

---

① 刘云.英国去工业化的代价与对中国的警示[J].产权导刊,2020(1).

过，这也验证了劳动力正由制造业向服务业流动，说明日本制造业开始出现严重衰退，与 1991 年相比，2006 年的制造业附加值下降了 14%，劳动力人数下降了 28%[①]。1990 至 2004 年间，日本的对外直接投资金额达到年均 270 亿美元，但是吸收的外商直接投资却只有 40 亿美元，因此，日本每年有约 230 亿美元的资本净流出。2005 年以后，日本平均每年的产业资本净流出额超过 700 亿美元，而吸引的外商直接投资总额只有 75 亿美元。所以，日本的"去工业化"具有十分明显的"离本土化"特征[②]。2008 年全球金融危机之后，日本制造业增加值占 GDP 的比重维持在 19%—21% 之间。2009 年，这一比重一度下滑 2.3 个百分点，至 19.1%。先进制造业出口方面，2008—2017 年，日本高科技产品出口额占制成品出口额比重除了在 2009 年短暂上扬达到最高点 20.6% 之外，2010 年至 2017 年基本呈下行走势，在 2017 年跌至 17.6%。

第二次世界大战之后，德国经济进入快速增长轨道，制造业成为经济发展的主导力量。1970 年，制造业在 GDP 中的占比高达 57.6%。但随着经济增长，德国劳动力成本较高的劣势越发凸显，劳动密集型的制造业生产环节开始大量向外转移，服务业在 GDP 中的占比逐渐超越制造业。但是与美国不同，在德国的制造业中，金融业所占的比重相对较低，主要是与制造业发展联系较为密切的生产性服务业，例如针对德国所生产的机械设备而提供的技术解决方案服务，为制造业企业提供相关的培训、设备调试和售后服务等。随着这类生产性服务业的快速发展，1975 年，德国服务业在 GDP 中所占的比重持续超过制造业，到 1980 年更是提升至 53%。但总体而言，德国仍然可以算是老牌的制造业强国。从趋势变化来看，德国制造业增加值占 GDP 的比重一直维持在 20% 以上，1997—2017 年，德国制造业增加值占 GDP 的比重还上升了 0.76 个百分点，而全球、OECD 国家和美国的制造业增加值占比则分别由 1997 年的 17.54%、17.7%、16.09% 下降到 2017 年的 15.65%、14.17%、11.15%，分别下降 1.89、3.53、4.94 个百分点。2017 年，德国制造业增加值占 GDP 的比重为 21.06%，仍明显高于欧

① 郭安琪.战后日本制造业的结构演进[J].新经济,2021(06).
② 孙丽.日本的"去工业化"和"再工业化"政策研究[J].日本学刊,2019(S1).

元区的 15.11%、OECD 国家的 14.17% 和世界平均水平的 15.65%，同时也要高于日本的 20.73% 和美国的 11.15%。

法国的"去工业化"程度则远高于其他一些发达国家。从第二次世界大战后的百废待兴到成为工业强国，法国仅用了 30 年时间，从经济史学家的角度看，这段时间被誉为"黄金三十年"。其间，空中客车、阿尔斯通、阿尔卡特、苏伊士、法国电力、雷诺等一大批法国国有企业横空出世，在细分产业领域迅速占据全球领先地位，被誉为法国的"工业之花"。以阿尔斯通为例，在交通领域，阿尔斯通是高速列车（TGV）和高速动车（AGV）技术的发明者，即便在经历着财务磨难的 2007 年，仍然推出了时速 574.8 公里的 V150 型 TGV，这是目前保持的商用列车试运行的世界纪录。但是，经合组织（OECD）数据显示，从 1970 年开始，法国制造业增加值逐年下降，制造业增加值占 GDP 的比重从 1970 年的 23.6% 降至 2009 年的 10.6%；2019 年法国制造业增加值占 GDP 的比重仅为 8%，而德国和美国分别为 19% 和 12%。可以说，法国已经成为欧盟成员国中除希腊以外去工业化程度最高的国家。主要是由于油价暴涨导致工业成本迅猛增加，在引发法国部分制造业产业向外转移的同时，也对国内的制造业环节部分产业造成巨大冲击。虽然法国的地理位置优越、自然资源丰富，但工业资源相对匮乏，仅拥有洛林地区的煤矿和铁矿资源，原材料严重依赖进口。在很大程度上，低廉的石油等原材料价格是战后带动法国工业腾飞的主要因素之一。两次石油危机的爆发，造成进口原材料价格和生产产业成本的快速飙升，法国国内的通货膨胀严重，原先以工业为主的发展模式备受质疑，引发部分资源依赖型产业向外转移。与此同时，来自海外的竞争破坏了法国国内资源型产业的发展。例如对洛林地区的铁矿而言，伴随法国扩大对外开放，来自巴西、澳大利亚、毛里塔尼亚和加拿大等国的高纯度赤铁矿进口激增，海外供给完全满足了国内钢铁冶金业发展的需要，洛林地区的资源需求持续下滑，到 20 纪 70 年代末洛林地区的矿业生产几乎消失殆尽。因此，20 世纪 70 年代，法国提出"后工业社会模式"，认为未来经济发展将步入"后工业时代"，仅需将产业领域中高附加值的价值链环节保留在国内，其他环节应当伴随全球化浪潮分包转移，经济社会将转向以服务业为核心的发展模式。

发达国家之所以能够将大量的制造环节在全球范围内进行转移，主要是由于随着信息技术的普及，在全球范围内进行生产和服务的"连接成本"呈现不断下降的趋势。这使得"生产环节在全球范围内的解构"与"贸易产品的全球整合"得以实现同时发展①。因此，发达国家的制造业内部开始进行深层次的调整，迅速进入"外包时代"。发达国家自身保留设计、研发、营销等环节，将最丰厚的工业发展利润留在国内。同时，充分利用新兴经济体的劳动力成本优势，掀起一股海外直接投资的热潮，不断将工业制成品的加工和组装等环节外包给新兴经济体。美国制造业对外直接投资从 1999 年的约 3 000 亿美元增长到 2018 年的 9 000 多亿美元，不到 20 年，对外直接投资额增长了 3 倍，表明大量美国制造业转移至海外②。新兴经济体则凭借大量充足的制造业劳动力支撑，采用"贴牌生产"的模式，接受来自发达国家制造环节的转移，很快走上工业化道路，这在某种程度上促成了"东亚奇迹"和中国"世界工厂"的形成③。一项有关发达国家向全球进行制造业转移的实证研究表明，以我国为代表的新兴工业化国家成为此轮制造业转移的主要受益者。特别是我国，由于制定了行之有效的吸收外资和利用外资的政策，承接了此轮制造业转移总价值的75%—80%④。因此，也有一种观点认为，发达国家"去工业化"的结果反而在全球更广范围内推动了工业化的进程⑤。

随着"去工业化"进程的持续演进，发达国家的经济发展更加依赖以金融业、房地产业为代表的虚拟经济。例如，以金融、房地产租赁等为代表的服务业在美国国内产出中所占的比重从 1947 年的 19% 上升到 2013 年的 76%，这一增长速度十分惊人。之后，以金融、房地产为代表的虚拟经济更是进入自我扩张和

---

① 杨继军,范从来."中国制造"对全球经济"大稳健"的影响——基于价值链的实证检验[J]. 中国社会科学,2015(10).

② 曹芹,金泽虎.美国制造业空心化的现状、原因与未来前景[J]. 红河学院院刊,2021(12).

③ 从我国的制造业发展就可以看出,2012年我国制造业的出口总额为 19 200 亿美元,从制造的方式和主体来看,其中 50%以上是加工类贸易,而且 58%以上的商品是由外商投资企业负责出口到海外市场,从某种意义上而言,"中国制造"的本质是"世界制造"。

④ 黄鹏,汪建新,孟雪.经济全球化再平衡与中美贸易摩擦[J]. 中国工业经济,2018(10).

⑤ 张文涛. 从"去工业化"与"再工业化"的历史演进谈工业的全球化[J]. 集宁师范学院学报,2018(1).

自我循环的快速发展轨道,导致社会资本进一步脱离制造业,资产泡沫迅速膨胀。例如,1991—2007 年,美国、德国和英国的股市总值占 GDP 的比例分别从 69%、19.5% 和 93.6% 上升至 142.9%、59.3% 和 137.2%。形形色色的金融衍生品也开始大量出现,这种以 "高风险、高杠杆和高收益" 为特征的金融产品极大地激起了民众热情,进一步导致经济发展的过度金融化。根据国际货币基金组织的统计,1980 年,全球金融资产的价值仅有 12 万亿美元,基本上相当于当年的 GDP 规模。但是,到了 2007 年,金融资产总值已经达到 230 万亿美元,在 27 年间足足增加了 18.2 倍,而同期全球 GDP 只增加了 4.5 倍,实体经济和虚拟经济之间的发展形成了巨大落差。

同时,由于将大量制造环节进行外包,发达国家积累了大量的贸易逆差和国家债务,进而通过发行国家债券的方式,又使得新兴经济体通过贸易逆差获得美元等国际货币,重新投入以华尔街为代表的国际金融体系。2008 年,终于引发全球金融危机,这种依靠不断扩大的贸易投资和金融投资的循环模式显然已经很难持续下去。2008 年,全球金融危机爆发之后,全球经济呈现大衰退态势。同时,全球流动性也随之进一步减少,反过来又导致制造业的发展受到冲击,同时也使得高端服务业的发展缺少先进制造业的需求拉动,成为 "无根之木和无源之水"。与此同时,制造业生产环节的外包更是进一步激化了发达国家较为严重的 "产业空心化" 现象,导致失业率急剧攀升,制造业就业规模不断萎缩。2011 年末,全球高收入经济体的人均实际 GDP 较 2007 年下降近 2%,特别是收入两极分化的趋势日趋明显。2007—2011 年间,美国收入最高 10% 的家庭总收入从相当于最低 10% 家庭的 10.2 倍上升至 11 倍,其中最高 10% 和最高 1% 家庭的占比分别达到了 47.1% 和 21.2%。由此,进一步激化了社会矛盾,导致 "占领华尔街" 等抗议活动不断升级,使发达国家面临的政治压力持续加大。由此,发达国家逐步意识到重振制造业对于经济发展、社会稳定和就业保证的重要性,开始反思其产业结构和产业政策。

第 3 章

发达国家"再工业化"战略的主要举措

　　"再工业化"这一概念最初是由美国社会学家艾米泰克于 20 世纪 80 年代提出的，当时提出这一概念的目的是为了推动德国鲁尔地区等传统工业发展区域的转型问题。与"再工业化"相对应的则是"去工业化"。"去工业化"是指一国或地区在持续推进工业化发展之后，制造业产出在 GDP 中所占的比重会呈现不断下降的趋势，同时伴随着服务业成为经济发展的主体部门。但是，对于"去工业化"的效应并不能一概而论，积极的"去工业化"能够推动资源流向高技术含量和高附加值的服务业，从而提高一国的资源配置效率，但是如果过度或过早地进入"去工业化"阶段，则会将资源从制造业转移到其他行业，从而使更多的资本、劳动力等要素从制造业转移，进而损害国家经济发展的长期潜力，不利于经济的可持续发展。原因在于制造业的发展能够刺激并吸纳更多的新材料、新装备和新技术，并且可以推动创新成果向其他产业领域的转化，是整个经济创新系统的核心所在。因此，"去工业化"和"再工业化"虽然是一对相逆的概念，但是"再工业化"绝对不是简单地对于原有工业化方式和路径的"重复"。从某种程度而言，"去工业化"实际上是国家产业结构的自然演化和政策推动相叠加所导致的。"再工业化"更加强调的是对"去工业化"这一过程的纠正或纠偏①。

　　2008 年全球金融危机爆发之后，发达国家纷纷提出实施"再工业化"战略，既有金融危机以来复苏乏力、失业恶化等诸多现实原因，更是基于纠正过度"去

---

　　① 孙丽.日本的"去工业化"和"再工业化"政策研究[J].日本学刊,2018(06).

工业化" 所引发的实体经济与虚拟经济脱节问题的考虑，体现了发达国家力图使经济发展回归实体经济的发展思路。但是，与简单地恢复低端制造不同，发达国家的 "再工业化" 战略更加聚焦的是面向未来的关键技术储备、科技成果的有效转化、高端人才的培育和储备等战略领域。同时，也十分关注如何缓解制造业发展给环境所造成的破坏性影响，从而进一步推动制造业的可持续发展。因此，"再工业化" 战略的实施从某种程度而言是对波特理论中财富驱动和创新驱动这两种发展阶段的修正。经济增长的阶段性使创新驱动发生在财富驱动之前，但是过早进入财富驱动阶段会使经济体系的创新速度减缓，因此 "再工业化" 战略实际上又重新将推动国家经济发展的动力回到创新驱动阶段。

3.1　制定重振制造业的纲领性文件

发达国家十分重视 "再工业化" 战略推进过程中的顶层设计，纷纷制定了具备战略引领性和战略导向性的重要文件以及重要的战略报告，将 "再工业化" 战略提升至国家经济发展战略层面，以确保 "再工业化" 战略的顺利推进。

美国决策层及理论界逐渐意识到，经济增长不能完全依赖于金融创新和信贷基础。金融衍生品的泛滥和多年持续的 "去工业化" 进程导致美国在 2008 年全球金融危机爆发之后陷入自大萧条以来最困难的衰退，为了重新确立其作为全球制造业领导者的地位，美国必须重新设计基于国内工业部门特别是先进制造业的发展道路。为此，奥巴马总统在 2009 年就职时，面对着国内失业率高涨、巨额贸易逆差、外贸赤字规模下降、财政赤字飙升等一系列经济问题，决定将实施 "再工业化" 战略视为拉动美国经济走出困境的重要战略。为此，奥巴马政府专门制定了《美国制造业促进法案》这一具有标志性意义的法案，希望能够通过这一法案的实施使得美国本土制造的生产成本得以降低，从而更快地恢复竞争力，并带来更多的就业岗位。之后，美国国会参众两院审议通过了此项法案。此项法案在出台后引起了较大的社会反响。美国制造商协会（NAM）立刻对此项法案的实施效应进行了评估和预测，初步估计此项法案将有可能为美国制造业增加近 46 亿美元的产值，并有可能创造将近 9 万个就业岗位。与此同时，美国的相关协会、民间机构也纷纷出台相关报告，支持美国政府的"再工业化"战略。2010 年 6 月，美国制造商协会发布了《制造业发展战略：创造就业机会，提升美国竞争力》报告，详细阐述了提升出口等综合规划，同时还在税收、贸易、能源和基础设施等各项政策方面提出了较高目标。2011 年 11 月，美国制造商协会发布《美国制造业复兴计划——促进经济增长的四大目标》，客观分析了美国制造业在政策上存在的弊端，并提出了相应的对策举措。2012 年 2 月，美国国家科学技术委员会发布《国家先进制造战略规划》，明确了先进制造业对美国确保经济优势和国家安全具有十分重要的基础作用，并分析了美国先进制造的发展模式、未来走势以及所面临的机遇与挑战，提出了 5 大战略目标，分别是促进中小企业投资、增强劳动力技能、建立创造性的合作关系、协调联邦投资、增加国家对先进制造研发的投资。根据该规划，2013 财年，美国先进制造业的研发预算达到 22 亿美元，国家科学基金会、能源部、国家标准和技术研究院及其他机构的预算增幅也超过50%。2014 年，美国联邦政府出台《振兴美国制造与创新法案 2014》，美国商务部根据该法案发起了美国制造业创新网络（NNMI），使其正式成为法定计划，又被称为 Manufacturing USA。《振兴美国制造与创新法案 2014》授权美国商务部长在国家技术标准和技术研究院（NIST）框架下，实施制造业创新网络计划，在全国范围内建设创新中心，并明确了制造业创新中心的重点关注领域：纳米技术、先进陶瓷、光子和光学器件、复合材料、生物基因和先进材料、混合动力技术、微电子工具开发等。这些创新中心将充分联合和利用美国国内的制造业创新资源，组成全国性的创新网络。2017 年，特朗普总统入主白宫，特朗普政府继续将奥巴马政府的"再工业化"战略向前推进。在特朗普看来，全球价值链的过分延长、部分制造业的外包转移均对美国经济的增长动能造成了不利影响，并造成了美国对主要贸易伙伴长期以来的经常项目赤字。因此，特朗普上任之后的当务之急即是继续重振制造业，倡导"美国制造""美国优先"，鼓励制造业的回流，将流向国外市场的制造业就业机会重新带回美国国内。其所采取的税制改革等政策均是围绕这一核心政策目标展开的。为此，特朗普签署了"购买美国货、雇佣美国人"的行政令，该行政命令分为两部分：一是要求联邦政府机构必须严格按照法律规定在联邦项目中尽可能购买和使用美国产品，以增加制造业的就业机会；二是要求司法部、国土安全部、国务院等部门加大打击 H1B 工作签证项目的欺诈行为，改革 H1B 签证方案，特别强调"不能再让 H1B① 签证持有者取代美国工人"。并在推特上点名批评美国跨国公司在海外设立生产线的行为，使得不少制造业企业在重压之下回国办厂，并承诺雇佣本国劳动力、使用本国原材料，为本国经济复苏和制造业的振兴贡献力量。2018 年 10 月，美国总统办公室发布《先进制造美国领导力战略》，该报告由美国国家科学技术委员会下属先进制造分委会编写，旨在实现"维持美国先进制造业的领先地位，以确保国家安全和经济繁荣"这一愿景。该报告梳理了影响美国制造业创新和竞争力的九大因素，提出了三大战略目标，分别是开发和推广新的制造技术，教育、培训和输送劳动力，扩大国内制造业供应链能力。因此，从长远战略目标来看，美国的"再工业化"战略是要通过突出其高端制造业的核心创新优势，以抢占工业4.0 先机和未来全球产业制高点，进而维持其在全球价值链中的绝对领导地位。

作为工业革命的发源地，英国也在 2008 年的全球金融危机中受到重创，英国政府同样开始关注并研究推进制造业发展与复苏的相关政策，并且明确表示"无论是过去、现在还是未来，制造业都是英国政府大力推进并支持的重点经济领域"。2010 年 12 月，英国发布了《技术创新中心报告》，该报告指出，全球金融危机是英国自 1930 年以来面临的最深刻的金融危机，为应对危机所产生的不利影响，英国需要全面革新原有的创新体系。该报告指出，英国虽然在科学研究领域处于领先地位，但由于资金不足，科技成果转化的过程不够顺畅，导致科技发展难以为经济发展和制造业创新提供重要支撑。但另一方面，英国也面临着重要的发展机遇，受全球气候变化和老龄化等挑战的影响，技术密集型的产业和服务面临着新的发展机遇，世界市场的开放程度和竞争程度将同时增强。该报告认为，英国重点聚焦开发具备市场前景技术的能力、能够形成技术优势的能力以及

---

① H1B 签证是美国面向高技术外籍人才发放的签证类型，美国每年发放约 8.5 万份此类签证。

能够把握价值链关键环节的能力。据此，英国政府确立的技术与创新支持的重点领域包括：干细胞和再生医药、未来互联网技术、塑料电子、可再生能源和气候变化技术、卫星通信技术、燃料电池、先进制造技术和复合材料技术等。2013年10月，英国政府制定并颁布了《制造业的未来：英国面临的机遇与挑战》，从制造业服务化、加快智能制造领域的技术突破等视角明确了未来英国制造业发展的重要方向。2014年，英国技术战略委员会公布了《加速经济增长》报告，承诺2014—2015年间，将在12个优先领域投入超过5.35亿英镑，用于促进涉及大学、企业等在内的技术创新项目。其中，投入金额最多的是能源领域，将有8 200万英镑的投资，其次是健康与医疗领域，投入将达8 000万英镑。其他投入较多的领域包括高端制造业（投资金额为7 200万英镑）、数字化经济产业（投资金额为4 200万英镑）、太空应用领域（投资金额为2 000万英镑）等。此外，包括先进材料、生命科学、电子学、传感器、光子学以及信息技术在内的赋能技术领域的投入也达到2 000万英镑。2016年，英国政府经过长期研究之后，又发布了《工业2050战略》，这一战略明确指出未来的制造业已经不是简单的"制造＋销售"的发展模式，提出了未来英国"再工业化"战略的发展方向：一是必须积极适应数字化发展背景下全球供应链的变化趋势；二是不能仅仅将出口对象限于欧盟和美国，特别是要重视金砖国家和"新钻十一国"市场的强大需求；三是必须顺应全球资源匮乏、气候变化的大趋势，将可持续性发展作为未来制造业发展的重要战略导向；四是必须加大培育与未来制造业发展相适应的技术劳动力队伍。2017年1月，英国政府正式发布"现代工业战略"绿皮书，这项计划涵盖十大重点，主要包括加大对科研与创新的投资，提升技能，基础设施升级，支持初创企业，完善政府采购制度，鼓励贸易、吸引境外投资，提高能源供应效率及绿色发展，培育世界领先产业，驱动全国经济增长以及创建合适的体制机制、促进产业集聚和地方发展等，并针对重点领域提出了新的举措。

法国在经历了"去工业化"历程后，制造业发展整体上也出现了明显的倒退，面临着制造业增加值和就业比重不断下降的困境。为了帮助法国挽回工业发展"失去的十年"，法国政府于2013年9月提出了"新工业法国"的战略，明确了以数据经济、智慧物联网、新型能源等为核心的九大工业解决方案和 34 项具体计划①。这项战略旨在为法国的制造业振兴提供方向引领，并将使用政府杠杆、调动地方力量、团结工业企业等措施，建设具有竞争力的、能够在法国市场和国际市场上占有一席之地并充分创造就业机会的新型工业体系。2015 年 5 月，法国政府又对"新工业法国"战略进行了较大幅度的调整，颁布了"新工业法国Ⅱ"战略。这一新战略明确了未来法国工业发展"一个核心、九大支点"的发展格局。"一个核心"是指未来的制造业发展应当以数字制造和智能制造为核心，并以此带来商业模式的相应变动；"九大支点"则是数据经济、新能源汽车、新资源开发、新兴物流、新型生物医药、可持续发展城市、物联网、宽带网络与信息安全、智能电网等。为了更好地推动"新工业法国"计划的执行，法国政府还构建了由中央政府、地方政府、企业、公共机构共同参与的组织实施机制。首先，建立"责任到人"的协调机制。"新工业法国"的 34 个项目均设有负责人，这些负责人由民主方式产生，且基本来自产业界。负责人负责协调各方机构，随时报告计划进程，并接受公众监督。其次，成立指导委员会。该委员会主要汇集公共机构和私营企业的相关成员，接受法国总理监督；按项目实行跨部门协调，公共机构和私营企业共同参与，并邀请产业界资深人士提供专业意见和建议。最后，争取民众支持。民众支持是工业计划成功的关键因素之一。为了争取公众的支持，法国政府有义务向法国公民作出解释，34 个项目也基本都对可能创造的就业岗位或经济贡献做出了详细描述，并且整个计划完全对公众开放并接受监督。

作为传统制造强国，日本也在积极跟上全球"再工业化"的潮流。2009 年 8 月，日本经济产业省发布《2010 年经济产业政策重点》，在肯定传统制造业技术创新必要性的基础上，强调未来产业政策的重点将聚焦可再生资源、IT 等新兴

---

① 34 项具体计划分别是：可再生能源、环保汽车、充电桩、蓄电池、无人驾驶汽车、新一代飞机、重载飞艇、软件和嵌入式系统、新一代卫星、新式铁路、绿色船舶、智能创新纺织技术、现代化木材工业、可回收原材料、建筑物节能改造、智能电网、智能水网、生物燃料和绿色化工、生物医药技术、数字化医院、新型医疗卫生设备、食品安全、大数据、云计算、网络教育、宽带网络、纳米电子、物联网、增强现实技术、非接触式通信、超级计算机、机器人、网络安全、未来工厂。

制造业领域的发展上。2013 年 6 月，安倍内阁发布《日本再振兴战略》，推出了产业振兴、战略性市场创造、国际化战略等行动计划，并制定了五年内要使日本的全球竞争力排名从第五位跃升至第一位的目标。2014 年 6 月，日本政府重新修订《日本振兴战略》，确立了以机器人技术创新带动制造业以及医疗、护理、农业、交通等领域的结构变革。2015 年，日本政府在《推进成长战略的方针》中进一步强调以"实现机器人革命"为突破口，利用大数据、人工智能和物联网对日本制造业生产、流通、销售等广泛领域进行重构，以实现产业结构变革①。2016 年，安倍政府成立"第四次产业革命官民会议"，下设人工智能技术战略会、第四次产业革命人才培养促进会等机构，大力发展代表人工智能技术产业化的机器人产业。日本政府于 2016 年 1 月出台了第五个《科学技术基本计划》，明确提出要在全球率先建立将网络空间和物理空间实现高度融合的"超智能社会"。为了配合这一战略目标的实现，日本政府又于 2016 年 5 月，审议通过了《科学技术创新综合战略 2016》，进一步明确了这一战略引领目标的内涵和框架，希望这一战略目标能够涵盖日本经济社会发展的各个领域，例如交通、医疗、制造等。2018 年，日本经济产业省发布了《日本制造业白皮书》，否定了日本机械学会早期提出的产业结构优化思路，强调了"互联工业"的重要性，这一白皮书认为日本纯粹的自动化产品竞争非常激烈，难以形成高附加值。因此，日本的制造业发展应当加快实现更多自动化与数字化相融合的解决方案，以获得更高的附加值。如果将净资产收益率作为附加价值的指标，相关统计数据显示，同一时期，日本制造业的净资产收益率水平总是低于欧美企业。2016 年，美国制造业的净资产收益率为 18.1%，欧洲为 13.4%，而日本仅有 8.5%。因此，"为了更进一步提高日本制造业的劳动生产率，不应该仅仅追求通过机器人、信息技术、物联网等技术的灵活应用和工作方式变革达到业务的效率提升和优化，更重要的是通过灵活运用数字技术从而获得新的附加价值"。

---

① 孙丽.日本的"去工业化"和"再工业化"政策研究[J].日本学刊,2018(06).

3.2　关注制造业发展的关键技术领域

经合组织首席经济学家帕多安曾在 2012 年公开发表评论,认为要防止片面化地推行"再工业化"战略,不应当简单地以增加制造业产出为目标,而是更应当致力于创新,确保创新和知识能够真正成为推动发达国家经济增长的主要动力①。因此,发达国家推行"再工业化"战略的核心内涵不是将制造业发展的低端环节重新拉回国内,而是要将自身所拥有的技术创新、品牌构造、研究开发、人才队伍等竞争优势与新一轮技术革命进行高度融合,积极促进互联网、大数据等新兴技术在传统制造业的广泛应用。同时,积极培育能够对新一轮工业革命形成引领效应的制造业新兴发展领域。

例如,高端制造是美国产业体系中技术含量最高的部门,是支撑创新、包容和可持续增长的关键所在②,也是"再工业化"战略实施的重点所在。高端制造主要包括航空航天产品及零部件、音频和视频设备、基础化学品、通信设备、计算机设备以及汽车、半导体和其他电子元件、船舶和造船、医疗设备和用品等行业。未来,3D 打印、新材料、机器人、大数据、物联网、云计算、下一代基因组学等新型技术的发展将进一步重构美国高端制造的发展导向。2012 年 3 月,美国智库威尔逊中心发布《全球先进制造业趋势报告》,报告的相关数据显示,美国在制造业领域的研发投资量仍然位居全球第一,特别是在航空航天、生物医药和军工制造方面的领先优势尤为突出,在合成生物、先进材料和 3D 打印方面也拥有较为明显的优势③。2018 年,美国白宫发布了 2020财年的重点研发领域,进一步强调了人工智能、量子计算、5G 宽带等技术的重要性,明确提出必须在人工智能、自主系统、高超声速、现代化核威慑以及

①　张向晨.美国重振制造业战略动向及影响[J].国际经济评论,2012(04).
②　根据美国布鲁金斯学会的界定,高端产业应当具备两个标准:一是产业工人的人均研发支出超过450 美元,或者位于产业的前 20%;二是产业队伍中获得 STEM(科学、技术、工程和数学)学位的人数必须高于全国平均水平,或者在本产业中所占比重达到 21%。
③　张向晨.美国重振制造业战略动向及影响[J].国际经济评论,2012(04).

先进的微电子、计算和网络能力方面进行优先投资；支持先进的通信网络的开发和部署，包括研发新的频谱管理方法、安全网络，以及增加对高速互联网的使用；安全有效地将自动驾驶系统和无人机系统（UAS）整合进美国道路交通和空域管理，为 UAS 制定运营和交通管理标准；发展低成本分布式制造和持续制造方法，包括生物制造，以确保国内获得所需药品；为使美国在半导体设计和制造方面保持领先地位，获取先进的微电子技术，各机构应合作开发新的设计工具、材料、器件等，以及未来计算和存储范式所需的体系结构。除此之外，能源领域也是美国"再工业化"战略中予以重点关注的领域。一方面，美国政府希望能够在本土开发更多的石油资源；另一方面则希望通过有效的能源替代，从而全面减少对于石油资源的依赖，而且推动能源发展还有十分强劲的就业效应。2012 年，花旗银行的一项研究显示，截至 2020 年，能源行业革命将创造 220 万至 360 万个新工作岗位。2020 年 10 月，美国白宫发布《关键与新兴技术国家战略》，提出了促进国家安全创新基础和保持技术优势这两大战略支柱，明确将高性能计算、先进常规武器技术、高级工程材料、先进制造、先进传感、航空发动机技术、农业技术、人工智能、自主系统、生物技术、CBRN 减弱技术、通信和网络技术、数据科学与存储、分布式总分账技术、能源技术、人机交互、医疗和公共卫生技术、量子信息科学、半导体与微电子、空间技术等列为关键与新兴技术。2021 年 3 月，美国人工智能国家安全委员会（NSCAI）发布《人工智能国家安全委员会最终报告》，建议美国国会和政府强化包括人工智能和半导体供应链等领域的竞争力。2021 年 5 月，美国众议院科学委员会通过《国家科学基金会（NSF）未来法案》，确定在未来 5 年内（2022—2026 年）将 NSF 的预算从每年 85 亿美元增至 183 亿美元，并优先考虑资助量子信息科学、人工智能、超级计算、网络安全和先进制造等未来产业。同月，美国参议院商务、科学与交通委员会又审议通过《无尽前沿法案》，计划在未来 5 年投入 1 000 亿美元支持人工智能、半导体、量子计算、先进通信、生物技术和先进能源等关键技术领域的基础研究、前沿研究、商业应用，以及教育和培训。美国参议院于 2021 年 6 月投票通过《美国创新与竞争法案》，授权拨款约 1 900 亿美元用于加强美国的技术和研究，其中 1 200 亿美元用于高科技研究，另外 540 亿美元用于增加半导体、微芯片和电信设备的生产。2022 年 2 月，美国众议院通过了《2022 年美国竞争法案》，该法案授权拨款近 3 000 亿美元用于研发，其中包括 520 亿美元用于补贴半导体制造以及汽车和电脑用关键部件的研究，还将在未来 6 年内投入 450 亿美元以缓解加剧短缺的供应链问题。

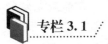 专栏 3.1

2022 年度美国最新关键和新兴技术清单

2022 年 2 月 8 日，美国国家科学技术委员会（NSTC）发布了新版关键和新兴技术（Critical and Emerging Technologies，CETs）清单。该清单以美国 2020 年《关键和新兴技术国家战略》为基础，对其中的关键和新兴技术领域列表进行了调整，确定了先进计算、通信和网络技术、人工智能、半导体和微电子等 19 类技术，并列出了各技术领域内的核心技术子领域。关键和新兴技术指的是对美国国家安全具有潜在重要性的先进技术。在编制新版清单过程中，来自总统执行办公室等 18 个部门机构和办公室的专家组成了 NSTC 小组委员会，在一年的时间里对关键技术展开遴选，并与国家安全委员会进行协调，最终就清单的更新达成了共识。NSTC 表示，此次发布的新版清单将为即将出台的美国技术竞争力和国家安全战略提供信息，并可在支持美国国家技术安全、保护敏感技术和争夺国际人才等方面为美国行政部门和机构提供参考。与以往的版本相比，2022 关键和新兴技术清单新增四个技术领域。

一是先进核能技术。先进核能技术指的是利用核裂变或核聚变反应所释放的能量发电的技术，主要涉及核能系统、聚变能、空间核动力和推进系统子领域。其中，空间核动力和推进系统子领域重点关注核动力在太空探索中的应用。空间核动力系统可持续为航天器提供能量、温控和推进动力，有望解决任务环境太暗时太阳能失效、飞行路程太远时携带燃料不足等瓶颈问题。2020 年 12 月，美国政府发布《国家空间政策》，其中特别要求开发和部署空间核动力与推进系统，以满足美国在科学、国家安全和商业方面的需求。

二是定向能技术。根据美国防部定义，定向能武器使用集中的电磁能（而非动能），"使敌军装备、设施和人员丧失能力、失效、损坏或被摧毁"。应用于国防领域的定向能技术主要涉及激光、高功率微波以及粒子束三个子领域。高能激光武器具有"致眩"或损坏卫星和传感器等功能，可以干扰情报收集行动、军事通信以及武器瞄准的定位、导航与授时系统，用于地面部队的近程防空、反无人机系统，或反火箭炮、火炮和迫击炮炮弹任务。与传统弹药相比，高能激光发射成本较低，弹药近乎无限。高功率微波武器可使对手的电子和通信系统失效，较高能激光可产生更广泛的效果，有望高效应对导弹齐射和无人系统组成的蜂群。粒子束武器是指将中子、电子和质子等微观粒子加速至每秒 20 万千米的高速后发射出去，由无数粒子汇合成一道直束，抵达被攻击目标实施破坏。粒子束武器按粒子是否带电可分为带电粒子束武器和中性粒子束武器。粒子束具有更强的材料穿透性，但由于与空气的相互作用，在地球大气层内无法传播很远，因此粒子束作为定向能武器目前仅限于近距离或高空操作等特种作战。

三是高超声速技术。高超声速指 5 倍音速（约合每小时移动 6 000 千米）以上的移动速度，高超声速技术涉及推进力、空气动力学和控制、材料、检测、跟踪和表征以及防御子领域。高超声速武器指的是以高超声速飞行技术为基础、飞行速度超过 5 倍音速的装备，主要可分为两类：①高超声速滑翔飞行器，由运载火箭发射到大气层外或边缘投放，利用地心引力和自身发动机加速，同时做出滑翔机动打击目标；②高超声速巡航导弹，在达到一定速度时，由高速吸气式发动机或"超燃冲压发动机"提供动力以进行高超声速巡航。高超声速武器飞行速度极快，能够显著缩短打击时间，且与弹道导弹相比，高超声速武器不会沿着弹道飞行，机动性强，因此将对当前的导弹防御系统构成巨大威胁。

四是可再生能源发电和储存技术。可再生能源主要指风能、太阳能、水能、生物质能、地热能等非化石能源，可再生能源发电和储存涉及可再生能源发电、可再生和可持续燃料、储能、电动和混合动力发动机、电池、网格集成技术和节能技术子领域。对于可再生能源发电和储能技术的研究有望为竞争激烈的后勤运输环境增加弹性和灵活性，弥补战场弱势，提供新的作战能力。

资料来源：焦丛.美国发布新版关键和新兴技术清单［EB/OL］."电科防务"微信公众号,2022-02-09.

欧盟于 2010 年就成立了未来新兴技术工作组，2013 年选出"石墨烯"和"人脑计划"项目作为首批十年期项目，这两个项目各获得 10 亿欧元资助。其中"石墨烯"项目不仅由诺贝尔物理学奖和经济学奖获得者牵头负责，而且参与项目研究的机构和企业超过 100 个，其中不乏阿尔卡特、朗讯、空客等知名企业。2012 年，欧盟委员会宣布实施"新工业革命"的战略设想。由于欧盟在前一轮新经济蓬勃发展的过程中几乎踏空了信息革命的浪潮，而且欧盟政府历来较为重视"知识经济"，对制造业发展的关注度较为不足。所以，在此轮新型工业革命开始之际，欧盟委员会清醒地认识到必须抢抓机遇，才有可能在未来全球制造业的版图中占据一席之地。为此，明确提出"与之前任何时候相比，欧盟的发展都更加需要制造业的有力支撑，同时全球制造业的发展也离不开欧盟的贡献"。实际上，欧盟在制造业发展上仍具有一些传统优势，例如掌握着接近 50% 的全球工业技术标准和产品规则。因此，欧盟委员会紧紧围绕重启制造业投资的战略议题，设计了一系列具有系统性和前瞻性的战略框架，专门制定了"地平线 2020"科研计划，提出将工业占欧盟国内生产总值的比重由 15.6% 提升至 2020 年达到 20% 的总体目标。这一计划几乎囊括了欧盟所有科研项目，包括基础研究、应用技术和应对人类面临的共同挑战三大部分，其主要目的是整合欧盟各国的科研资源，提高科研效率，促进科技创新，推动经济增长和增加就业。其中一项专项计划即是"联合技术研发计划"，投资金额高达 220 亿欧元，关注的重点研究领域包括新型生物医药技术、生物能源技术、电子元器件技术、智能电网技术、清洁型运输工具等。欧盟认为这些重点领域不仅有助于在短期和中期带动欧盟经济的整体复苏，而且也有助于欧盟政府实现在"2020 发展战略"中所明确的实现可持续发展和有效提高就业率的发展目标。2020 年 3 月，欧盟发布了《2030 数字指南针：数字十年的欧洲方式》（2030 *Digital Compass: the European way for the Digital Decade*）计划，设定了 11 项先进技术发展目标，其中包括在 2030 年前实现先进芯片制造全球占比达到 20%；先进制程达到 2 nm，能效达到目前的 10 倍；5 年内自行打造首部量子电脑等，以降低欧盟对美国和亚洲关键技术的依赖。2021 年 3 月 9 日，欧盟委员会正式发布了"2030 年数字指南针"计划，将半导体作为四大数字基础设施之一。与此同时，欧盟也发表了法案摘要，重申了半导体领域大规模投资的必要性和后续对策。2022 年 2 月 8 日，《欧盟芯片法案》（the European Chip Act）正式发布，计划投资 430 亿欧元，力争到 2030 年占全球芯片产能的 20%，到 2020 年占 10%，这意味着欧盟的半导体产能将必须在未来 8 年内翻 4 倍。

德国依靠强大的机械制造和装备行业，在全球制造业版图中占据着举足轻重的地位，拥有具有竞争优势的专业化程度和技术水平。"工业 4.0"作为德国高科技战略的重要组成部分，是德国引领"再工业化"战略的关键政策。"工业 4.0"是 2013 年 4 月，由弗劳恩霍夫应用研究促进协会、德意志国家研究院和西门子公司共同提议并付诸行动的。"工业 4.0"的核心即是在工业生产领域建立一个信息物理系统（Cyber-Physical System），这一核心系统包含智能化的生产机器、数据信息的存储介质以及基于数字信息技术的端对端等多个子系统。之所以称之为"工业 4.0"，是因为德国政府认为这是对以蒸汽机发明为代表的"工业 1.0"、以电气化广泛应用为代表的"工业 2.0"、以电子计算机广泛应用为代表的"工业 3.0"时代的颠覆性创新，具有显著的划时代意义。"工业 4.0"合作平台（Plattform Industrie 4.0）已经成为连接德国政府决策层、商界、学界、工会等行为者的桥梁，成为世界上最大的推进制造业企业数字化转型的平台之一。2017 年上半年，德国政府资助了 18 个研发项目，涉及的领域包括技术融合、3D 打印、自动化等。此时，德国联邦教育和研究部资助的"工业 4.0"科研项目已达 325 个，涉及的领域包括嵌入式系统、CPS、物联网、虚拟现实和增强现实技术、智能制造等，主要集中在慕尼黑周边、斯图加特周边、鲁尔区以及柏林-波茨坦地区。2017 年德国发布《创新政策重点》，提出将着重发展微电子、人工智能、生物技术、量子技术四大关键技术。其中，微电子技术领域，在很大程度上决定着机械制造、电子、汽车制造、新能源等德国核心产业的创新，德国将积极推进具有欧洲共同利益的重要项目,以在物联网、工业 4.0、自动驾驶等应用领域加强本国开发和制造能力,维护数字主权,计划在 2017—2020 年间提供投资补助 10 亿欧元,带动企业项目投资 44 亿欧元。在人工智能领域,德国研发实力强,但在技术转移、法律框架和数字化基础设施等方面存在一些问题,数据的可获得性更是关键挑战,德国在这方面较美国处于劣势,虽然隐私法提供了充足的隐私保护选项,但是意识问题仍使私人、企业和管理部门不愿提供数据,德国联邦经济部为此委托开展人工智能潜力研究。在生物经济领域,德国政府已经制定、实施和修订了生物经济国家政策,还进一步制定生物技术监管框架,以吸引创业投资,研究制定生物经济测度指标和指数,测度生物经济进步情况。在量子技术方面,德国通过更多创业资本支持建立创业公司或衍生公司,为加强产学合作提供新资助,建立量子技术能力中心,扩大公共需求①。2019 年 1 月,德国政府颁布了《国家工业战略 2030》报告,进一步明确了制造业发展的最终目标就是在于能够确保德国重新夺回在欧盟的科技创新领先地位,因此明确提出到 2030 年,将工业增加值在 GDP 中的占比提高到 25%②。这一报告的内容主要涉及完善德国作为工业强国的法律框架;加强对包括 AI 技术在内的新兴技术的关注和促进私有资本进行研发投入;重点关注其他国家积极的产业战略、贸易保护主义威胁和传统贸易关系改变,并提出"若干关键产业",分别是钢铁、铜和铝,化工,机械设备制造,汽车,光学,医学仪器,绿色科技,军工,航空航天,增材制造等。

英国是世界上第一个发生工业化革命的国家,曾有着"现代工业革命的摇篮"和"世界工厂"的美誉,工业为英国带来了国家现代化和诸多社会财富。自 20 世纪 80 年代中后期走上"去工业化"道路之后,英国制造业占 GDP 比重甚至一度不足 10%,制造业从业人员也从 20 世纪 80 年代的 500 多万人降至不足 300 万人。2008 年全球金融危机爆发之后,英国政府意识到强大的制造业仍然是发展的硬道理。为此,英国政府也开始实行"再工业化"战略。2010 年,英国

---

① 刘润生.未来创新政策引领德国发展航向[N].光明日报,2017-12-06.
② 2017 年,德国制造业产值在 GDP 中的占比为 23.4%。

政府发布《技术创新中心报告》，认为未来应当重点关注的技术领域主要包括干细胞和再生医药、未来互联网技术、塑料电子、可再生能源和气候变化技术等。2011年，英国政府投入1亿英镑，支持高性能计算的发展，并在伦敦科技城建立了开放数据研究所，主要开展对环境数据的分析和研究，积极投资计算基础设施，推动数据公开、获取和分析。同时，还投入5 000万英镑用于支持石墨烯团队的研究，投入2 000万英镑用于支持与石墨烯有关的制造工艺和技术的开发；提供10亿英镑的贷款，用于资助环保型汽车的研发。英国政府还积极加强与欧盟的联合研究，与欧洲空间局展开合作，计划每年通过欧洲空间局投入2.4亿英镑支持空间高附加值研究和相关的产业化发展项目。2012年，英国宣布向大数据和高能效计算、卫星及空间商业应用、机器人和自动化系统、基因组学及合成生物学、再生医学、农业科技、先进材料及纳米技术、能源与存储等英国能够领先世界的8项重大技术增加6亿英镑投资，以加快前沿研究商业化。2020年10月，英国国防部发布《2020年科技战略》，指出科技不仅是解决问题的手段，更是全球各国竞争的主领域。2020年11月，英国提出《绿色工业革命"十点计划"》，旨在同步推进环境改善和经济复兴，提出了10个走向净零排放并创造就业机会的计划要点，预计将动用约210亿英镑的政府经费以推动该计划的执行，计划主要包括大力发展电动汽车，打造世界领先的汽车制造基地，加快向电动汽车的转型，拟投资5亿英镑用于动力电池的研发生产，并大力发展海上风能、氢能和核能，单对氢能的投资就高达5亿英镑。2020年12月，英国政府又对2019年提出的《国家数据战略》进行了调整并重新发布，为数据的处理和投资建立了系统性框架，支持英国更好、更安全、更具创新性地使用数据，从而利用数据的力量来提高制造业生产效率、创造新业务、提供就业机会、改善公共服务和促进经济发展。2021年1月，英国人工智能委员会发布《人工智能路线图》，强调人工智能正逐步融入人们的生活。预计到2030年，人工智能将为英国带来10%的国内生产总值增长量，为经济复苏、环境改善及公众生活带来巨大利益。为了支持高风险的科学研究，英国计划建设类似于美国国防部高级研究计划局（DARPA）的英国高级研究与发明局（ARIA），大力促进变革性科学与技术研究。

表 3.1　英国重点支持的 8 个制造业基础研究方向

海量数据 处理及高效能运算	为提高在该领域的竞争力并吸引跨国企业投资，2011 年英国投资 1 亿英镑支持高性能计算，同时在伦敦科技城建立了开放数据研究所，主要开展对环境数据的分析和研究，积极投资计算基础设施，推动数据公开、获取和分析，同时还运用公共资金引导和撬动企业在相关领域的投资。
合成生物学	制定并发布了合成生物学路线图，面向 2030 年提出合成生物学发展的 5 个主题。英国生物技术与生命科学研究理事会将投入 2 000 万英镑支持有关大学和研究者面向全球性问题挑战，力求通过这项研究提高低碳能源生产能力，降低产业发展所需的重要原材料成本。
再生医学	在爱丁堡、剑桥、利兹和伦敦建立多个再生医学中心。同时，投资 7 300 万英镑在帝国理工学院的 Hammersmith 校区建立了新的转化和实验医学中心。
农业科学	英国诺福克的 John Innes Center、萨里的 Institute of Animal Health 以及爱丁堡的 Roslin Institute 都是全球领先的农业研究中心。英国政府将每年提供 4 亿英镑用于农业研究方面的投资。
能源存储	英国的能源存储技术主要涉及三个方面：一是电子和通信设备；二是电动汽车；三是电网的储能。英国已经承诺，到 2050 年节省能源开支 100 亿英镑，同时计划投资 5 亿英镑支持能源技术研究。
先进材料和纳米技术	英国在航空和汽车材料、建筑材料、核能材料等领域具有领先优势。英国投入 5 000 万英镑用于支持石墨烯团队的研究，同时再投入 2 200 万英镑用于支持与石墨烯有关的制造工艺和技术开发。
机器人和自动系统	英国拥有发达的制造业，但是万名拥有机器人数量却远远落后，日本为 235 台，英国仅为 25 台。为此，英国已经设立了支持中小企业进行机器人制造技术的开发项目。
卫星和空间 技术的商业化应用	空间产业是英国的支柱产业之一，拥有 Atrium 等多家知名公司，即使经济困难时期，空间产业仍然保持每年 8% 的增长速度，年产值 90 亿英镑。由于空间技术涉及巨大投入，英国积极加强与欧洲空间局的合作，计划每年通过欧洲空间局投入 2.4 亿英镑支持空间高附加值科学研究和产业发展项目。

资料来源：李振兴.英国重点支持的八个基础研究方向解析[J].全球科技经济瞭望,2013(02).

法国政府选择了医学生物技术、超级计算机、机器人等领域作为"再工业化"战略的重要技术路径。例如，在医学生物技术方面，旨在加强法国在细胞治疗、免疫和疫苗方面的地位，将法国建成一个拥有创新疗法的国家；在超级计算机方面，重点关注"密集计算"或"高性能计算"等服务于制造业创新驱动的关键衍生技术，通过计算能力的持续快速增长和应用软件新产品的增多，从而为医疗、能源、多媒体或城市体系等提供新的发展契机。2021 年 10 月 12 日发布的

"法国 2030" 投资计划总额为 300 亿欧元，主要涉及半导体、生物制药、核能、电动汽车、农业等领域。其中，将投资 8 亿欧元发展机器人产业，其中一半资金将用于制造结合人工智能技术的机器人，旨在通过尖端科技助力法国实现再工业化。

日本政府把低碳经济作为未来实施"再工业化"战略中需要予以重点关注的领域，专门通过了《构建低碳社会行动计划》，颁布制定了一系列鼓励和支持低碳产业发展的扶持政策，例如，对于采用太阳能发电的企业给予 50% 的成本补贴。除此之外，日本政府还积极推动机器人产业的发展，并明确了三大发展目标，一是打造成为全球领先的机器人创新基地，为制造企业创造更多能够与机器人开展合作的机会和场景，以此鼓励机器人领域的创新，并且希望能够引领全球机器人标准化的制定工作；二是成为世界第一的机器人应用社会，主要是为机器人的应用创造更多的应用环境，并且为机器人的相关实验提供所需要的充分空间，使其能够灵活机动地获得不受现有制度约束、可以较为自由进行实验的场地；三是成为世界机器人数据使用的引领者，数据本身将成为机器人附加值的重要来源，将积极推进机器人之间的相互联网，并积极申请国际标准。同时，日本政府也在同步推进智能工厂的建设①，采用"小生产线"模式代替传统的工业生产流水线，并且将更多的机器人和无人操作设备引入制造过程。2010 年，日本政府发布《日本产业结构展望 2010》，将高温超导、纳米、功能化学、碳纤维、IT 等新材料技术在内的 10 大尖端技术产业确定为未来产业发展主要战略领域。2014 年，日本政府开始积极推动研制以 3D 打印为核心的新型制造技术项目，计划当年投资 45 亿日元，实施名为"以 3D 造型技术为核心的产品制造革命"的大规模研究开发项目，并且研制出在全球居于领先地位的"金属粉末型 3D 打印机"。2014 年 6 月，日本政府审议并通过《制造业白皮书》，这一白皮书认为随着日本的汽车制造、通信设备等制造业部门加快向新兴经济体转移，工业制成品的出口呈现低迷的增长态势，由此导致日本制造业的国际竞争力持续下降，贸易赤字也随之

---

① 李金华.德国"工业 4.0"与"中国制造 2025"的比较及启示[J]. 中国地质大学学报(社会科学版)，2015(09).

不断增加。为了扭转这一情况，日本政府决定大力调整制造业的内部结构，加快提升工业制成品的国际竞争力。因此，决定将机器人、清洁能源汽车、再生医疗以及 3D 打印技术等作为未来制造业发展的重点领域，计划于 2014 年投资 45 亿日元，实施名为"以 3D 造型技术为核心的产品制造革命"的大规模研究开发项目，开发世界最高水平的金属粉末造型用 3D 打印机。2016 年，日本国家机器人革命推进小组发布了《机器人新战略》，拟通过实施五年行动计划和六大重要举措实现三大战略目标，使日本实现机器人革命，以应对日益突出的老龄化、劳动人口减少、自然灾害频发等问题，提升日本制造业的国际竞争力，获取大数据时代的全球化竞争优势。机器人未来的发展方向主要有五个。一是易用性，在通用平台下，能够满足多种需求的模块化机器人将被大规模应用。以前机器人应用的主要领域是汽车、电子制造产业等，未来机器人将更多地应用于食品、化妆品、医药等产业，以及更广泛的制造领域、服务领域和中小企业。为此，未来要研发体积更小、应用更广泛、性价比较高的机器人。二是在机器人现有应用领域，要发展能够满足柔性制造的频繁切换工作部件的简便机器人。三是机器人供应商、系统集成商和用户之间的关系要重新调整。四是研制世界领先的自主化、信息化和网络化的机器人。五是机器人概念将发生变化。以往机器人要具备传感器、智能控制系统、驱动系统等三个要素，未来机器人可能仅有基于人工智能技术的智能和控制系统。为此，制定了六项重要举措。一是一体化推进创新环境建设。成立"机器人革命促进会"，负责产学政合作以及用户与厂商的对接、相关信息的采集与发布；起草日美自然灾害应对机器人共同开发的国际合作方案和国际标准化战略；制定管理制度改革提案和数据安全规则。同时，建设各种前沿机器人技术的实验环境，为未来形成创新基地创造条件。与日本科技创新推进小组合作制定科技创新整体战略。二是加强人才队伍建设。通过系统集成商牵头运作实际项目和运用职业培训、职业资格制度来培育机器人系统集成、软件等技术人才；加大培养机器人生产线设计和应用人才；立足于中长期视角，制定大学和研究机构相关人才的培育；通过初、中等教育以及科技馆等社会设施，广泛普及机器人知识，让人们学会在日常生活中如何与机器人相处，理解机器人的工作原理，形成与机器人共同工作和生活的机器人文化。三是关注下一代技术和标准，推进人工智能、模式识别、机构、驱动、控制、操作系统和中间件等方面的下一代技术研发，同时还要关注没有被现有机器人技术体系所纳入的领域中的创新，争取国际标准，并以此为依据来推进技术的实用化。四是制定机器人应用领域的战略规划。制定到 2020 年制造业、服务业、医疗护理、基础设施、自然灾害应对、工程建设和农业等机器人应用领域未来 5 年的发展重点和目标，并逐项落实。此外，还有很多潜在的机器人应用领域，如娱乐和宇航领域等，未来也要制定相关行动计划。五是推进机器人的应用，以系统集成为主，推进机器人的安装应用；鼓励各类企业参与，除了现有机器人厂商，中小企业、高科技企业和信息技术企业都可参与到机器人产业之中；机器人被广泛应用社会的管理制度改革，"机器人革命促进会"与日本制度改革推进小组合作制定人类与机器人协同工作所需的新规则。六是确定数据驱动型社会的竞争策略。未来机器人将成为获取数据的关键设备，实现日本机器人随处可见，搭建从现实社会获取数据的平台，使日本获取大数据时代的全球化竞争优势。2018 年 6 月 14 日，日本综合科学技术创新会议发布首个"统合创新战略"，汇总了将科学技术与创新成果应用于社会所需的措施。统合创新战略中提到的目标和措施涉及广泛的领域和课题，可以将其分为知识的源泉、知识的创造、知识的社会推行、知识的国际拓展以及特别需要强化工作的主要前沿技术领域五大主要部分。基于"统合创新战略"，日本内阁成立了"统合创新战略"推进会，一方面横向且实质性地调整日本国家层面与创新关系密切的"指挥塔"会议，包括综合科学技术创新会议、先进信息通信网络社会推进战略总部、知识产权战略总部、健康及医疗战略推进总部、宇宙开发战略总部、综合海洋政策总部以及地理空间信息活用推进会议，另一方面切实推进"统合创新战略"①。2019 年 6 月 21 日，综合科学技术创新会议发布"统合创新战略 2019"，明确指出需要关注的重点前沿技术领域包括人工智能技术、生物技术、量子技术、环境能源、安全及为实现统合性创新的其他重要领域。2020 年 7

① 薛亮.日本国家科学技术创新战略——"统合创新战略"简介[EB/OL].上海情报服务平台,2020-12-02.

月 17 日，综合科学技术创新会议发布"统合创新战略 2020"，进一步明确了战略基础技术包括 AI 技术、生物技术、量子技术和新材料四大领域。其中新材料产业被国际公认为 21 世纪最具发展潜力并对未来发展有着巨大影响的产业，日本正是新材料生产技术最先进的国家。日本的新材料产业凭借其超前的研发优势、研发成果、实用化开发力度，在环境、新能源材料全球市场占据绝对的优势地位。日本已经成为全球唯一一个能制造第五代单晶材料的国家，在世界市场上具有绝对的话语权。比如日本东丽公司的 T1000 强度高达 7 060 mpa，其拉伸模量在高强度碳纤维中非常高，甚至达到 284 Gpa，这些技术指标远远超过了美国 IM9 的最高水平。

韩国制造业在特定领域也属于世界领先水平，特别是在造船、汽车、电子等方面占有重要地位，三星、LG、现代汽车制造业均为全球知名制造品牌，制造业也一直是拉动韩国经济增长的重要引擎。然而，2008 年全球金融危机以来，韩国制造业增长乏力，国际竞争力不断下降，在世界多个发达国家纷纷提出重振制造业的背景下，韩国也提出了制造业振兴战略。韩国非常注重服务机器人的产业化发展，2009 年发布了《服务机器人产业发展战略》，提出成为世界三大机器人强国之一的发展目标。2009 年 4 月，韩国政府根据《智能机器人开发与普及促进法》发布了第一个智能机器人总体规划。2012 年 10 月 17 日，韩国知识经济部发布了一项为期 10 年的中长期战略《机器人未来战略 2022》，计划投资 3 500 亿韩元用于机器人产业发展，希望能够将当时 2 万亿韩元规模的机器人产业扩展 10 倍，计划到 2022 年实现 25 万亿韩元的规模。该部门还在 2013 年制定了《第 2 次智能机器人行动计划（2014—2018 年）》，明确要求 2018 年韩国机器人国内生产总值达到 20 万亿韩元，出口 70 亿美元，占据全球 20% 的市场份额。2014 年 6 月，韩国政府又出台了"制造业创新发展 3.0"战略，希望能够进一步促进制造业与电子信息技术的融合发展，进而创造出新的制造业业态，从而全方位提升制造业的竞争能力。同时，还针对韩国制造业在工程工艺、设计、软件服务、关键材料和零部件研发、人员储备等领域的薄弱环节，加大投入，以取得重要突破。为此，韩国政府从长期和短期着眼，制定了不同类型的战略规划，主要是希望能够大力发展智能汽车、工业机器人、智能可穿戴设备、智能医疗装备等 13 个新兴领域。并明确指出将在 2020 年之前打造大约 10 000 个智能制造工厂，将全国三分之一的雇佣人数超过 20 人的制造业工厂全部改造为智能型工厂。2014 年 8 月，韩国发布了第二个智能机器人开发五年计划，目标是到 2018 年，不断扩大机器人产业市场规模，从当前的 22 亿美元增加到 79 亿美元，机器人公司数量从 402 家增加到 600 家。为提升战略性新兴产业的技术竞争力，韩国政府计划在 2022 年前对研究开发领域投资 5 万亿韩元，2021 年上半年先对半导体、生物、未来汽车等三大产业投入 2 万亿韩元，同时选拔 100 家具有发展潜力的核心战略技术龙头企业进行重点扶持，提升其国际竞争力。

除了从供给端和创新端发力之外，发达国家在推进"再工业化"战略的过程中，十分重视需求导向的创新引导。例如，欧盟十分重视需求导向的创新政策，以此促进"领先市场"的形成，为此选取了电子医疗、可持续建筑、防护材料、生物基产品、循环利用、可再生能源等 6 个领域作为"创新试点市场"。这些市场非常符合欧洲消费者的需求，而且具有强大的技术和产业基础。欧盟通过立法、政府采购、标准化、培训沟通、金融支持和激励等多种方式为培育这些市场的创新提供公共政策支持。美国政府则积极推动新产品的应用示范工程，利用国内高端消费群体抢先实现市场增长，使美国成为最早享受到工业革命成果的国家。例如，纽约州于 2013 年启动了资助额度为 1 900 万美元的"卡车券计划"，鼓励市民购买混合动力和压缩天然气在内的各类节能车，同时出台税收专项激励，对于电动车的充电装备给予课税抵扣。

3.3 积极推动政产学研协同创新

发达国家在实施"再工业化"战略的过程中，十分注重政府、企业和学术界的共同参与，通过采取各种措施进一步破除企业、大学、科研院所之间的合作障碍，将横跨产业界和学术界的创新基础重塑作为国家制造业创新体系的重中之重。2012 年 3 月，为推动先进制造业发展，美国联邦政府提出一项旨在建立起全美产业界和学术界之间行之有效的制造业研发基础，进而解决美国制造业创新和产业化的相关问题的综合性项目，由美国联邦政府出资 10 亿美元，在 10 年内创建 15 个制造业创新研究所（NNMI）。创新研究所的产生主要是通过公开竞标方式进行，由美国商务部、国防部、能源部、航空航天署、国家科学基金会等政府机构及制造企业、大学等代表组成的先进制造业计划办公室统筹管理。具体做法是，由跨部门技术专家组成的评审小组对拟议中的创新研究所进行竞争力评估，中标团队一般在年内公布。美国联邦政府希望通过这一创新网络的打造，能够加快最新技术的研发布局，更为重要的是加快先进技术的产业化实现和商业化转移。制造业创新研究所集合了制造企业、大学、社区学院和各级政府等相关机构，通过展开深度合作、有效开展创新成果的商业化开发，以解决与产业联系密切的技术问题，缩短新的制造技术和流程从基础研究到产业化应用的过程。例如，北卡罗来纳州立大学领导的"下一代电力电子制造创新研究所"，瞄准的是宽带隙电力电子产业，其使命是加快推进以氮化镓和碳化硅为基础的电力电子器件的商业化，降低其制造成本，以取代广泛使用的硅基半导体。数字制造和设计技术创新研究所的总部设在芝加哥，由 73 家单位构成，包括高校、非营利组织和研究型实验室，获得的联邦投资有 7 000 万美元，主要来源于国防部。该研究所旨在促进供应链间的合作，发展设计和测试新产品的电子技术，从而降低相关制造企业在制造流程中所产生的成本。轻量现代金属制造业创新研究所的总部位于底特律，由 60 个成员单位构成。其获得的联邦支持资金也是 7 000 万美元，由国防部提供。其设立旨在加速轻型金属材料在风力涡轮机、医疗器械、机体、军用汽车及其他产品中的应用，并实现规模化生产，促进这些产品的制造成本和能耗成本的大幅降低（表 3.2）。

表 3.2　美国主要的制造业创新研究所

制造业创新研究所	所在城市	重点研究领域	团队组成
增材制造业创新研究所	扬斯敦	3D 打印	由美国国家国防制造与加工中心管理，目前包括 50 家公司、28 所大学和实验室以及 16 家非营利机构

（续表）

制造业创新研究所	所在城市	重点研究领域	团队组成
数字制造和设计技术创新研究所	芝加哥	数字化设计、工程和制造等过程的技术和流程研发与应用	由美国国防部监管，汇集了73家企业、高校、非营利机构和研究实验室
轻量现代金属制造业创新研究所	底特律	商业和国防应用中轻质部件和结构的集成设计制造	由美国国防部监管，汇集了生产铝、钛和高强度钢材的制造企业以及该领域研究水平领先的高校和实验室共66家
下一代电力电子制造创新研究所	北卡罗来纳州	新型高能半导体芯片和器件，打造更加智能化、可靠安全、低成本且节能环保的21世纪电力网络	由美国能源部支持，北卡罗来纳州立大学牵头，汇集了超过25家公司、大学、州和联邦机构
先进复合材料制造创新研究所	诺克斯维尔	研发和生产比钢更轻更强的材料，用于制造飞机、军用车辆、卫星及豪华轿车等，达到低成本、高速和节能制造目标	由美国能源部支持，田纳西大学牵头，汇集了122家公司、非营利机构、大学和研究实验室

资料来源：根据相关资料整理

从创新研究所的运作机制来看，美国联邦政府主要对于"竞争前"技术领域的研发进行投资，并且按照商业规律规定了相关投资的进入及退出机制。其中，政府资金的投入主要分为四个部分：启动资金、设备投入、基础资金和竞争性项目资金，而且政府资金的投入是有时间限制的。制造业创新研究所的支持资金主要来自联邦和非联邦资源的基金共享。创新研究所设立之初，联邦政府通常会投入0.7亿—1.2亿美元，并要求相关高校按照不低于1∶1的比例进行配套投资。为了使研究机构尽早摆脱对联邦基金的依赖，联邦政府的资金支持采取逐年递减的方式。创新研究所设立2—3年之后，联邦政府的资金投入强度开始下降，其他相关研究机构和企业等私人部门逐步成为资金投入的主体。5—7年后，这些机构必须完全独立依靠自筹资金运行。联邦政府也基本上退出创新研究所的执行委员会，不再介入创新研究所的其他管理决策。

与"128号公路"、硅谷等传统区域创新系统相比，制造业创新研究所瞄准了产业创新的中间环节，在产业选择与前期资金投入上更加强调政府资金的引导作用。首先，初期资金来源不同。美国大约有 35% 的风险资本以及 50% 左右的风险投资基金集中在硅谷地区。同时，硅谷地区还拥有近 2 000 家中介服务机构。制造业创新研究所的初期资金则主要来源于美国国防部、能源部、商务部、太空总署和国家科学基金会。原则上，每个制造业创新研究所能够得到联邦政府 7 000 万美元以上的资助，非联邦政府及其他机构以大于 1∶1 的比例提供配套资金。其次，政府参与方式不同。在"128 号公路"高技术园区和硅谷中，政府主要是为各类创新活动提供采购、研发等资金支持，并没有十分直接地参与相关研究活动的筛选和规划。但是，美国联邦政府对制造业创新研究所的选拔、成立以及相关研究事项均采取了较为深度的参与方式。再次，研发机构作用不同。麻省理工学院在"128 号公路"高技术园区中居于研发核心地位，并参与企业市场开拓。斯坦福大学为企业提供技术支持和人员培训，主持政府资助的研究项目和帮助企业获取政府订单。而制造业创新研究所则主要从事某些平台技术研发，为企业提供技术服务，高校的作用表现在与企业协同开发新技术、为企业提供必要的技术援助，帮助企业培训技术工人，共享研发设备和其他基础设施等。相对于其他两个区域创新系统，制造业创新研究所的定位更为明确，即针对基础研究和创新的产业化衔接。

2014 年 4 月，AT＆T、思科、通用电气、IBM 和英特尔在美国波士顿宣布成立工业互联网产业联盟（IIC）。该联盟是一个开放性的会员组织，由企业、研究人员和公共机构组成，旨在为企业和高校研究人员创建互联网工业应用标准提供框架支持。自成立以来，工业互联网联盟已拥有超过 50 名成员，并且有多个重大项目正在实施中。例如，以 GE 为代表的美国产业界开始全力推广工业互联网概念，其内涵是在工业互联网络的支撑下，通过软件应用对机器设备进行远程监测、远程控制和远程维护，促进机器之间、机器与控制系统之间、企业之间的广泛互联，优化生产流程，提高生产效率，并由制造商向解决方案提供商转型。GE 公司在工业互联网方面主要开展了三项主要行动。一是推动大数据与分析平台。为了研发出适应大数据时代的工业互联网，GE 与亚马逊云科技公司共同开发"Predictivity"平台。通过 GE Predictivity 服务，航空公司、电力公司能够在工业互联网中管理、运营喷气发动机和燃气枪机等机器，减少故障发生率和停机时间，提高生产率，使工业运营从被动的应对模式转向预测模式。二是提升软件分析及云计算技术能力。通过与埃森哲、亚马逊、Pivotal、AT&T、思科、英特尔等公司共同合作开发的方式，提升软件分析和云计算能力。三是针对不同行业的特点推出工业互联网产品，已推出 24 种工业互联网产品。2020 年 7 月 29 日，美国工业互联网产业联盟正式发布"物联网分布式账本"白皮书，该白皮书首次发布物联网分布式技术的标准和基础架构，由 IIC 分布式账本工作组发布，由 IoTeX、华为和亚马逊联席主席发起并草拟，其他来自 PwC、IGnPower、iExec 等企业的专家共同来撰写，重点介绍物联网领域的企业规模化部署和企业案例。2021 年 8 月 31 日，美国工业互联网联盟改为"美国工业物联网联盟"，之前参与创设的通用电气、AT&T、思科、IBM 和英特尔则已经全部退出。

英国政府也十分注重通过发挥政府的引导作用，进而带动产业界开展研发创新。2012 年，英国政府设立了"研究伙伴投资基金（UK RPIF）"，其目标即是鼓励科研机构和其他组织之间开展战略性合作研究。政府投入 1 亿英镑，希望能够撬动来自产业界将近 2 倍的配套投资。因此，其运作模式为"竞标式"，即申请该资金的科研基地项目必须自备至少 2 倍的匹配资金，匹配资金通常来自私营企业、各类基金会和大学结余资金。这种运作模式所带来的整体资金量显然远远超过政府直接投资。政府基金的管理部门为英国商业、创新与技能部（BIS）领导的英格兰高等教育拨款委员会。这一投资基金在政府和产业界的共同努力下，共吸引了 3 亿英镑的政府投资和 8.55 亿英镑的私人投资，总金额高达 11.55 亿英镑。其中一个项目是对"跨学科表征研究机构"资助了 1.17 亿英镑，该机构由曼彻斯特大学、英国石油公司、罗罗公司等多家机构联合设立，主要研究先进材料，用于难以进入的油气藏开采及高温下航空发动机等领域①。同时，英国政府还设立了"高价值制造弹射中心（High Value Manufacturing Catapult Centre）"，英国政府每年对弹射中心的建设和发展提供 500 万—1 000 万英镑资

---

① 胡志宇.产业界、科研机构与金融业的合作环境[J].全球科技经济瞭望,2014(02).

金支持，投资周期为 5—10 年。2013 年，在弹射中心下共设立了 7 个技术与创新中心①，2014 年又新增了 2 个技术与创新中心。英国政府设立这一系列创新中心的目的是希望能够为各种高端新兴技术的商业化转化搭建桥梁。因此，这些技术与创新中心通常具备顶尖的研发设备、专业化的技术能力以及高效合作的创新环境。例如，"先进制造研究中心"是由谢菲尔德大学与波音公司联合成立的，并且已经成为波音公司全球研发网络的重要组成部分。这一研究中心共有 70 多家成员单位，主要宗旨即是以集成制造、复合材料等为重点，形成世界级的研发、设计和制造集群。这些技术与创新中心三分之一的资金来自英国技术战略委员会的资助、三分之一资金来自竞争性拨款、三分之一资金来自企业资助。截至 2016 年 2 月，已成立 9 个技术与创新中心②。为了更好地推动科研成果转化，英国政府还积极发挥牛津大学的 ISIS 科技创新公司、剑桥大学的剑桥企业、曼彻斯特大学的知识产权管理公司、帝国理工的帝国创新公司等大学技术转移机构的作用，通过知识产权的出售、许可和成立派生公司等方式积极推动大学研究成果的商业化。2017 年 12 月 21 日，阿斯顿大学、伯明翰大学、克兰菲尔德大学、基尔大学、莱斯特大学、拉夫堡大学、诺丁汉大学和华威大学等 8 所英国大学宣布成立统一的技术转移机构"米德兰兹创新"（Midlands Innovation），面向英国米德兰兹地区开展技术转让活动，把 8 所大学的技术联合起来开展商业化，以期吸引更多的资本和产业关注。米德兰兹地区是英国重要的经济增长地区之一，米德兰兹地区创新计划将推动当地的创新生态系统建设，预计将吸引 3 亿英镑的风险投资基金。

欧盟根据技术可读性水平开展基础研究、应用基础研究和应用研究（图 3.1）。在科技创新中，高校、科研院所、企业三个主体在不同阶段扮演着不同角色。因此，欧盟的研究重视多方协作，一般认为，1 级到 3 级为基础性研究，由高校扮演主要角色；4 级到 6 级为基础应用和应用研究，由科研院所、科技公司和企业扮演主要角色；7 级到 9 级属于市场试点应用研究，由于处在市场开发阶段，应

---

① 包括先进制造研究中心、先进成形研究中心、制造技术中心、国家复合材料中心、流程创新中心等。

② 张秋菊，惠仲阳，李宏.美日英三国促进先进制造发展的创新政策重点分析[J].全球科技经济瞭望，2017(07).

由开发企业扮演主要角色。因此，欧盟的基础应用和应用研究活动以企业为主体展开。在具体实践中，由基金委员会等公共部门提供经费支持，科研院所则提供相应的智力支持，高校提供智力和人才支持，多方合力支持企业科技创新，同时提高市场的接受和开拓度，根据研发产品和服务的具体情况，重视用户的参与和项目的试点建议。欧盟地平线系列项目的资助力度从数万欧元到数千万欧元不等，项目成功中标的概率在 1%至 15%不等。除了个人项目和企业单独专项之外，大部分项目要求至少 3 个国家以上的单位参与。项目获批之后，资助额度会根据项目的类型和单位性质的不同有所差异。项目分为"纯研究类项目""研究创新项目"和"创新项目"，其中"纯研究类项目"提供全额资助，设置开放性课题，而且不设课题指南，只明确相应的学科分类，积极鼓励企业参与；"研究创新项目"必须由企业和用户参与，所有参与单位全额资助；"创新项目"必须由企业和用户参与，企业根据项目具体指南获得 60%至 70%的资助，公立部门或非营利性机构获得全额资助。还有一类是专门的"企业专项"，必须以企业作为申请单位，大多为开放性课题，不设指南，企业可作为独立申请单位或是联合其他单位申请 50%的资助额度①。

与此同时，欧盟积极联合全球创新资源，开展创新研发活动。例如，欧盟的"人脑计划"研究项目就建立了由 6 个信息通信研究平台所组成的综合系统，通过提供创新工具和研发服务，吸引全球科学家围绕"人脑计划"开展强强合作，共同解决神经学、医学以及相关的计算领域所面临的基础性和共性化难题。2012年，欧盟公布了能源、环境科学、信息技术、生命科学、材料科学等诸多领域的科研基础设施分布图，允许非欧盟成员国以会员国的身份参与到这些高端基础科研设施的共建。随后，日本、澳大利亚等国开始参与到欧盟科研基础设施的共建共享，由此诞生了更多联合创新的研究成果。EIT 是欧委会旨在促进产学研用一体化的重要机构。创建由大学、研究所和供应商/应用商企业组成的知识创新利益共同体（Community）是 EIT 的核心运作模式。目前，欧盟已经建成 5 个 EIT，分别是：气候变化 EIT、信息通信 EIT、新能源 EIT、卫生健康与老龄化

① 黄丽珍.产学研合作的欧盟经验[J].中国公路,2021(21).

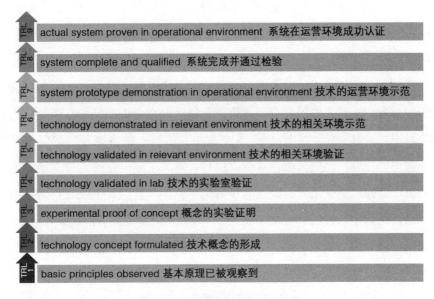

图 3.1 技术可读性的 9 个水平

资料来源：黄丽珍.产学研合作的欧盟经验[J].中国公路，2021(21).

EIT、原材料 EIT。未来还将在食品、智能社会、高端制造、城市交通等领域建立 EIT。其中原材料 EIT 成立于 2014 年 12 月，旨在整合全欧洲原材料领域的研发创新资源，提高创新能力，应对原材料供应挑战，转变欧盟对进口原材料的依赖，促进经济增长和提高全球竞争力。原材料 EIT 由欧盟 20 个成员国的 100 多个伙伴合作单位组成，是欧盟委员会旨在促进产学研用一体化的重要机构，也是迄今全球最大的原材料研发创新机构。原材料创新与技术研究院以构建利益共同体为核心，产学研用一体化联合创新，领域涵盖原材料创新价值链的全过程，包括原材料的开发、开采、加工、循环替代、可持续管理等。原材料 EIT 下设 6 个联合创新中心，分别是：波罗的海联合创新中心（芬兰埃斯波）；中部联合中心（法国梅兹）；东部联合中心（波兰华沙）；北部联合中心（瑞典吕勒奥）；南部联合中心（意大利罗马）；西部联合中心（比利时鲁文）。2021 年，为发展先进半导体技术，欧盟宣布成立"处理器和半导体技术联盟"与"欧洲工业数据、边缘及云端联盟"，通过成立这两个联盟，进一步推动下一代半导体芯片和工业、云端及边缘云计算技术，并为欧盟提供加强关键数字化基础设施、产品和服务所需的能力。这两个联盟将汇集企业、成员国代表、学术界、用户、研究和技术组织共同参与。欧盟企业之间也通过建立创新联合体的方式，加大联合研发力度。例如，德国政府在进一步强化大众汽车、戴姆勒、博世等全球顶级制造企业战略合作的基础上，通过建立"跨企业联合体"的方式，继续着力打造更多制造业领域的旗舰企业。同时，德国政府通过公开竞争选取企业给予研发资金支持进入世界领先行列，通过三轮竞赛共选定 15 个集群；推行走向集群项目，促进企业创新和管理理念提升。制定区域企业促进项目，提高东部企业的科技水平和生产效益。同时，加强对企业之间、企业与科研机构合作项目以及企业与科研机构组成合作网络资助力度，促进科研成果转化①。除此之外，德国政府还推出了 ZIM 项目。这一项目为中小企业之间、中小企业与科研机构间共同开展科研创新活动提供资助，资助的范围不设技术领域和行业门类限制。2015 年 4 月，德国政府对原有 ZIM 项目进行了优化。在提高创新潜能方面，项目的资助额度有所提高，每户企业可获得 38 万欧元的资助，研究机构可获得 19 万欧元。申报企业的适用范围也进一步拓宽，只要满足从业人数 500 人以下，年营业额低于 5 000 万欧元或资产总额低于 4 300 万欧元的中小企业都可以申报。对研究机构没有条件限制。在加强国际化扩展方面，一方面将国际合作的资助比例提高至 10%，另一方面还扩大了面向国际招标的范围，与更多的国家建立了合作伙伴关系。在简化项目程序方面，一方面表现在项目的结构更加清晰、设计的项目指标更加简化，另一方面也将支持的重点更加集中于研发试验。ZIM 项目的资助对象分为三类：独立项目、合作项目以及合作网络项目。独立项目，是指资助单个企业以开发新产品、创新型生产工艺或技术性的服务为目的的研发活动以及该研发活动的市场启动行为。合作项目，是指资助由两家企业组成或至少由一家企业和一家研究机构组成的合作研发项目，其中也包括与外国合作伙伴进行的合作项目。合作网络项目，是指资助由至少 6 家中小企业组成的合作网络。研究机构、高校院所、大型企业、协会也可加入合作网络成为项目成员，但合作网络中的企业是资金直接受益者。法国则于 2011 年成立"国家专利公司"，法国政府和储蓄银行联合注资

---

① 徐宇辰.中国装备制造业创新发展与国际借鉴的思考[J].中国发展观察,2022(01).

10 亿欧元,通过将相关专利打包、成批开发,加强专利的使用率,使科研成果尽快转化为生产力。

3.4　着力解决制造业发展的能源问题

工业化对于国家财富的创造和积累作用使得任何一个国家都难以拒绝,而且可以说没有第二条可供选择的道路。但是,随着全球工业化的深度推进,工业发展对各种资源的大量消耗,带来了诸多废弃物和污染,由此导致的一个严重后果就是从工业化发展中获利的财富收入国家与承受工业化发展而带来的污染损害国家之间存在某种程度上的错位。部分工业化极为发达的国家通过大规模开发和利用化石能源来推动工业发展,导致十分明显的能源危机,环境问题的严峻性日益凸显,这种以传统化石能源为基础的传统工业发展方式备受质疑。因此,针对新能源的开发和利用成为发达国家制定"再工业化"战略的一项重要内容。

为了解决制造业发展的能源问题,美国政府提出了"绿色新政"的发展战略,加大了对于新能源装备制造业发展的重视力度。2009 年 6 月 26 日,美国众议院以 219 票赞成、212 票反对的微弱优势通过了《美国清洁能源与安全法案》,这一法案被认为是奥巴马政府在提出"绿色新政"理念之后,将理念付诸行动所迈出的重要一步,也是美国在减排温室气体行动方面所迈出的历史性的一步。法案提出了分阶段的减排目标,以 2005 年为基年,来自美国主要排放源涵盖美国温室气体排放总量的 85%,其余 15%来自农、林业的碳排放量将在 2012 年削减 3%,2020 年削减 17%,2030 年削减 42%,2050 年削减 83%。法案提出了针对减排温室气体和开发可再生能源等领域的投资计划。到 2025 年为止,将投资于提高能效和可再生能源开发领域 900 亿美元,碳捕捉与封存领域 600 亿美元,电动汽车开发等 200 亿美元,基础科学研究与开发 200 亿美元,合计 1 900 亿美元。同时,还制定了"碳关税"制度,主要是为了保护国内企业,使之能与未设立碳排放总量管制的国家的企业公平竞争,以及防止国内企业将排放碳的生产过程向未设立碳排放总量管制的国家转移。

欧盟始终走在全球低碳发展目标与顶层框架设计前沿，领跑全球气候变化行动。2021 年 7 月 14 日，欧盟委员会公布了"减碳 55"① 系列立法提案，承诺在 2030 年底，实现温室气体排放量比 1990 年减少 55%（图 3.2）。并明确 2050 年前，将实现欧洲地区的"碳中和"。制造业更是欧盟开启低碳转型的重要领域。例如，钢铁行业的制造商展现了极强的低碳雄心，在 2020 年就启动了大量直接还原铁（DRI）试点工厂的项目；化工行业的大型石化公司则采取了改进燃料系统，提高反应器、蒸馏塔等工艺设备效率，提升炼厂能效，调整能源结构，对二氧化碳进行地质封存等方式，实现控碳减排；作为欧洲水泥行业的领军企业，海德堡水泥在碳捕捉方面已经开始实施由欧盟资金资助的二氧化碳分离实验性项目，一期项目进展顺利，目前已经进入第二期，该项目能捕捉 95% 纯度的二氧化碳。

图 3.2 欧盟"减碳 55"计划的内容框架

资料来源：欧盟最新低碳发展政策"Fit for 55"一揽子政策解读[R].罗兰贝格,2021-08-18.

英国政府将低碳经济作为未来制造业发展的重点领域。2005 年，英国就已经制定了《减碳技术战略》，以制度的形式规定要建立 3 500 万英镑小型示范基金用于发展低碳经济。2007 年 3 月，英国又通过了世界上第一个关于气候变化的法律即《气候变化法案》。这一草案规定，要建立相关的气候变化机构、为碳

---

① "Fit for 55"法案。

财政预算提供目标管理，并给予政府在排放交易方面更大的权力等。2009 年，英国政府公布了《英国低碳转型计划》，投入 400 万英镑用于帮助核电制造企业的发展，力求到 2020 年创造 120 万个绿色就业机会。同年 11 月，英国能源与气候变化部公布其能源规划草案，将核能、可再生能源和洁净煤定为其未来能源的三个重要组成部分。为了缩小英国与欧盟在减排目标方面的差距，英国政府还于 2010 年 3 月 24 日，启动了一项 20 亿英镑的投资银行计划。这一投资银行主要用于资助铁路、风力发电和废物处理等项目建设，主要为风能发电、生态型垃圾处理等低碳经济项目进行融资，同时，协助英国升级电网基础设施，并推广电动汽车。投资银行的资金主要由两部分组成，50% 来源于私人投资者，50% 来源于英国政府出售政府资产的所得。为了更好地推动制造业的绿色转型，英国政府还在提高政府采购力度、增强教育培训、加大资金支持等方面给予大力扶持，例如，"联合城市计划"提供 10 亿英镑的贷款，为环保型汽车的研发提供资金支持，以减轻汽车产业发展对环境污染的压力。

日本国内的资源十分匮乏，而日本又是全球最发达的经济体之一，生产和生活对资源有着很强的依赖性，因此，发展低碳经济和开发新型能源是其"再工业化"战略的重要举措之一。2008 年 5 月，日本环境省"全球环境研究基金项目组"发布了《面向低碳社会的 12 大行动》，对住宅、工业、交通、能源转换等提出了预期减排目标，并提出了相应的技术和制度支持。同年 6 月，时任日本首相福田康夫以日本政府的名义提出了新的防止全球气候变暖的政策，即著名的"福田蓝图"，这是日本低碳战略形成的正式标志。"福田蓝图"强调要加大投入，大力发展太阳能、风能、水力和生物能等可再生能源。提出的目标是到 2020 年，使日本的太阳能发电量提高 10 倍，到 2030 年再提高 40 倍。虽然没有提出具体的数值，但是，按照 2005 年日本的太阳能发电设备容量约 140 万 kW 计算，增长到 10 倍为 1 400 万 kW，40 倍则为 5 600 万 kW。为了扩大太阳能发电量，"福田蓝图"提出两条对策，分别是在日本实施开发全球最大规模的"兆级太阳能发电"计划，同时要求 7 成以上的新建住宅安装太阳能发电装置。兆级太阳能发电是指发电量为 1 000—1 万 kW 级的，家庭用太阳能发电装置的发电规模平均为

3 kW 左右，以此便可形成相当大规模的太阳能发电。同时，日本政府还提出建立"逆向工厂"的设想，这种"逆向工厂"能够把生产过程中所产生的废料进行处理，进而转化为可以再利用的资源，从而实现"制造业进化"①。

德国作为全球工业最发达的国家之一，始终将能源战略视为其国家发展的命脉。在实施"再工业化"战略过程中，德国政府锚定了新的能源战略重心，即以可再生能源为核心的绿色转型。为此，德国政府则提出"能源转型战略"，明确到 2020 年，确保可再生能源占到电力总消费的 35%，到 2050 年再将这一比重提升到 80% 以上。2018 年，德国已实现可再生能源机组发电覆盖近 100% 的用电需求，发电量占到了总发电量的 33%。除此之外，德国政府还通过分布式微电网、发展智能电网等最新的技术手段，积极推进可再生能源的广泛应用。德国也成为最早制定可再生能源专项法律的国家之一，相关法律法规涵盖了供电、采暖、交通、建筑等各个领域，并分别明确了可再生能源在各领域的利用目标和任务。同时通过调整《可再生能源法》等相关政策法规，实现了可再生能源的低成本持续快速扩张。规模效应带动了生产成本的快速下降，2017 年，德国可再生能源装机比例达到了 56%，光伏和风电已经基本实现平价上网。相关的市场机制也由最初的可再生能源固定电价补贴向溢价补贴转变，并且从 2017 年开始引入了市场竞价体系。这标志着德国可再生能源市场机制 2.0 版本的正式上线，将有利于促成可再生能源价格的进一步下降。除此之外，德国利用其在欧盟的绝对影响力，推动欧洲统一电网和电力市场建设，积极消除欧洲国家间的电力贸易壁垒。2017 年，德国已与周边 7 个国家实现联网，为可再生能源在更大范围内高效消纳提供保障，实现了可再生能源富余时段的电力外送，使德国成为欧洲最大的电力净出口国家之一。从技术创新上看，德国始终走在全球高端制造、精密仪器加工、工业设计等领域的前列，这也为其推进可再生能源产业飞速发展奠定了良好的工业基础。因此，德国的风机制造、光伏自动化设备、沼气发电等可再生能源发电技术均处于国际领先水平，相关产业都具有较高的国际市场占有率。同时，

① 李大元,王昶,姚海琳.发达国家再工业化及对我国转变经济发展方式的启示[J].现代经济探讨,2011(08).

德国还将能源领域的技术创新注意力从单一技术研发逐步转向系统集成和领域耦合，重点是平抑可再生能源发电波动性的智能用电、储能等相关技术，以及提高能效领域的工业节能、绿色建筑、综合能源转换等技术。例如，已经建成的柏林 Euref 零碳园区就集中展现了德国在绿色转型技术创新方面的最新成果。该园区 80%—95% 的能源来自风光、地热、沼气等可再生能源，应用智能微网、低耗建筑、无人驾驶等技术，实现可再生能源高效利用、电动汽车智能充放电、冷热储灵活转换以及多能源便捷交易等。该园区也被联合国授予"全球城市更新最佳实践奖"[①]。

法国政府同样认为全球新能源技术市场正在快速增长，这为经济发展和"再工业化"创造了诸多机会。得益于 Engie、EDF、Total 等能源企业的公认优势，法国在新能源市场具有较强竞争力。然而，与新能源市场的增长速度和增长潜力相比，法国的工业部门发展相对滞后，"再工业化"战略计划就旨在消除这种滞后。该计划的目标是在新能源及其相关领域积极发展相关生产，以支持突破性技术研发，提高国内产品附加值，创造稳定就业机会。根据相关测算，新能源领域能为法国提供 15 万个就业岗位，市场规模将高达 230 亿欧元。为此，法国计划大规模投资太阳能设备生产。同时，"再工业化"战略的相关计划指出，欧洲光伏系统制造商正在面临激烈竞争。2001 年，世界十大太阳能电池制造商中有 5 家是欧洲制造商，而到了 2018 年，世界领先的太阳能电池制造商中有 90% 来自亚洲，欧洲制造商则完全徘徊在榜单之外。如果这一趋势继续下去，未来欧盟太阳能电池设备将严重依赖进口。法国政府认为，法国拥有在世界上极具竞争力的低碳电力系统、高质量的研发水平，以及制造行业强大的生态环保优势，法国应该引领欧洲新能源制造行业的复苏。2021 年 10 月，法国总统马克龙宣布，将在 2030 年前向核能领域投资 10 亿欧元，以开发"颠覆性技术"，特别是"更加模块化"和"更加安全的"小型核反应堆。同时，法国将大力发展氢能源，在钢铁、水泥和化工等产业部门用氢能源替代化石燃料，帮助这些行业脱碳。

---

① 栗楠,郑宽.德国能源战略——绿色先驱[N].中国能源报,2018-12-31.

3.5 改善企业的创新融资环境

　　发达国家在推进"再工业化"战略的进程中，积极对高附加值行业的企业实行政策优惠并加大资金扶持，通过减税降负等方式，持续刺激企业的创新活力。2008 年 8 月，美国政府设立了 250 亿美元的先进汽车制造业贷款项目，希望能够为制造太阳能电池板、风轮等配套企业的融资提供担保。这一贷款项目的第一年利率为 4.5%，只有当时通用、福特和克莱斯勒三大汽车厂商贷款利率的三分之一。同时，美国政府还积极引导金融资本向初创企业集聚。2010 年，美国商务部推出了"区域创新战略计划"，其中的"种子基金"项目就是针对初创型企业进行相关的股权投资，斯坦福大学周边集聚了 200 多家风险投资机构，汇聚了全美超过 30% 的风险投资资本总量，为初创企业从技术研发到市场推广提供了关键性的资金保障，同时也确保了技术创新能够实现快速的迭代，硅谷高新技术集群的发展正是得益于强大的风险投资体系。美国国家风险投资协会（NVCA）的数据显示，风险投资和成长资本从 2007 年的 360 亿美元上升到 2018 年的 1 320 亿美元，年均复合增长率达 12.5%。2021 年 2 月 24 日，美国拜登总统签署了《第 14017 号行政令》（Executive Order（E. O.）14017）——《美国供应链》（America's Supply Chains），要求全面审查美国的重要供应链，识别风险，解决薄弱环节，并制定提高供应链韧性的战略，其中一项重要举措即是优化相关产业或产品创新的融资环境。此项行政令建议美国国会制定新的激励措施，以支持电池和电池组制造业的发展。例如，利用补助项目方式，帮助那些无法在短期内获得免税优惠的企业家。美国能源部的贷款项目办公室（Loan Programs Office）应利用"先进汽车制造业贷款项目"（Advanced Technology Vehicles Manufacturing Loan Program），快速审查美国关键材料和矿产提炼与加工厂的贷款申请，以及在美国重新装备、扩建或新建先进技术汽车电池和电池组生产厂的贷款申请。"先进汽车制造业贷款项目"大约有 170 亿美元的放贷权。

　　由于欧盟的金融体系本身就是银行业主导，随着 2008 年全球金融危机的爆发,"去杠杆化"在很大程度上又影响了银行的放贷能力,导致企业特别是中小企业的融资环境变得更为困难。"再工业化"战略实施之后,欧洲投资银行已经开始将放贷目标向具有创新能力的中小企业和具有资源效率的创新活动倾斜。欧盟还专门针对资本市场不够活跃的问题,于 2011 年 12 月提出了"中小企业融资便利化行动计划",这一计划主要包括创建风险资本单一市场、创立欧洲社会企业家基金、鼓励资产融资、天使投资等多种融资方式,并且对供应链金融、发票贴现等其他融资方式予以一定的支持。2018 年,欧洲公司获得的风险投资同比增长 13%,达 8 亿欧元,但这一规模仅有美国的约八分之一,美国有超过 25% 的企业使用资本市场融资,而欧盟仅有 1%,欧洲投资者也没有足够信心去投资初创企业,因为这类企业可用于估值的信息不足,对它们的新技术产品或服务的市场潜力估值较为困难。为此,2019 年欧盟就"投资欧洲(Invest EU)"计划达成初步协议,汇集"欧洲战略投资基金(EFSI)"和其他 13 项金融工具,进一步促进人工智能、循环经济、气候行动以及社会包容和技能等关键领域的投资,以此增加企业融资的可获得性。欧盟还在 2021 年底前审查欧盟国家援助规则,根据这些规则,欧盟及成员国可以对中小企业的风险投资提供更大支持。从技术角度看,基于区块链的金融科技创新可以为中小企业与投资者的直接交流开辟新方式。中小企业可以将企业债以加密资产和数字令牌进行发行,从而形成更快捷、性价比更高的融资方式。欧盟委员会也将为区块链金融提供技术基础设施和安全支持,以配合欧盟即将出台的数字金融战略①。除此之外,欧盟通过"投资欧洲(Invest EU)"项目为中小企业吸引不同层面融资。欧盟委员会借鉴现有中小企业保障计划的经验,创建一个独立的综合担保机制,涵盖创新型企业、可持续发展模式企业及开展数字经济的中小企业等企业。这一模式可以撬动从国家到私人的多层面投资。这些企业的资金又可以促进企业开发数字技术及绿色技术,在商业化后创造更多价值。欧盟委员会还与成员国密切合作,通过"数字创新和扩大规模倡议",加强线上融资方式,以解决投融资渠道的地域不平衡问题。

---

① 李舒沁.欧盟支持中小企业数字化转型发展政策主张及启示[J].管理现代化,2020(05).

2009 年，英国成立了"英国创新投资基金"，该基金共有两个母基金：一是 Hermes 环境创新基金，规模 1.3 亿英镑，其中政府资金 5 000 万英镑，私人资金 8 000 万英镑，主要关注服务低碳经济和环保技术；二是英国未来科技基金，规模 2 亿英镑，其中英国政府出资 1 亿英镑，欧洲投资银行出资 1 亿英镑，主要关注生命科学、数字技术和高端制造等领域。法国于 2020 年通过了国防创新基金，量子技术就是这一基金重点资助的技术之一。国防创新基金由法国国家投资银行管理，收购处于成长阶段的创新公司、初创企业、中小型企业和中型企业的股份，用来开发国防领域感兴趣的技术，除量子技术外，它还致力于其他技术的开发，例如能源、人工智能、健康、材料等。2021 年 11 月，法国量子光子学公司 Quandela 就从这一基金以及量子技术专项基金筹集了 A 轮融资 1 500 万欧元，这一资助将帮助企业从 2022 年开始制造第一台完整的光量子计算机，并通过在线平台提供对其的访问。

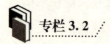

专栏3.2

发达国家制造业创新领域资金投入的主要模式

一是单个企业的多元投入模式。GE 全球研究中心（GRC，"GE 技术商店"）成立于 1990 年，是世界上最大和最多元化的工业研究组织之一，为所有 GE 业务提供创新的技术。GE 全球研究中心（GRC）是 GE 公司的竞争优势，有能力跨行业和世界转化智力与技术，从先进技术、材料、软件和分析方法到商业化、流程和商业模式最佳实践。GRC 每年 55% 的经费来自事业部项目，包括下一代产品技术、短期技术挑战；30% 来自 GE 公司项目，包括先进技术项目、新想法、高风险/高回报；15% 来自外部伙伴关系和政府投资，包括联合技术、特定客户关注。

二是"政府＋大财团"模式。在半导体产业化的过程中，韩国政府推进"政府＋大财团"的经济发展模式，还将大型的航空、钢铁等巨头企业私有化，分配给大财团，并向大财团提供被称为"特惠"的措施。20 世纪 80 年代韩国工业的发展就得益于这种计划，由于如此庞大的资源集中于少数财团，它们可以迅速进入资本密集型的 DRAMs 生产,并最终克服生产初期巨大的财务损失。1983 年至 1987 年间实施的"半导体工业振兴计划"中,韩国政府共投入了 3.46 亿美元贷款,并激发了 20 亿美元的私人投资,实现了韩国工业的质变——从简单的装配生产到精密的晶片加工生产。三星在 DRAM 上不断投入,韩国政府也全力配合,1.1 亿美元的研发投入,韩国政府便承担了 57%。

三是以政府为主体,协同各大企业的共同投资模式。官产学研发项目彻底改变了日本半导体产业的地位。这个项目就是日本通商产业省(经济产业省前身)发起成立的 VLSI 共同研究所(超 LSI 技术研究组合),日本通产省将市场中的各大竞争对手(富士通、日立、三菱电机、东芝和 NEC)的研发人员集结起来,总计投入 700 亿日元,政府出资 290 亿日元(几乎相当于当时通产省补贴支出的一半),这一项目在 4 年到期后,取得专利 1 000 多项。

资料来源:根据相关资料整理

3.6 积极增强中小企业竞争力

发达国家日益意识到中小企业在创造就业岗位、提供创新支撑等领域的重要作用,纷纷加大对中小企业的支持力度。美国联邦实验室和联邦资助研发中心的研发量只占美国研发的 10% 左右,超过 80% 的研发是由企业完成的,而且美国制造业领域的中小企业数量接近 30 万家,其中不乏居于全球超高频 RFID 行业领先地位的 Alien 公司、加速器传感器等方面表现卓越的 Dytran 公司等优秀企业。大量优秀中小企业的存在使得美国创新能力不断增强,市场分工不断细化,产业链不断完善,同时也使大集团更容易通过并购来加快新技术发展和新产品普及。例如,谷歌为抢占智能装备市场,2013 年仅用半年时间就完成了对 9 家机器人公司的收购。因此,美国政府极其重视为中小企业提供法律、金融和公共服务帮助,相继出台了一系列鼓励和支持中小企业发展的政策和措施。2009 年 3 月 16 日,奥巴马政府宣布计划从 7 870 亿美元经济刺激方案中划拨部分款项(约 7.3 亿美元)解决小企业贷款难的问题。2009 年 12 月 11 日,又计划将 7 000 亿美元问题资产救助计划（TARP）的剩余资金用于扶持小企业，还要求国会对TARP进行修正，放宽将施加给小企业贷款机构的薪资限制及其他限制。同时，美国政府2016财年预算案再次强调要帮助新的创新型制造技术实现商业应用，为此呼吁国会与总统共同启动一项公私合作的100亿美元的扩大制造业投资基金（Scale-Up Manufacturing Investment Fund），以支持新兴的先进制造技术进入商业生产。这项基金的目标是使在美国发明的技术能够在美国进行生产。这项基金由美国政府出资50亿美元，由私营资金匹配50亿美元，主要用于弥补新制造企业融资困难的鸿沟。这项基金计划由美国中小企业管理局（SBA）负责，鼓励私营部门投资支持技术密集型新创企业，为创业企业获得资金提供便利，帮助其实现从创意到原型设计、再到全面商业生产的转化。2020年，美国中小企业管理局以直接贷款、信贷担保、政府采购、财政专项资金等形式向中小企业提供250亿美元资助。美国中小企业管理局较少直接贷款给中小企业，而是为无法正常获得融资的中小企业提供商业担保，或者从小企业处购买商品和服务。2020年美国中小企业管理局共花费60亿美元从中小企业处购买商品和服务，占据全年总支出的24%。担保贷款方面，美国中小企业管理局主导的中小企业投资公司和风险投资公司提供的贷款在债券融资中占比超三成，是高成长型中小企业获得资金的主要来源。财政补贴方面，政府会为创新能力强或遭遇自然灾害的企业提供财政专项资金。2019年，美国中小企业管理局为268家科技型小企业提供了近2亿美元联邦补助金。培训指导方面，截至2020年，超2.2万个小企业客户接受过美国中小企业管理局的资源合作伙伴提供的咨询服务。2021年2月24日，美国拜登总统签署《第14017号行政令》，也明确要求"支持关键供应链上的中小企业和弱势企业"。美国中小企业管理局应通过采取有针对性的对策，更好地协调相关针对中小企业和弱势企业的技术投资和援助计划。其中，中小企业管理局的贷款和投资可为中小企业提供重要资本，中小企业投资公司计划（Small Business Investment Company program）将通过长期股权投资提高关键行业中小企业的竞争力。"中小企业创新研究"（The Small Business Innovation Research）和"中小企业技术转让竞争性项目"（Small Business Technology

Transfer competitive programs）可支持各种组合的小企业，满足其研发需求，促进其研发成果的商业化。

与美国相比，欧盟的中小企业发展速度较为滞后。但是，在欧盟经济发展中，中小企业又发挥了极为重要的作用，欧盟每年新增 400 万个就业机会，其中绝大部分是中小企业创造的。因此，欧盟在针对创新型企业的培育方面，采取了具有自身特点的扶持政策。2013 年 1 月专门提出了一项"企业家行动计划"，为中小型、创新型企业的设立提供各种便利措施，比如在企业创立阶段、转让阶段和运营初期阶段提供各种制度性的优惠政策，甚至还改进了企业的破产程序，方便那些失败的中小企业能够快速进入到二次创业阶段，希望能够以此提高创新的成功率。2015 年 1 月 9 日，欧盟委员会宣布，将在地平线 2020 计划内新增两项计划，以加大对中小企业创新的支持。这两项计划分别是创新快车道试点计划（Fast Track to Innovation Pilot）和中小企业新的研发补贴专项。两项计划共涉及金额 3.17 亿欧元，其中，创新快车道试点计划将安排 2 亿欧元的资助额度，而对于中小企业研发创新的新的专项补贴将增加到 1.17 亿欧元。欧盟政府在《未来制造业：2020 年展望》中也为中小型制造企业的转型指明了方向：推动制造业的发展从"基于资源"向"基于知识"转型；改变传统制造业发展的线性模式，要在以设计、研发为主导的复杂性制造系统中赢得优势；增强在制造业领域基于多学科和交叉学科的创新能力，并且将制造业的发展进一步向微观领域推进，例如深入到纳米层次，并再向原子层和分子层深化。除此之外，欧盟还准备建立小型金融市场，使中小企业可以更方便地进行直接私人融资，包括小型债券、集体融资和天使投资等方式。并且，还设立了"单一电子市场"，减少中小企业在开展跨境电子商务等活动中所需要支付的行政成本。

英国政府认为鼓励和支持企业为主导的创新对经济增长至关重要，特别是鼓励中小型企业的创新最为关键。因此，从 2008 年开始，英国政府推出了面向中小企业的"创新券计划"，旨在推动中小企业进一步加强与高校和科研机构的合作，申请参加该计划的初创、微型和中小型企业可以获得 3 000—7 000 英镑的创新券，通过使用该创新券与其他研究机构开展合作。2011 年 4 月，英国对中小企业研发活动的税收减免由 150% 提高到 200%，并在 2012 年进一步提高至 225%。2012 年，英国政府将中小企业研发投入税前扣除比例提高到 22.5%，并推出面向中小微企业的创新券计划。2013 年，英国政府在之前"创新券计划"的基础上，又新增了专门用于鼓励企业利用公共开放的科技信息进行商业化创新的经费。新增经费大约相当于 1 100 万元人民币，专门用于企业利用公开的科技信息来商业化科技概念及开发新产品或原型机。资助范围包括利用开放信息发展企业服务业务或提供解决方案的能力；将新想法开发成原型机；集成开放信息和其他成果资源用于开发新产品或原型；在利用开放信息过程中获得知识产权方面的专业意见。2018 年 3 月 26 日，"创新英国"（Innovate UK）又启动新的资助计划，通过举办创新竞赛，为中小企业提供研发贷款，以提高研发成果商业化成功率。此次竞赛的奖金总额高达 1 000 万英镑，"创新英国"的全资子公司 Innovate UK Loans Ltd 以贷款的方式资助竞赛中的技术挑战项目，为符合条件的项目提供 10 万至 100 万英镑的贷款。2020 年 4 月 23 日，向牛津量子线路公司（Oxford Quantum Circuits，OQC）领导的企业联盟提供 700 万英镑经费，资助其发展代工和测试服务，从而为其重大商业发展提供支持，这是有史以来英国政府针对超导量子技术商业化授予的最大一笔政府拨款，以期英国能够成为超导量子技术领域的全球领导者。2021 年 7 月，英国政府又启动一项 3.75 亿英镑的新计划，向发展最快、最具创新精神和研发密集型的企业提供投资，为英国制造业发展充电。

2017 年，德国联邦经济部发布《创新政策重点》，明确向雇员不满 1 000 人的企业提供研发税收激励政策，允许按研发人员工资的 10% 扣减月薪所得税。将中小企业创新核心计划的资金资助逐步提高至每年最低 7 亿欧元，将工业共同研究计划资金提高至每年至少 2 亿欧元，将针对薄弱地区的 INNOKOM 创新计划资金提高至每年至少 9 000 万欧元，以推动企业研发活动。还将 EXIST 创业计划资金增加至每年 9 000 万欧元，以加强高校创业文化，增加衍生公司数量，建立创业者中心。同时，发起新的"中小企业数字化攻势"项目，以加强中小企业 4.0 能力中心、"go-Digital"数字化咨询、"年轻数字经济"、"数字化中心"等现有措施，方便商业模式创新。通过中小企业投资资助计划支持中小企业数字化，将数字技术投资折旧年限缩短至三年，培养中小企业数字化运用能力①。

3.7　改革教育与培训体制

美国政府意识到未来制造业的发展必须依靠大量科学、技术、工程和数学（STEM②）等领域具备高水平的人才。考夫曼基金会研究显示，美国大学 STEM 专业毕业的学生中，本国学生数量越来越少，在电子工程、工业工程、机械工程、互联网和人工智能等专业，国际学生占比更高。为此，美国政府于 2011 年在国家科学技术委员会下建立了 STEM 教育委员会。2013 年，美国总统科技政策办公室发布《联邦科学、技术、工程、数学教育战略计划③》，这一计划中的一项重点预算项目即是投资 1.25 亿美元用于高中的 STEM 教育，鼓励这些学校设立相应的实验室，同时拟投资 1 亿美元培育 10 万名 STEM 领域的卓越教师，并且分别投入 1.35 亿美元和 0.5 亿美元用于本科学生和研究生的 STEM 教育。除此之外，美国政府还开展了聚焦特定领域的 STEM 项目。如，为美国宇航局拨款 0.89 亿美元，从而使更多大学的老师和学生能够参与相关的研究项目。2019 年，美国半导体行业直接雇佣了 20.74 万名工人，在美国制造业就业中占 1.6%。这些都是高质量的高薪工作岗位。2019 年，半导体制造业就业的人均收入为 163 871 美元，是美国制造业人均收入（69 928 美元）的两倍多。而且，美国 18 个州基本上都有大型半导体制造企业，但是这些企业中大约 40%的高技术工人是外国人。在美国高等院校攻读这些学位的许多学生也有很多是外国人，尤其是高级学位。2020 年，与美国高校半导体相关的研究生专业中 60%是国际学生。而且，美国半导体行业也存在结构性的人才短缺问题，电子工程师就尤为短

---

① 刘润生.未来创新政策引领德国发展航向［N］.光明日报，2017-12-06.

② STEM 是英文 Science（科学），Technology（技术），Engineering（工程），Mathematics（数学）的首字母缩写。

③ 这一计划以 5 年为一个周期。

缺。2017 年，德勤（Deloitte）和 SEMI 进行的一项行业调查发现，约 60% 的受访者认为很难招到电子工程师，半导体领域的计算机科学家、软件工程师、机械工程师、计算机系统工程师、材料师与化学师也很难招募（图 3.3）。

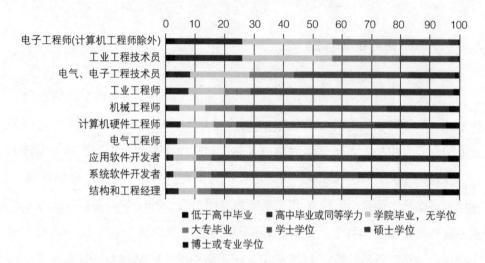

图 3.3 半导体和其他电子元件制造业中各种教育水平员工在各类 STEM 职业中所占的百分比
资料来源：美国商务部（U.S.Department of Commerce），2015 和 2016 年美国社区调查公共用途微数据（American Community Survey Public Use Microdata）

2014 年，美国制造业工程师协会公布了一项预测，认为到 2015 年底，美国高技术工人缺口将达 300 万人；到 2020 年，机械师、电焊工等制造业高技术工人缺口将达到 87.5 万人。为了进一步增强制造业发展的人才储备，奥巴马政府着力推进"学徒计划"。这项计划主要是面向年满 16 周岁却没有进入高中学习的年轻学生，以及年满 18 周岁却没有就业的年轻人。计划主要包括两项主要内容，一是由美国劳工部拨款 5 亿美元资助社区学院和雇主合作，设立适应未来工作需要的培训项目；二是由劳工部投入 1 亿美元用于学徒培训扩大计划，主要集中在 IT、医疗以及先进制造业等领域，分为 25 个伙伴关系项目，为年轻人提供在先进制造、信息技术等领域的企业实践学习的机会[1]。自 2014 年这项计划启动以来，取得了较为突出的成效，白宫的调查数据显示全国共增加了 7.5 万

---

① 刘劼.奥巴马"学徒计划"欲重振美国制造业[EB/OL].新华网，2014-04-22.

名学徒,87%的学徒平均年薪超过 5 万美元[①]。

英国的高等教育体系高度发达,但技能教育相对落后,虽然高技能人才需求呈现上涨趋势,但人才供应仍有短板。为此,英国政府也开始注重培育 STEM 技能人才的培养。2015 年 3 月,英国政府投入 6 700 万英镑,开展为期 5 年的行动,计划培育 2 500 名专业数学和物理教师,并提升 15 000 名非专业教师在数学和物理方面的技能。为进一步提升技能教育水平,英国政府提出投资 4.06 亿英镑,以提高科学教师教学水平,与产业联合建立新的国家计算教育中心,提升国民的科学、工程、数学和技术技能。英国政府为了吸引更多的年轻人参与到制造业的发展中来,于 2011 年启动了"开放并了解制造业发展计划(See inside Manufacturing)"。这项活动主要是以汽车产业为核心,由 40 多家汽车企业在英国各城市开展招生活动,使更多年轻人能够深入了解制造业的发展从而改变传统的较为轻视制造业就业的观念。同时,英国政府还在一些制造业发展的重点领域设立专项培训计划,从而为制造业发展提供人才储备支撑。例如,英国专门设立了聚焦于合成生物学发展的教育基金,目的是为了更好地扩展这一领域的科学知识和商业技能。2014 年 12 月,英国政府发布《科学与创新增长规划》,强调要在制造业发展的关键领域建立并发展新的高校;对这些高校的学位授予设定独立的管理办法;并通过提供贷款等方式支持这些高校的研究生培养。2015 年 10 月,英国政府针对英国技术战略委员会发布的《量子技术发展路线图》,明确提出要积极培养量子技术领域的人才队伍。并且提出打造"技术学位"的想法,希望能够学习德国经验,将"职业教育"和"高等教育"放在同等重要的位置,这一技术学位将由英国最顶尖的大学和一流的制造企业共同参与,并且只对那些已经在相关制造业领域取得职业资质并准备继续从事这一行业的学生开放。2015 年 12 月,英国实施《英国学徒制:2020 年发展愿景》,主要针对学徒数量和质量的提升制定了 5 年发展规划,不断深化企业在学徒制项目中的主导地位,构建由企业雇主主导的学徒制协会。英国的"5%俱乐部"是由企业主导的雇主网络,这些雇主承诺在 5 年内至少拿出 5%的职位用于学徒培养和技能

---

① 张秋菊,惠仲阳,李宏.美日英三国促进先进制造发展的创新政策重点分析[J].全球科技经济瞭望,2017(07).

培训。2015 年底这个网络已经迎来第 100 位成员——塞拉菲尔德公司。同时，它还联合其他主要企业或组织，如毕马威会计师事务所和英国工业联合会等，共同培养了大约 3.6 万名年轻学徒。2017 年 4 月，英国政府开征学徒税，并承诺到 2020 年将创造 300 万个学徒岗位。英国技能部长表示："技能人才是强大经济的命脉。但是长期以来英国企业在员工技能培训方面投入过少，以至于无法满足全球市场竞争的需求。学徒税将确保企业在技能和培训方面的投入，在提高国家生产力方面将发挥重要作用。"[1] 此项学徒税就是对年薪超过 300 万英镑的英国雇主的工资单征收 0.5% 的税，这些税收将作为学徒培养的学费，在征收的费用中任何未用于学徒期的资金在 24 个月内到期，然后构成一般税收的一部分，不再支付员工培训费用。征收的学徒税将放在一个单独的账户之中。在参加学徒制的特定人群中，18—24 岁的年轻人，其费用将由政府支付三分之二，上限为 18 000 英镑，这些费用将会使用学徒税进行支付；雇主支付剩下的三分之一。年满 24 岁或者以上的人群，可能会被要求支付全部费用。在学徒税征收的第一年，英国政府共征收了 27 亿英镑的税收，预计到 2023—2024 年将增加到 34 亿英镑。同时，英国政府还对学徒培养质量制定了一系列保障政策，希望能够以此促进学徒制向优质化方向发展[2]。

法国政府通过举办"法国工业周"等活动，向社会积极宣传发展制造业、推动技术创新的重要性，从而改善制造业发展在法国国民心目中较为低端的传统形象。同时，也十分注重加强制造业企业的人才培训，专门设立了两种不同类型的计划。一种是前瞻性的培训计划，主要是在制造业企业内部设立跨学科的研究项目，从而培育相关的研究人员；另一种则是实务性的操作计划，主要是为制造业企业的员工提供接受在职教育和继续教育的机会。

欧盟则成立了"技能委员会"和"技能联盟"，负责对未来的劳动力需求结构和技能结构进行评估，并设立了"雇员质量框架"，通过相应的资金引导和扶持政策，鼓励制造业领域的企业加大对年轻雇员的培训。同时，还在欧盟内部提出了鼓励"年轻人流动"的倡议，希望能够鼓励劳动力在整个欧盟区域范围之内

---

① 李震英.英国将迎来激进的学徒制改革[N].中国教育报,2015-10-21.
② 张友丰.英国制造业发展经验及启示[J].管理现代化,2021(03).

实现高效流动，并为这些劳动力提供多渠道的培训服务。

2015 年 1 月，日本政府颁布《机器人新战略》，提出了培养制造业相关人才的战略举措，例如着力聚焦培养软件开放、系统构架等方面的人才；设置激励机器人领域人才培养的奖励制度和专门奖项；加快举办以机器人发展为主题的"奥林匹克竞赛"等，希望能够为机器人领域的相关人才发展营造更具激励性的外部环境。同时，日本政府积极扩大科学和工程领域的外国留学生招收规模，希望能够为日本制造业发展提供更多人才支撑。为此，日本政府于 2016 年 6 月发布了《日本再兴战略 2016》，明确提出到 2020 年，将把外国留学生在日本国内的就业比例从 30% 提高到 50%[①]。

3.8　改进并优化税收政策

在实施宽松货币政策的同时，发达国家纷纷采取以结构性减税为主的财政政策，通过减税从而减轻企业负担，促进制造业回流。税收优惠是发达国家吸引本土跨国公司将相关生产重新转移至国内的一项重要政策。发达国家纷纷通过提供更具竞争力的税收环境降低企业经营成本，吸引制造业投资。2018 年，OECD 成员国平均的法定税率已降至 23.7%。根据美国税务基金会的数据，1980 年全球平均企业税率约为 40.11%，到了 2020 年这一数字已经降至 23.85%。OECD 的报告则称，从 2000 年至 2018 年，有 76 个经济体降低了企业税率，而同期只有六个经济体提高了企业税水平。

2017 年，英国政府将企业所得税税率从之前的 28% 降至 19%，并从 2020 年 4 月 1 日起，又下降至 17%。美国的企业所得税率本身就远高于 OECD 的平均水平，对投资产生了一定的抑制作用。而且，大多数 OECD 国家都采取了领土税制[②]，对外汇收入只征收小额税，因此，美国政府一直在考虑制定更为优化的税收政策，从而提升本土制造业企业的竞争力。2009 年，奥巴马政府颁布

---

① 戴建军.营造有利于创新型人才引进的体制机制[N].中国经济时报,2019-04-01.

② 国际所得税制度的基本类型之一。指按"属地原则"建立的所得税制度。在领土税制下,税收仅付给收入来源国,应纳税收总额取决于所得的地理分布,即不论纳税人的身份,凡属国内来源的所得,都须课税。

《美国经济复苏与再投资法案》，明确提出实施 2 145 亿美元的减税计划①。2017年 12 月，特朗普政府正式通过了自 1986 年以来美国最大规模的税改法案《减税和就业法案》，明确规定将美国企业的所得税率从 35% 降至 20%，并且对股东人数少于百人的中小企业制定统一为 15% 的税率②。同时，鼓励美国的跨国公司带回留存在海外的收入，希望能够以此进一步阻止相关企业与就业的外流。美国政府还对本国跨国公司取得的源于境外符合条件的股息红利实行免税，以此推动本国跨国公司的资金回流。在《减税和就业法案》颁布之前，美国跨国公司（MNE）的外国利润应缴纳美国税，但仅在汇回美国时才应缴纳，所以该制度实际上是在激励美国跨国公司将利润保持在国外。2017 年底，美国跨国公司在国外积累了大约 1 万亿美元的资金，其中大部分持有的是美国固定收益证券。但是，根据《减税和就业法案》，美国开始转向准属地原则的税制。按照该税制的原理，纳税人仅需在获利的国家缴纳税款，并受最低税率的限制。从此以后，美国跨国公司的国外利润汇回美国时将不再受美国税收的影响。作为向这种新税制的过渡，《减税和就业法案》对现有离岸资产存量征收一次性税收，并要求应在8 年内缴纳，而不论资金是否被汇回，从而取消了将资金留在国外的税收优惠。采取这些举措的目的是希望能够鼓励更多的美国制造业企业将海外投资转移回美国本土，从而创造更多的制造业就业岗位。2021 年 3 月，美国拜登政府公布了规模为 2.25 万亿美元的基础设施投资计划。同时，《美国经济复苏与再投资法案》中有一项规定，为投资清洁能源技术的生产厂提供税收抵免，其中包括各种清洁能源产品的生产厂，例如生产电动汽车或混合动力汽车上使用的储能系统。根据法定评审标准③，评估申请者是否有税收抵免的资格；然后由美国国税局正式批准或拒绝纳税人的申请。税收抵免额度为纳税年度内申请人对先进能源项目中已投入使用的资产之投资的 30%。《美国经济复苏与再投资法案》实施期间，共向 183 家国内清洁能源生产厂提供了 48C"先进能源制造业税收抵免"，总额 23 亿美元。

---

① 当时就有相关研究表明，该项法案的制定和实施有可能会为美国带来将近 46 亿美元的新增产能，并创造将近 9 万个新的制造业工作岗位。
② 税率由高到低，分别为 35%、25% 和 10%。
③ 包括为国内创造就业岗位、对排放的影响、能源成本等。

为解决融资问题,拜登政府提出"美国制造税收计划",希望在未来 15 年内增加 2 万亿美元的税收。其中最重要的三个条款之一,就是提高美国海外利润的最低税率,将全球无形低税收入(GILTI)的最低税率翻倍,从 10.5% 提高到 21%。这一政策得到了法国和德国的支持。但与此同时,其他保持相对较低税率的国家则持保留意见。例如,爱尔兰的企业税率为 12.5%,因此吸引了苹果、Facebook、谷歌和辉瑞等企业将其作为在欧洲的公司总部。该国一直对美国提倡的设置全球最低企业税率持质疑态度。同样持反对态度的还有匈牙利,该国 9% 的税率帮助其成为外国汽车制造商的重要基地之一,韩国的半导体企业 SK 也已承诺在匈牙利投入 12 亿美元建立一个电池厂。

3.9 加大贸易保护和投资审查力度

在以跨国公司为主体的全球生产布局的动态演进过程中,经济全球化已经进入以"全球价值链"为主要运行逻辑的发展阶段。但是,随着这种价值链模式的深入发展,全球范围内出现了非常明显的生产和贸易布局的失衡状态,并产生了以发达国家为主体的国家利益和以跨国公司为主体的企业利益之间长期失衡的矛盾。因此,对于发达国家而言,平衡出口和贸易具有至关重要的战略意义。为了更有力地推动制造业的发展,发达国家积极利用国内外力量,采取各种贸易保护政策,一方面为本国制造业的发展创造良好的经贸环境;另一方面,对中国等新兴经济体的产品出口设置诸多贸易壁垒,以求弱化新兴经济体工业发展的全球市场支撑,增加其提升在全球价值链中位势的难度和成本。

2010 年,美国奥巴马政府进一步认识到扩大出口的重要性,专门成立了"出口促进内阁",并制定了国家出口计划(NEI),明确提出在未来 5 年内要实现出口量的翻番,并希望由此创造 200 万个制造业就业岗位。2012 年 3 月,美国国会通过《1930 年关税法》修正案,表明美国政府将对全球非市场经济国家开展反补贴和反倾销调查,从而为美国工业品的出口创造更为有利的外部环境。特朗普政府上台之后,继续将美国国内经济运行问题复杂化、外部化、政治化,将美国严重的贸易赤字归咎于他国，并继续奉行"美国至上"的单边主义，倾向于放弃多边机制主导的国际秩序，而以美国一己之力来解决贸易问题。2010年，美国贸易代表就中国风能、太阳能、生物能源等新能源贸易投资政策措施启动"新能源301调查"。在这次调查中，美国首先在"301调查"框架内与中国进行磋商，在获得了有关中国实施"风能设备补贴"的证据后，再在DSU机制下就中国违反WTO《补贴与反补贴措施协定》启动争端解决程序。最终，中国承诺废止相关政策措施，美方未予采取措施。跨太平洋伙伴关系协定（TPP）是一项由12国签署的贸易协议，从2009年美国总统奥巴马任期内就开始谈判，但由于一些美国国会议员对其持反对或怀疑态度，美国国会一直未批准这一协定。2017年1月23日，特朗普政府宣布退出跨太平洋伙伴关系协定。之后，特朗普政府开启了五轮北美自由贸易协定（NAFTA）三方谈判，意图通过谈判，重新确立美国应承担的义务和责任。同时，特朗普继续将国内经济运行问题复杂化、外部化、政治化，将美国严重的贸易赤字归因于他国，并对中国、泰国等贸易伙伴开展301调查，对中国开启"贸易战"，转嫁国内民众对本届政府的怨气。特朗普政府根据美国《1974年贸易法》的301条款对中国的贸易做法发起调查。这正是由于《1974年贸易法》规定，美国可单边对贸易对象国发起贸易制裁，美国总统在对外贸易中的权力一直处于强势地位。相较于WTO贸易争端解决机制下的"反倾销、反补贴"等贸易措施，301条款的惩罚力度更强。2017年12月8日，美国政府发布《国家安全战略》，明确提出了"美国安全"的重大战略导向，要"促进美国繁荣"，这一目标显然是为了进一步强化美国在全球价值链体系中的管控地位。此报告发布后不久，美国政府就签署了1.5万亿美元的税改法案，对美国所有的进口货物加征20%的关税，对于来自中国和墨西哥的商品更是分别征收高达45%和35%的进口关税。2017年，中国的制造产品就遭到了22起来自美国的贸易救济调查，涉案金额高达45亿美元[①]。2018年3月22日，特朗普政府针对中国的"301调查"结果显示，计划对1 300种大约500亿

---

① 唐志良.发达国家再工业化影响我国制造业转型升级的机制研究[J].西部经济管理论坛,2019(01).

美元的产品加征关税，而且瞄准的是机械装备、医疗器械、航空航天等高端制造业产品，并且宣称要把中国纳入汇率操纵国。由此，美国的贸易政策进一步由"以 WTO 多边贸易规则体系为主"转为"以本国利益为主导的单边行为模式"①。2018 年，美国又相继发布《美国联邦信息通信技术中来自中国供应链的脆弱性分析》《美国信息和通信技术产业供应链风险评估》等报告，分析了我国有大量美国通信产品供应商以及 5G、物联网技术易使通信供应链受到攻击的风险，提出供应链透明建设与拟定前瞻性预警政策的应对措施。

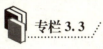

专栏 3.3

"长臂管辖"如何支撑美国霸权体系并损害国际关系准则

目前，以经济制裁打击对手国家已成美国的优先选项。而"长臂司法"则既是美国进行经济制裁的法理基础，又能因实施经济制裁带来实际执法效力，已成为美国维持其全球霸权的重要工具。美国"长臂管辖"本来是用在协调美国本土各州之间的司法管辖权的。但随着美国经济、政治影响力的扩大，美国的"长臂"已不仅仅满足于在国内"调控"了，而是伸到了国际上，管辖范围也不断扩大，包括商业经营、金融、投资、反腐败、反垄断、网络等各领域，并有进一步扩展的趋势。美国相关机构也紧密配合，发展出一套认定"长臂管辖"的方法和标准，为其"长臂管辖"的滥用提供条件。在美国与各国的贸易战中皆频频露脸的"301 条款"就是其中之一。

被美国"长臂制裁"的，往往是"三不国家"：一是不符合美国政治经济利益的国家，美国将毫不客气地进行金融制裁。2013 年，美国认为乌克兰拒绝向西方靠拢，威胁到美国地缘战略格局，便毫不犹豫采取了精准的金融制裁打击，使其身边金融寡头倒戈，加速其政权倒台。二是不同政治制度和意识形态的国家。美国将自身政治制度和意识形态作为典范，对不同制度和不同意识形态的国家，无所不用其极地遏制其经济发展，例如对苏联。三是不听美国话的国家。美国根据自己全球战略的考虑，将伊朗、朝鲜等发展核力量的国家列

---

① 黄鹏,汪建新,孟雪.经济全球化再平衡与中美贸易摩擦[J].中国工业经济,2018(10).

为"流氓国家",并采取了极为严厉的金融制裁手段,不仅针对伊、朝本国的银行,而且针对世界上任何一家有意同伊、朝的银行做生意的金融机构,即使是对欧洲"盟友",美国也毫不手软。2012年,美国指控英国汇丰银行帮贩毒集团洗钱、渣打银行"帮助伊朗机构躲避美方制裁监管",并对其罚款。2014年,美国也以类似罪名对法国巴黎银行处以89.7亿美元的巨额罚款。此次中美贸易摩擦中,美国对中国高科技公司"步步紧逼",先是制裁中兴,2018年底华为首席财务官又在加拿大被拘留,开启美对华为制裁的起点,这其中就使用了"长臂管辖"的大棒。

现如今美国对其国内的结构性矛盾无能为力,就将矛头指向中国,并且"选择性"地动用所谓"长臂管辖"和国家机器,对中国企业进行打击。要知道,10多年来,华为的贸易合规一直是被美国用放大镜监视着的。2018年6月,美国时任商务部部长罗斯还曾主动澄清:我们没有发现华为违规的证据。健康的国际秩序不能只体现一个国家的利益和意志,即使这个国家有更强的实力。"长臂司法"的滥用,不但涉及侵犯他国国家主权,也侵犯各国企业的合法权益和公民人身权利,已经在世界范围内引发对美国的警惕和反感——近期,德国、法国、荷兰等国官员和商界人士相继表示,在相关行业发展和项目建设上,不会应美国号召而排除中国企业。

资料来源:万喆.美国的胳膊越伸越长——"长臂管辖"如何支撑美国霸权体系并损害国际关系准则[N].光明日报,2019-05-30.

德国政府则为本国出口企业提供优惠贷款,希望能够提高本国工业制成品的国际竞争力。2019年2月,德国经济部公布《产业战略2030》,明确提出一项关键主题,那就是加大力度保证本国的重要制造业发展不会受到外国企业收购和竞争的不利影响。2015年,英国商业、创新和技能部发布《加强英国制造业供应链政府和产业行动计划》,表示英国政府和整个行业将共同采取行动,从创新领域、技能领域、供应链融资渠道领域、供应链中小企业能力建设领域、供应链合作领域、供应链韧性领域等方面着手加强对制造业供应链的扶持,提高英国制造企业在国际市场上的竞争力。法国政府制定并积极推行"法国制造"计划,通过扩大信贷、放松出口管制等措施，进一步增强本国工业制成品的出口竞争力。

　　除此之外，发达国家还对来自中国等新兴经济体的企业并购实施严格的审查政策，根据 Dealogic 的统计数据，2010 年中国企业的境外收购失败率为 11% 左右，是全球境外收购失败率最高的国家。与之相反，英国和美国的这一数据只有 1% 和 2%。这一形成鲜明对比的数据表明，发达国家已经开始对新兴经济体制造业的全球扩张保持高度警觉。2019 年 3 月，欧盟在新的对华战略文件中也将中国视为技术竞争者和治理模式体制的竞争对手。

第 4 章

发达国家"再工业化"战略实施的成效评估

2008 年全球金融危机爆发后，伴随着"再工业化"战略中一系列制造业发展刺激政策的实施，发达国家的经济发展整体呈现企稳回升态势，表明"再工业化"战略对发达国家从危机中复苏，经济发展特别是制造业新一轮高水平发展起到了一定的促进作用。

4.1 制造业企业出现回流本土迹象

一直以来，有一种流行的说法即生产或制造不属于创造性工作，且仅将早期研发阶段视为创新体系，认为只要拥有创新，便可以放弃制造。实际上，凭借其开创性的创新成果，美国制造业曾长期在世界范围内保持竞争优势并居于首位，并由此成为全球创新策源地。然而，自 20 世纪 80 年代以来，美国的大型制造业企业不断拆分创新价值链，将研发和设计与生产分离开来，使得"本地创新，本地生产"的模式几近崩溃，形成了"本地创新，异地生产"的新模式，其造成的结果即是美国几乎将其所有产品的生产都进行了离岸外包，造成创新环节与制造环节的明显分割。

在"再工业化"战略的推动下，美国制造业发展出现一些转机。2017 年 5

月，美国的制造业采购经理人指数为 54.9%①，订单指数为 59.5%，制造业订单和产量均连续 9 个月保持了增长势头。与此同时，一些跨国公司开始意识到"离岸布局"所带来的一些不利因素。例如，一方面，新兴经济体的劳动力、电力等成本持续攀升，利润空间开始逐步缩窄；另一方面，跨国公司的决策者日益发现如果将合适的投资迁回母国本土，不仅可以在一定程度上减少管理成本和运输成本，而且更有利于进行一系列创新技术的推广与应用。特别是 2017 年，特朗普政府实施税改，将美国的公司税率从 35% 下调到 20%，以惠普、英特尔、IBM 等为代表的美国高科技企业开始陆续回流美国本土。2017 年 2 月 8 日，英特尔公司首席执行官承诺将投资 70 亿美元恢复凤凰城附近的芯片工厂建设，将有望增加 3 000 名雇员的就业。英特尔公司之所以做出这项决定，主要是由于美国的税改政策，其在海外的投资高达 269 亿美元，如果将部分投资回流美国本土，税率将从 35% 降至 10%，能够节省将近 70 亿美元。苹果公司拿出 10 亿美元投资美国制造业，以增加美国高端制造业就业机会；传统的制造业跨国公司也进一步扩大在美国本土的投资。例如，福特汽车不仅于 2017 年初取消了在墨西哥投资 16 亿美元建厂的计划，并已投资 14 亿美元，在密歇根州的利沃尼亚新建了一家能够生产 10 速变速器的工厂，而且表示未来 4 年，将在美国本土新增 90 亿美元的投资。埃克森美孚准备在美国墨西哥湾沿岸地区投资 200 亿美元的新项目，希望增加 4.5 万个建筑和制造领域的"高技能、高收入"就业岗位，年薪在 7.5 万美元到 12.5 万美元之间；惠而浦公司则在田纳西州投资了 21 亿美元用于建设新的工厂。其他大型跨国企业如韩国三星、LG、富士康等，也先后决定在美国投资建厂。根据英国工程雇主联合会（EEF）发布的研究报告，受英国技术优势吸引和包括中国在内的海外国家成本优势下降的影响，制造业开始加速向英国本土回归，其中主要是从中国撤出，其次是东欧国家。例如路易斯百货、霍恩比玩具公司等也纷纷把原先设在海外的生产基地迁回英国本土。

---

① 之前已经连续 9 个月超过 50%。

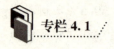 **专栏4.1**

美国制造业回流未成趋势

美国全国制造商协会首席经济学家查德·毛特雷认为，美国制造业回流是个案。这个判断在今天仍是成立的，至少迄今没有看到制造业回流的趋势。一些制造商把生产线从国外转移回来，这是制造商根据具体情况，在个案的基础上作出的决定。他表示，美国制造业回流趋势肯定会继续，但并非所有已转移出去的制造业都会回流。制造商会对供应链及生产进行全盘再评估，比如考虑劳动力成本、运输成本、控制产品质量、知识产权保护等。

一些高端技术产品制造也向国外转移。北卡罗来纳州的林肯顿家具公司曾是一家历史悠久的家族企业，2008年倒闭。2011年12月，该厂重新开张，雇佣了60个工人生产硬木家具。林肯顿家具厂的重新开张，被奥巴马视为美国制造业复兴的一个例子，该公司首席执行官布鲁斯·科克伦在2012年曾被邀请参加在白宫举行的制造业回流峰会，他还获邀参加奥巴马的国情咨文演说。但颇具讽刺意味的是，该工厂在重新开业一年之后，于2013年1月初因"订单不足"又重新关门了。而且，即使部分制造业回流美国，也并不意味着在中国的工厂将会关门。由于中国经济每年以7%至8%的速度增长，美国公司在中国的工厂会转而服务于中国消费者，它们会在美国建立一家新的工厂，服务于美国市场。也就是说，外包并未过时。在将来，内包和外包将同时发生。

总之，美国制造业振兴，最大的障碍在于公司税太高，以及高技能工人缺乏。美国的公司在技术上是非常强的，但是，如果它们在美国生产不能挣钱，它们就会把生产转移到别的国家。

资料来源：吴成良.美国制造业回流未成趋势[N].人民日报，2013-03-28.

从机床消费数据的变化，也可以看出发达国家制造企业逐步回归本土的趋势。20世纪80年代之前，美国一直是世界最大的机床消费市场，之后相继被日本、德国、中国超越，成为全球第四大机床消费市场。进入21世纪以后，美国机床消费及产出很明显分为两个阶段，其分界点在2010年。2010年之前的10

年，美国机床消费以及机床产出持续下降，并于 2001 年彻底让出"全球最大机床消费市场"头衔。2000 年，美国机床消费 87.59 亿美元，占全球机床消费的 17.62%；2010 年，美国机床消费下降到 48.97 亿美元，仅占全球机床消费的 6.15%。但是，2010 年之后，美国机床消费的全球占比呈波浪形回升，并于 2011 年和 2012 年先后超越德国和日本，成为全球机床消费第二大市场。2019 年，美国机床消费 97.21 亿美元，占全球机床消费的比例又上升到 11.85%（图 4.1）[①]。2010 年，英国机床消费的全球占比仅为 0.60%。之后随着英国"再工业化"战略的实施，机床消费市场开始缓慢增长，到 2019 年，英国机床市场消费全球占比为 0.94%。21 世纪初的 10 年间，法国机床消费总量和全球占比均呈下降趋势。2010 年法国机床消费最低，为 9.66 亿美元；法国机床消费全球占比最低值出现在 2012 年，为 1.06%。之后，法国机床消费及其全球占比开始缓慢增长，2019 年，机床消费总额 14.62 亿美元，全球机床消费占比 1.78%。

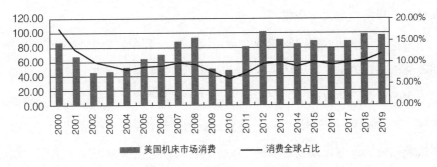

图 4.1　2000—2019 年美国机床市场消费情况（亿美元）

资料来源：符祚钢.世界各国再工业化战略与全球机床市场分析[EB/OL].中国机床工业协会官网.

　　虽然部分美国制造企业回归本土，然而已经回流的企业的生存处境并不理想。据美国媒体报道，作为"美国制造"象征的哈雷戴维森，回归本土后，2019 年第三季度净利润下降 24%；2019 年第二季度，福特的净收入暴跌 86%，第三季度依然出现大幅下滑，同比下降 57%[②]。2018 年，高盛公司的研究报告显示，苹果智能手机在中国的生产成本占总成本的 25%—35%，其中 15% 左右为零部

---

①　世界各国再工业化战略与全球机床市场分析[J].世界制造技术与装备市场,2021(01).
②　李玉.后金融危机时代美国制造业现状及启示[J].西南金融,2020(10).

件加工和最终组装所投入的劳动成本，如果将苹果智能手机在中国的生产与组装环节全部搬迁到美国，其生产成本将至少提高 37%，这就说明即使美国 2017 年降低了公司税，但中国仍然拥有一定的成本优势。而且，即使苹果公司用机器替代人工，苹果智能手机成品的售价也将上涨 15%。由此可见，将苹果智能手机从中国迁移回美国本土缺乏现实可操作性。最新的数据也表明，中国仍然对全球制造业领域的外商直接投资有着巨大的吸引力。2020 年 3 月，中国美商协会发布了 2020 年《中国商务环境调查报告》，报告指出，63% 的受访企业有意扩大 2020 年在华投资。近两年中美关系动辄剑拔弩张的氛围中，特斯拉和美孚先后大手笔投资中国内地，建设超大规模单体工厂，是很有代表性的案例。2021 年，汇丰银行关于外资企业的一份调查显示，97% 的受访企业打算继续扩大在华投资，原因是中国拥有庞大的市场、经济持续增长的预期以及完善发达的供应链。普华永道发布的一份调研报告也显示，91% 的在华日企表示，未来 3 至 5 年内，会保持现有规模或加大对华投资。

而且，对于发达国家"制造业企业回流"这一现象，研究界也有不同声音。例如，法国的相关研究部门认为，虽然法国政府对重返法国本土进行投资的企业给予一定的补贴，并取得了一定的效果，但总体而言，法国制造业的外移趋势还在继续。2010 年，法国制造业对外直接投资的金额达到 2 100 亿欧元，比吸引到的制造业领域的外商直接投资多近 1 060 亿欧元，这在某种程度上表明，制造业外移的趋势并没有出现本质性的改观。主要原因是因为跨国公司在全球进行经营布局时，通常会综合考虑成本、收益、需求和竞争等各种因素的影响，不会简单受到母国国内因素的制约。即便母国政府给予了一定的资金支持，但是这种投入往往也是十分有限的，很难对企业资本的长远布局形成长效激励机制。2015 年 9 月，美国彼得森经济研究所利用美国企业全球业务的相关数据对制造企业回流现象进行了深入剖析。研究认为，尽管一些美国企业扭转外包决策，但没有任何证据表明制造业回流已经成为普遍趋势，而且还有大量的美国制造业公司仍在持续扩大业务外包规模，只是跨国公司在不同国家和区域之间调整生产布局的结果，并不存在美国企业回流本土的普遍现象。斯坦福大学的部分学者也对美国企业的回流行为进行了相关研究，发布了对 38 家企业的初步调查结果。调查表明，这些公司的新外包业务与回流业务的数量基本保持平衡，一些公司正在退出中国，但同样也有许多新公司正在中国开始投产或扩大生产。例如，美国制造企业外包到泰国、巴西、菲律宾、墨西哥等国的制造业务有所增加。2010—2012 年，虽然美国制造企业外包到中国的制造业务停滞不前，但外包到墨西哥的业务却增长了 17%，相当于外包业务增加了 78 亿美元。蔻驰（Coach）将部分生产线从中国转移到越南、印度尼西亚、泰国和菲律宾，到 2015 年，将中国的生产份额从 2012 年的将近 80% 减少到 50% 左右。英国同样有许多制造企业将生产环节向越南转移。2020 年 12 月 29 日，越南和英国正式签署《越南与英国自由贸易协定》，双方一致同意采用原产地的累积规则，允许双方商品使用从欧盟成员进口的原料，助力英国企业保持生产链和供应链。据越南海关总局的统计数据显示，截至 2021 年 11 月底，越南与英国双边贸易额达逾 60 亿美元，同比增长 17%，其中，越南对英国的出口额达 52.4 亿美元；越南对英国实现的贸易顺差为 44.6 亿美元。

4.2 制造业在 GDP 中的占比有所稳定

自 20 世纪 90 年代以来，美国制造业增加值在 GDP 中所占比重呈现较为明显的下降趋势。1980 年至 2010 年，美国制造业增加值占 GDP 比重从 21.1% 降低到 11.7%，"再工业化"战略实施之后，这一比重有所回升，基本实现了止跌趋稳。2017 年，美国制造业增加值在 GDP 中的占比达到 11.17%。2018 年第一季度，美国制造商为美国经济贡献了 2.33 万亿美元，而 2009 年这一数据仅为 1.70 万亿美元。其中，耐用品制造业的增加值从 2009 年的 0.86 万亿美元增长到 2018 年的 1.26 万亿美元，非耐用品的增加值从 2009 年的 0.84 万亿美元增加到 2018 年的 1.07 万亿美元。但是，2019 年，美国制造业增加值在 GDP 中的占比又有所回落，从 2019 年第二季度的数据来看，制造业增加值在 GDP 中的占比为 11%，低于前一季度的 11.1%，也低于 2018 年的 11.3%，降至 1947 年以来最低水平。发达国家中，制造业增加值在 GDP 中占比较高的国家仍然是德国和日本，2019 年德国和日本的数据分别是 20.75% 和 19.11%，英国和法国的占比则相对较低，分别为 8.59% 和 9.82%，低于当时全球的平均水平 15.39%，但基本上止住了下跌势头。

4.3 制造业就业岗位有所增加

在"再工业化"战略的影响下，加速回暖的制造业发展态势有效拉动了就业市场。美国、日本、欧盟等主要发达经济体的失业率虽呈现不同变化态势，但总体来看，就业环境均有所改善，制造业就业回暖步伐不断加快。美国制造业的就业情况历来都是随着工业化的波动而不断变化，实现充分就业不仅是美国政府在制定宏观经济政策时予以考虑的重要指标，更是在制定之时"再工业化"战略就已经明确的重要衡量标准之一。1980 年至 2010 年间，美国制造业就业人数占总就业人数比重从 21.6% 降低到 8.9%。截至 2010 年，美国总就业人数为 12 982 万人，制造业就业人数仅为 1 152 万人。美国劳工部的统计数据显示，2005 年至 2009 年期间，美国制造业的就业规模呈现较为明显的萎缩态势，就业人数减少约 235 万人。随着"再工业化"战略的实施和推进，美国 Reshoring Initiative 的统计数据显示，从 2007 年至 2014 年 8 月底，美国共新增 64.6 万个制造业就业岗位。2010 年 2 月至 2016 年 4 月，回流美国的企业和外国在美国投资企业创造的新工作岗位达 24.9 万个，其中 60% 是从中国回流企业创造的。2019 年底，美国的失业率达到近 50 年来的低位。

由于欧盟的大部分成员国或多或少存在"去工业化"现象，主要涉及纺织与服装业、汽车等行业。欧盟统计局的数据表明，从 1996 年到 2007 年，制造业部门吸收的就业人数从 20.9% 降至 17.9%，这意味着"去工业化"导致欧洲失去了 28 万个就业岗位。欧元区失业率从 2013 年以来逐渐回落，2015 年 8 月，欧元区制造业就业指数增长为 4 年来最快。2017 年 5 月，欧元区经济继续维持复苏趋势，欧元区制造业就业人数以 20 年来的最快速度增加。

对于就业岗位的增加，美国的部分智库也持有不同看法。美国彼得森经济研究所认为制造业的性质正在发生变化，制造业的发展重点已经不在于通过流水线将各种物理配件予以装配，而更为强调产品设计、产品分销和供应链管理。因此，许多从事制成品生产活动的企业并没有纳入官方统计数据中，这类企业通常被称为"没有工厂的制造商"，其中最著名的就是苹果公司。苹果公司设在美国的分支机构几乎不从事制造活动，而是将这些活动外包至中国等国家。制造业内部的就业变化情况也反映了这一趋势。2005—2014 年间，美国制造业内部就业比重增长最快的部门依次是建筑工程、商务与金融、计算机与数学应用以及销售，而传统生产岗位的就业人数则不断下降（表 4.1）。整个制造业部门就业仅占美国就业总人数的 8.8% 左右，其中，传统生产就业岗位仅占美国制造业就业总人数的 4.6% 左右。安德鲁·麦吉尔（Andrew McGill）在《大西洋月刊》（The Atlantic）中写道："承诺夺回 1979 年就业的总统候选人很可能是许下了一个无法兑现的诺言。但他们会更好地寻找到适合当前经济的工作。"经济学家本·卡塞尔曼（Ben Casselman）更加直言不讳："向总统候选人致意：不要再讨论从中国拿回制造业就业。事实上，谈论制造业的时间少了很多……无论这些制造业的就业机会能否得到拯救，它们都不会回来了。"[①]

表 4.1 2005—2014 年美国制造业不同部门就业所占比重的变化情况（单位：%）

部门	就业所占比重的变化	部门	就业所占比重的变化
建筑工程	0.82	安装维修	− 0.04
商务与金融	0.77	建设开采	− 0.31
管理	0.70	行政服务	− 0.83
计算机与数学应用	0.40	运输及搬运	− 1.23
销售	0.11	生产	− 1.90

资料来源：美国劳工部（U.S. Bureau of Labor Statistics）；Moody's Economy.com

虽然美国政府通过减税等相关政策，在短时期内确实刺激了就业岗位的增

---

① 本·卡塞尔曼. 制造业就业机会永远也不会回来了[EB/OL]. FiveThirtyEight. com，2016-03-18.

长，但是并没有带来劳动生产率的有效提升。美国劳工部的统计数据表明，2017
年，美国 86 个制造业分行业①中，54 个分行业的劳动生产率呈现下降趋势，73
个分行业的单位劳动力成本呈现上升趋势。2018 年第一季度，虽然美国制造业
产出的环比增长率为 1.7%，但劳动生产率同比仅上升 0.5%，环比反而下降
1.2%。从全要素生产率来看，2004—2016 年间，美国制造业的全要素生产率的
年均增长率只有 0.3%。这在某种程度上表明，如果仅仅通过美国国内的经济改
革，是很难在较短时间内真正实现全面振兴制造业的战略目标②。同时，也有相
关研究分析表明，我国的工资上涨表明我国相对美国的竞争优势有所下降，但是
还应当看到"相对于生产率的相对工资增长率"。如果我国的工资增速比美国制
造业的工资增速快 4%，假设劳动生产率也快了 4%，那么我国产品的价格竞争
力就不会下降。我国的制造业工资可能难以衡量，但按照最高值估计来看，2002
年至 2009 年间，每年平均增长 16.4%，2010 年至 2015 年间增长 12.5%。到
2015 年，我国制造业工人的平均收入大约为 8 000 美元。与此同时，1999 年至
2007 年，我国制造业的劳动生产率每年增长 15%。另据估算，2000 年至 2011 年
间，我国制造业的劳动生产率增长率平均为 11.5%，而相比之下，美国制造业
的劳动生产率平均增长率仅为 1.9%（图 4.2）。

图 4.2　2000—2016 年美国制造业劳动生产率和就业的年同比增长

资料来源：美国经济分析局（Bureau of Economic Analysis），美国人口普查局（U.S. Census Bureau）

① 基于四位码分类。
② 张其仔.加快新经济发展的核心能力构建研究[J].财经问题研究,2019(02).

日本制造业企业的发展自 2012 年 12 月之后保持缓慢恢复的态势，但日本经济产业省 2018 年 12 月开展的问卷调查显示，制造业企业的销售额和盈利水平以及未来的发展前景都较为疲弱。随着劳动力成本的上涨以及全球经贸形势的动荡，企业的采购成本呈现上涨态势，制造业企业不得不对企业的未来发展进行审慎研判。尤其是劳动力短缺的态势变得愈发严重。调查问卷显示，在确保人才方面存在挑战的企业所占比重达到 94.8%。2018 年，从日本制造业企业的业绩状况来看，销售额、营业利润均呈现增长态势，但相比 2017 年前增速有所放缓。根据日本经济产业省的调查，销售额和营业利润"增长"的原因中，回答"经济温和复苏"的企业最多，其次是"拓展销路、份额扩大"。销售额和营业利润"减少"的主要原因则包括"劳动力成本上涨""采购成本上涨""资源价格上涨"等成本增加。

4.4　贸易状况有所改善

从全球层面来看，2008 年爆发的全球金融危机成为全球投资贸易格局变化的分水岭。与服务贸易相比，货物贸易增速的下降速度更快。从 2008 年开始，全球货物贸易的出口年均增速降至 1.0%。货物贸易在全球 GDP 中所占的比重也从 2008 年 25.4% 的峰值降到 2017 年的 22%。随着"再工业化"战略的实施，发达国家开始采取增加补贴、提供税收优惠等支持和鼓励出口的政策，使贸易状况呈现一定程度的改善。例如，美国特朗普政府利用一切借口提高美国关税，不管这些措施是否符合历任美国总统曾经约定的规则和坚守的规范。特朗普政府打破了 WTO 反对援引国家安全例外条款的不成文共识，提高美国的钢、铝进口关税，甚至以美国公司受到不公平待遇和保护知识产权不力为由单方面提高中国输美产品关税。虽然美国的贸易赤字在 2009—2010 年间仍有扩大的趋势，但从 2011 年开始呈现逐步缩小的态势，而且 2012 年美国制造业出口量占全球的比重已经上升至 10.2%，新增的制造业出口主要是集中在高技术制造领域。法国的贸易差额已经基本稳定在 -2 000 亿美元左右，2014 年之后贸易逆差开始呈现稳步减少的态势。自 2011 年以来，日本的经常项目顺差额已经连续 4 年萎缩，2014 年顺差额仅有 3.9 万亿日元，创 1985 年有可比统计以来的新低。但从 2015 年开始，经常项目顺差额连续 3 年扩大，到 2017 年增至 22 万亿日元。虽然在 2018 年略有减少，但日本经常项目顺差仍保持在 19.1 万亿日元的较高水平。

4.5 制造业领域的投资外流问题有所改善

除了希望能够鼓励更多本国跨国制造企业将部分生产环节从海外向国内回归，发达国家实行"再工业化"战略还希望能够吸引更多制造业领域的新增外商投资，从而利用全球资本来加快"再工业化"进程。2007—2009 年间，美国吸引外商直接外资的年均增长率达到 8.3%、2.7% 和 1.1%。特别是制造领域开始成为外商直接投资的重点领域。2012 年，美国吸引的外商直接投资总额达到 2.28 万亿美元，其中制造业领域的外资净流入额为 2 618.8 亿美元，比 2006 年增加了近 1 342.8 亿美元。2012 年，空客公司宣布将投资 6 亿美元在美国亚拉巴马州兴建并装备一家新组装厂，到 2017 年，这家新工厂每月将交付 4 架飞机，这将是空中客车在美国的首家大型制造厂，将招募约 1 000 名雇员，给当地供应商和外国供应商提供更多的工作岗位。2017 年 5 月，西门子公司宣布将与位于佛罗里达州希尔斯博夫县的铬合金燃气涡轮公司（Chromalloy Gas Turbine Corp.）合作开设一家合资熔模铸造厂，这项投资金额达 13 900 万美元的项目将专门为西门子燃气涡轮机生产叶片。2017 年 8 月，富士康公司宣布将在美国的威斯康星州投资 100 亿美元，新建一家最终能够提供 13 000 个就业岗位的工厂，同时还将投资几十亿美元，设立研发中心，主要进行自动驾驶汽车相关技术的研发。美国政府承诺，如果富士康公司实现这一建厂目标，并确保工人的平均年薪达到 54 000 美元，将给予 3 亿美元的奖励。因此，总体来看，2014 年以来，美国 FDI 的规模持续增长，另一方面，ODI 的规模从 2011 年开始逐渐缩小，二者之差在 2007 年及 2011 年出现两次极低值，之后开始逐步提升，2015 年二者之差由负转正。这表明美国对制造业领域外商直接投资的吸引力在增大（图 4.3）。

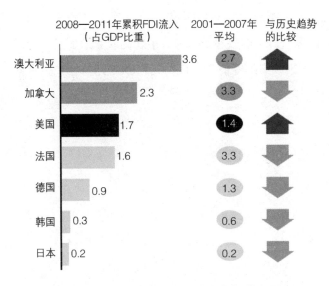

图 4.3　2008—2011 年美国吸引外资的水平大有提升

资料来源：改变游戏规则：五个美国经济增长和重建的机会［R］.麦肯锡全球研究院,2013-07-18.

　　德国的外商直接投资和境外直接投资受 2008 年全球金融危机的影响相对较小,而且恢复也较为迅速。其中,FDI 从 2009 年开始迅速回升,虽然 2014 年规模较小,但 2015 年又继续回升。ODI 未受到太大影响,始终在 1 000 亿美元上下浮动,体现出较好的惯性,FDI 与 ODI 之差始终为负,体现出资金净流出的总体趋势。欧元区整体的资本流出局面也并未得到明显改善。2008 年全球金融危机爆发后,欧元区 FDI 与 ODI 规模均大幅回落,国际资本与本国资本均加速逃离欧元区。2017 年情况有所好转,2018 年,在 ODI 快速增长、FDI 再次回落的双重影响下,资本流动趋势重新由正转负,这表明除德国和法国之外的欧元区国家仍处在欧债危机的漩涡之中,对直接投资的吸引力较弱。2018 年欧洲的 FDI流入量降幅最大,为 27%。很大一部分原因是美国 2017 年实施的税改促使美国跨国企业在 2018 年前两个季度将大量海外收益汇回。英国的 FDI 规模总体平稳,2016 年出现较强回升,之后逐渐下降,ODI 规模自 2017 年以来明显减少,二者差值呈现波动回升态势,2018 年重新由负转正①。2008 年全球金融危机发生后,

---

①　黄剑辉,等 . 欧美"再工业化"成效及对我国的启示与借鉴［J］.民银智库研究,2017(69).

日本的 FDI 规模大量缩减,但是 ODI 规模仍保持上升势头,国际资本与本国资本都选择逃离日本。FDI 的规模在 2011 年跌为负值,此后呈波浪式上升趋势,2016 年达到 2000 年以来的峰值 349 亿美元。ODI 则持续稳中有升,2016 年达到峰值 1 696.5 亿美元[①]。

① 吴晓琪.美英等国"再工业化"战略的效果评价及启示[J].特区实践与理论,2018(05).

第5章

发达国家"再工业化"战略
对全球制造业发展格局的影响

马克思在《资本论》中明确指出"工业较发达的国家向工业较不发达的国家展示了后者未来的前景"。一直以来,发达国家的工业化进程是发展中国家实施追赶的标杆。因此,发达国家"再工业化"战略必定会对全球制造业发展格局产生深远影响,在一定程度上引起了国际产业转移的逆向流动,强化科技优势向产业优势转化,并对制造业部分细分行业的发展格局、发展中国家新兴产业发展和全球制造业研发活动分工产生显著影响,在很大程度上重塑了全球制造业的发展格局和竞争版图。

5.1 产业发展层面

发达国家在推进"再工业化"战略的过程中,均制定了十分明晰的产业导向规划,为全球制造业的未来发展指明了战略方向。例如,美国政府明确提出的新能源、新材料等新兴产业,日本政府重点关注的机器人等产业,法国政府大力扶持的航空航天等产业。总体而言,发达国家试图通过"新产业革命"来促进制造业发展的转型升级,但也不放弃传统制造业,采取了一种重点突破与整体推进相协调的发展方式①。从中可以发现,有两类细分产业在推进制造业发展中必须予

---

① 唐志良.发达国家再工业化影响我国制造业转型升级的机制研究[J].西部经济管理论坛,2019 (01).

以关注：一类产业是使用最新材料、最新技术和最新部件，代表新一轮工业革命最高端、最领先发展方向的产业，例如智能制造、工业机器人、新一代生物制药等；另一类产业则是深度嵌入新一轮信息技术和数字技术，体现传统制造业转型升级的产业。工业 1.0 的基本特征是机械化，工业 2.0 是标准化，工业 3.0 是自动化，而工业 4.0 是智能化。早在 2008 年金融危机前，发达国家就已经处于工业 3.0 时代，现在通过大力推进"再工业化"战略，正在加快步入工业 4.0 时代。这体现了发达国家"再工业化"战略的实质之一就是要以智能制造为重点，突破和带动相关力量，推动制造业以智能化为方向的转型升级（图 5.1）。特别是随着物联网、云计算和大数据等技术手段的广泛应用，智能技术与智能设备业不断更新，不仅带来资源利用效率的显著提升，而且促进制造业产业链中各相关环节的高度融合，推动信息和知识要素在整个制造业体系中的流通速度、流通模式和流通效应均发生革命式变革，并由此带来制造领域中新业态、新模式的大量涌现。

图 5.1 2004—2013 年美国风投资金对于机器人公司的投资力度急剧攀升
资料来源：Money Tree 2013 年度美国风险投资报告[R].普华永道，2013-12.

在界定代表重大工业经济变迁的经济长波时，经济史学家们强调的技术变革都是基础性技术。例如，在划分"工业革命"时，传统的经济史学家普遍强调材料技术和能源技术。这很大程度上沿袭了古典经济学强调土地产出的传统，因为人类的基本需求取决于土地和其他材料的转化以及能源的供给。自熊彼特之后，学者们普遍将长波变动的动力研究贯注于对技术创新的分析，特别强调区分基础性技术创新的爆发式涌现①和相对应的通用技术创新，主要是生产制造不同工业领域的产品时共同使用的基础技术。这些基础性和通用性技术创新，为相应的经济长波开拓了经济增长的空间，抬高了这一时期增长的上限。与前一轮制造业创新发展的机理不同，此轮发达国家"再工业化"战略所引领的新一轮制造业创新更多体现为宏观领域与微观领域的融合式和集成式创新。例如，汽车、飞机等原本属于宏观概念上的工业制成品，但是其中所包含的高性能发动机、高端芯片等关键产品，又离不开芯片等微观工业品的有力支撑。例如，汽车使用的芯片属于车规级芯片，安全级别比消费级或工业级的芯片更高，也就意味着车规级芯片生产周期更长，一般需要 3 至 6 个月时间。一般而言，一辆汽车需要几百甚至上千个芯片，涉及汽车的安全性能、减低能耗功能、娱乐及辅助功能等。对汽车而言，芯片同样是汽车电子系统的基础，汽车很多零部件上都需要芯片，而且汽车越智能，对应的智能控制模块和传感器越多，需要的芯片越多。自新冠肺炎疫情席卷全球以后，汽车芯片的供应出现短缺，对全球汽车产业的发展带来了极为不利的影响。因芯片短缺，福特汽车预计 2022 年在美国市场交付量为 166 万辆，比 2021 年下降了 12%。丰田汽车计划在 2022 年 4—6 月分别减产 20%、10%、5%；通用汽车则放弃了用于管理无线充电、收音机以及燃料模块的芯片。这一趋势表明，基础研究的重要性将进一步凸显。另一方面，一些价值链分工程度很深的产业，例如集成电路产业已经很难成为由单个国家就能主导的产业，而是成为世界性的产业，没有一个国家能够独立提供整个产业链。预计到 2030 年，全球集成电路市场的规模有望达到 1 万亿美元。从生产要素流动来看，生产设备和原辅材的生产、晶圆制造、晶片封测再到芯片组装应用，主要分布在日本、韩国、中国等国家以及东南亚等地区。因此，芯片从硅片、晶圆制造到最终用于整机产品，通常要经历 3 到 4 次甚至更多次数的跨国贸易。因此，合作创新和开放

---

① "熊彼特冲击"。

创新的重要性更为凸显，闭门造车式的创新模式将更难以为继①。

从价值链环节来看，在前一轮工业化发展浪潮中，形成的普遍共识是"制造环节"属于全球价值链中的价值相对较低的环节，研发和营销等环节则处于价值链中高附加值的领域。但随着"再工业化"战略的深化推进，制造环节中所包含的科技含量和智能含量逐步提升，附加值也随之不断增加，传统的"微笑曲线"存在被"拉平"的可能。从全球视野看，随着信息技术特别是互联网技术的发展和应用，全球制造业正在经历颠覆性变革，智能制造已成为世界主要制造业大国竞合的焦点，通过在制造业中融入信息通信技术、电工电子及微系统技术、生产技术及机械工程自动化、管理及物流技术等多技术交叉融合的新体系，持续提升制造环节的智能化转型水平。智能制造与产业互联网的结合，形成了一种智能制造服务，它是面向产品的全生命周期，同时加上了整个互联网的连接，以及知识驱动的创新，能够提升产品高端的价值链，是未来制造业的重点方向和核心内容。因此，在工业互联网和工业4.0时代，制造环节至少和研发、品牌、销售渠道等一样重要，甚至随着信息化技术的发展和普及，制造环节的智能化、快速化、精细化将具有更为重要的意义。

在科技革命与产业转型的双重驱动下，数字化也在加速重构全球制造业劳动分工和价值体系，成为推动制造业高质量发展的重要动力。当前，数字技术以更快的速度在全球范围内传播，并重塑制造业发展模式。越来越多的发达国家在制定提高制造业竞争力策略时，将推动数字化转型作为一项重要的政策建议。通过引入和强化数字技术，积极改善传统制造业，并创造新的制造业形态。同时，数字技术的进步还将进一步创造新的就业机会、优化生产模式并促进经济增长。一直以来，制造业占比的下降被认为是经济体进入高收入的后工业化社会的重要标志和共同特征。麦肯锡的研究表明，以1990年国际元计算，当一个经济体的人均GDP达到1万国际元②时，其制造业份额将达到峰值，占GDP的比重基本处于30%到40%的水平。此后，随着人均GDP的进一步增加，制造业占比反而会

---

① 程大中.论全球贸易自由化的基本趋势与现实挑战[J].人民论坛·学术前沿,2018(10).
② 即处于中等收入的工业化和城市化阶段。

缓慢下降，到 3 万国际元时，制造业占比甚至有可能低于 10%。但是这种认识随着发达国家实施"再工业化"战略之后发生了显著变化。制造业以全球 16% 的 GDP，占据了 70% 的全球贸易份额、90% 的企业研发投入和 4 500 万个发达经济体的就业岗位。在这些推动制造业发展的战略和计划体系中，数字化技术处于核心位置。2020 年初，新冠肺炎疫情席卷世界，对全球经济发展产生不可估量的影响，也进一步加快了制造业的数字化转型。一些国家在新冠肺炎疫情大流行期间开发的数字技术帮助解决了各种各样的问题，从接触者追踪到病毒传播、援助分配和经济复苏等多方面，显示出数字技术的巨大潜力。

5.2　国际分工层面

第一次产业大分工时期，国家之间的分工主要体现在企业和行业层面的分工与贸易，这是一种"旧范式"的竞争模式。第二次产业大分工时期，国家之间的分工开始体现为基于"任务"式的分工与贸易，这是一种全新的价值链分工模式，主要是基于生产成本的"雁阵式"转移，即由于全球化的发展大大降低了国际贸易的成本，技术进步又进一步提高了制造品的可贸易性，使得发达国家的制造环节能够向新兴经济体进行梯度转移。以美国为代表的发达国家随之完成了制造业发展从"劳动制造→资本制造→知识制造"的深度转型。但是，以我国为代表的新兴经济体仍处于由"劳动制造"向"资本制造"转型发展的关键时期，只是在部分的制造业发展领域开始呈现"智能制造"或者"知识制造"的部分特征①。发达国家推行"再工业化"战略，进一步强化了科技优势向产业优势的转化，对全球价值链布局以及发达国家和新兴经济体的竞争关系产生了深远影响，进一步强化了产品的模块化，有利于各国根据比较优势进行产业间、产业内甚至产品内的分工和贸易，从而进一步强化产业的国际梯度转移。但是由于智能化、网络化、数字化对传统劳动力的大规模替代，高效的通用软件平台对专用性重资产的大规模替代，传统的生产要素对产业区位的影响力下降，无人化、智能化工

---

① 王永龙."再制造业化"战略建构及对我国的影响效应[J].经济学家,2017(11).

厂的快速发展有可能促进制造业，特别是高新技术制造业在发达国家的本地化生产，甚至有可能随着新型生产制造范式效率的提高，出现传统制造业向发达国家回溯的可能性。与此同时，由于发达国家拥有更高收入的群体和更加挑剔的领先用户等市场需求侧的优势，也会遏制甚至反转全球产业"雁阵式"梯度转移趋势。

从劳动力成本看，新兴经济体拥有的成本优势正逐步减弱。2014 年 4 月，波士顿咨询公司发布一项研究报告，系统比较了全球 25 个主要出口国家的优势和劣势。报告认为，即便从"生产成本优势"的视角而言，美国也已重新回归全球制造业大国行列。中国的劳动力成本与土地成本的涨幅十分惊人，而美国则与之相反，劳动力成本的增长十分缓慢。2005—2010 年，中国制造业工人的工资年均增速达到 19%。特别是 1990—2015 年间，中国制造业工人的年均工资从2073 元上升至 55 324 元，增长近 16 倍。而同一时期，美国制造业工人的年均工资则由 28173 美元上升至 55 292 美元，仅上升 1.9 倍[1]。因此，随着美国劳动生产效率的提高以及工资压力的减轻，其制造成本已比排名前十的出口大国[2]的平均水平低 10%—25%（图 5.2，图 5.3）。

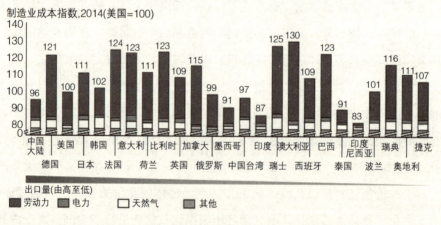

图 5.2　全球出口 25 强经济体制造业成本比较

资料来源：制造业成本竞争力分析报告［R］.波士顿咨询公司，2014-04.

---

①　渠慎宁，杨丹辉.中美制造业劳动力成本比较分析［J］.中国党政干部论坛，2017(06).

②　不含中国。

压力重重•	以前成本低，现在成本变高	巴西	中国	捷克	波兰	俄罗斯
失去阵脚•	以前成本高，现在成本更高	澳大利亚	比利时	法国	意大利	瑞典　瑞士
态势平衡•	成本一直稳定	印度	印度尼西亚	荷兰	英国	
表现突出•	成本竞争力增强			墨西哥	美国	

图 5.3　主要出口大国的发展态势

资料来源：制造业成本竞争力分析报告[R].波士顿咨询公司,2014-04.

　　而且，随着"再工业化"战略的推进，生产制造的智能化和自动化将在很大程度上加快对简单劳动力的替代，传统制造型工人的重要性将逐步下降，而智能化生产要求工人必须能够担当更具挑战性的角色，例如需要熟练掌握创新、规划、监督和协调机器的运作，从而为制造业智能化运作提供可持续性支撑。因此，制造业发展对于知识型员工的需求大幅上升。总体而言，少量的"现代机械和知识型员工"将开始对大量"传统机械和简单劳动力"展开渐进式替代，中国等新兴经济体本身就较为缺乏高技能制造人才的支撑，发达国家在制造业发展方面的人才优势将进一步凸显。

　　从能源方面看，页岩气等新能源的开发也为美国的制造业发展带来明显的成本优势。2014 年 5 月，美国政府发布《全面能源战略》报告，明确未来将积极推动页岩油气革命，这将使得美国有可能实现能源自给。2014 年，美国的石油进口量已经从 2005 年占国内消费的 60% 下降至 30%。相关研究显示，到 2025 年，由于页岩气油的发展，将使美国制造业成本减少 1 160 亿美元，并增加近 100 万个制造业就业岗位（图 5.4）。

　　从生产布局看，2014 年，普华永道咨询公司的一项调查显示，大多数汽车

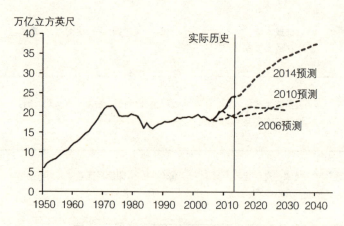

图 5.4　美国天然气产量（1950—2040）

资料来源：美国能源信息署（EIA）

行业的 CEO 表示希望调整供应链布局，20% 的汽车企业已经开始或完成供应链变化方案，主要是改善区域性物流和供应链战略，以创造更加高效的资源流通和产品流通体系，而且 56% 的汽车行业 CEO 表示，非常担心供应链中断对公司成长造成的不利影响，因此需要更多地在客户所在地附近建厂。因此，近些年来，全球制造业价值链呈现"缩短"的趋势。根据麦肯锡全球研究院的研究，几乎所有商品生产价值链中的贸易强度[①]都有所下降，全球跨境贸易占全球产出的比例已从 2007 年的 28.1% 降至 2017 年的 22.5%，而且在那些最复杂和交易量最大的价值链中，贸易强度的下降尤为明显。计算机、运输设备、汽车、机械设备、电气设备、化学、纺织和服装、家具等产业在 2000—2007 年间的贸易强度均有不同程度的提高，而 2007—2017 年间则普遍出现了下降，创新型复杂产品的下降幅度相对更为明显[②]。

5.3　核心要素层面

　　生产要素相对重要性的变化，会导致经济体之间要素禀赋优劣势发生变化，

---

①　总出口与总产出的比率。

②　李晓华.制造业全球产业格局演变趋势与中国的应对策略[J].财经问题研究,2020(10).

而这会影响很多企业的投资决策，最终带来全球产业分工格局的演变。对大部分新兴经济体而言，吸引投资和生产的主要优势在土地、劳动力等不可移动要素方面的优势，再加上潜在市场优势；对发达国家而言，资金、复合型人才、数据基础设施、知识经验、核心技术积累、营商环境等是其主要优势。两相比较，发达国家的产业竞争优势仍存在继续提高的可能。

从资本要素看，在发达国家"再工业化"战略的引领下，资本开始具备全新的特性。在前两次工业革命浪潮中，资本基本上表现为"劳动工具"和"被支配的对象"。随着第三次工业革命的兴起，基本实现了制造过程的数字化和信息化转型，但还没有完全实现智能化转型，因此，资本作为"物"的属性并没有得到真正改变。但是，随着"再工业化"战略的深入推进，第四次工业革命开始实现制造业的全领域、多维度智能化，不仅包括工厂中的机器设备，即便是原材料和零部件也将实现智能化，在这一过程中，资本开始逐渐具备一定的自主学习能力，以往的资本边际报酬递减规律将有可能被资本边际报酬递增规律所取代。届时，企业之间围绕资本所展开的竞争将不仅仅取决于资本数量的多少，而更加取决于资本是否具有某种类型的智能学习能力以及学习的质量[①]。

从劳动力要素看，随着发达国家"再工业化"战略的兴起，低成本的劳动力等传统要素发挥的作用正在日趋减弱。德勤公司的相关研究表明，随着自动化和智能化的冲击日趋明显，越南、柬埔寨、菲律宾和印度尼西亚等新兴经济体开始面临很高的失业风险。据估算，约有50%的工人所从事的工作将在未来20年之内被自动化的工作所取代。麦肯锡的研究也表明，劳动密集型制造在全球贸易中所占的份额已经从2005年的55%下降到2017年的43%，而且这种下滑趋势将继续保持，很难再重新恢复增长态势。

从技术要素看，全球制造业的竞争开始进入新一轮"技术为王、创新为王"的时代。而且，这一轮的技术变革具有更大的突破性和革命性。高层次的人力资本、知识资本和技术资本等在制造业创新发展中的重要性更为凸显。相关研究显示，制造业领域的研发投入正呈现快速增长的态势。越是具有前瞻性的制造企业

①　张其仔.加快新经济发展的核心能力构建研究[J].财经问题研究,2019(02).

越是持续加大研发投入。例如，机械和设备公司将总收入的 36% 用于新产品开发和无形资产的投资，生物医药公司更是将总收入的 80% 用于研发。与此同时，研发投入所带来的创新产出也呈现不断增加的态势。2000 年，研发投入可以带来约 5.4% 的创新收益，2018 年这一比例已经上升到 13.1%。据预测，到 2030 年这一比例将有可能超过 30%。因此，创新要素的供给也将更具稀缺性和相对有限性，对于创新要素的需求将更为紧迫，并具有相对无限性，因此，发达国家之间以及发达国家和新兴经济体之间对于创新要素的争夺将变得空前激烈。特别是美国等发达国家已经开始利用自身在技术、知识等方面的领先优势，进一步强化对新兴经济体的技术封锁，并且对新兴经济体的海外并购等战略保持高度警惕和严格审查，以确保其对创新要素的垄断性占有。

从数据要素看，数据被称为"数字时代的石油"，已经成为推动制造业转型驱动的核心要素。数据资产是指由企业拥有或控制的，能够为企业带来未来经济利益的，以物理或电子的方式记录的数据资源等。5G 可使通信速度提高 100 倍，可靠性提高 50 倍，连接设备数量提高 10 倍。高通的经济战略组估计，未来 15 年，5G 将为全球"增加一个印度大小的经济体量"，但是，并非所有的数据都构成数据资产，数据资产是能够为企业产生价值的数据资源。根据麦肯锡咨询公司统计，2005 年至 2014 年间，跨境数据流动增长了 45 倍。2014 年数据跨境流动产生了 2.8 万亿美元的经济价值，对全球 GDP 的影响超过货物贸易。2018 年，全球数字经济价值总量达 30.2 万亿美元，2019 年增加到 31.8 万亿美元，全球数字经济价值占 GDP 的比重达 41.5%，发达国家的数字经济占比超过 50%。其中，作为生产要素的数据是现代意义的大数据，是经过集成和处理过的数据，既是数字生产力的基础，也是整个国民经济的基础；互联网是数字技术应用的网络链接系统，为数字经济运行提供链接平台，是数字生产力的重要载体；云计算、区块链是数字生产力的专门技术和设备；3D 打印、人工智能都是数字生产力的特殊应用模式。数字平台创造了更加高效和透明的全球市场，使得买卖双方只需点击链接即可建立联系。数字通信和交易近乎免费的边际成本为大规模跨国业务的开辟提供了新的可能性。因此，数字生产力就是以数据为基础，包括基础网络平台、计算处理中心、互联网链接应用，以及人工智能、移动通信、软件服务等应用技术和工具构成的体系。但是，目前国际上还没有成功地制定规则来指导数据的收集、处理、存储和使用。在缺乏全球治理的情况下，各国纷纷建立自己的体制。例如，美国在数据治理和隐私保护方面采取了基本不干涉的方式。虽然美国国会认识到国家监管制度的重要性，但未能通过立法。自 2020 年 1 月《加利福尼亚消费者隐私法》（California Consumer Privacy Act，CCPA）生效以来，各州立法机构已采取措施改善隐私。作为美国第一个广泛、横向的隐私法规，CCPA 比《通用数据保护条例》（General Data Protection Regulation，GDPR）更为狭窄，但增加了透明度，并使加州居民有权选择不向第三方出售个人数据。同时，各国在双边和地区层面上朝着规则一致性的方向取得了一些进展。美国-墨西哥-加拿大协议（USMCA）限制数据本地化要求，并认可亚太经合组织的跨境隐私规则为"有效机制"，在保护数据的同时实现数据流动隐私。

从基础设施要素看，随着传统制造业加快向网络化、数字化和智能化方向发展，信息网络正在加速向传统基础设施渗透延伸，形成了以 5G、工业互联网、人工智能、物联网、数据中心为代表的万物互联、数据智能的新型基础设施。依赖于广泛覆盖的通信网络基础设施，制造企业与供应商、经营商、用户、产品等紧密连接起来，并掌握生产过程中的各种数据，使企业用户与消费者接入互联网，使用各种互联网应用和服务。借助于数据应用基础设施、系统服务基础设施，制造企业能够更加方便地用软件定义生产过程，开展各种增值服务[①]。特别是 5G 远程通信网络的推出，将持续增加连接到互联网的设备数量，每年将为全球经济创造 4 万亿—11 万亿美元的收益。据思科估计，到 2023 年，连接到互联网的设备数量将是全球人口的三倍，其中一半将是机器对机器的链接，这可能会改变现有的商业模式。例如，工业互联网是推动智能制造所必备的基础设施；能源互联网、车联网和智能化交通基础设施的构建是推动新能源汽车和智能网联汽车发展所必不可缺的基础设施支撑；物联网城市的构建同样需要水、电、煤等传统基础设施的智能化和互联化转型。新型基础设施的发展将进一步加快新一代信

---

① 李晓华.数字科技、制造业新形态与全球产业链格局重塑[J].东南学术,2022(02).

息技术与先进制造、新能源、新材料等技术的交叉融合，引发群体性、颠覆性技术突破，为经济增长持续注入强劲动能。进一步推动以信息流带动技术流、资金流、人才流、物资流的高效配置。通用电气公司在推出工业互联网时提出，工业互联网能够发挥"1%的威力（the Power of 1 Percent）"，即在不改变制造企业已有技术路线、要素配置的前提下，通过对数据的分析、挖掘可以使企业的收入增加1%。数字科技和数据能够对传统生产要素实现替代，或者说提高传统生产要素的产出效率，减少其在生产投入中的比重。例如，人工智能、智能化机器人在更广泛的领域替代人工，并在某些工序已经可以做到比工人具有更高的投入产出比，使得发展中国家拥有的简单劳动力和低工资优势被数字化削弱，相应地，发达国家的高工资劣势得到弥补，一些原本在低成本发展中国家开展的劳动密集型环节的活动在发达国家开展成为可能[①]。

5.4 生产模式层面

自工业革命以来，制造业的生产方式经历了机械化、规模化等变革。随着发达国家"再工业化"战略的兴起，"智能制造"正在成为未来全球制造业发展中十分重要的生产模式之一。随着数字化逐步深入到制造业的生产方式中，制造业内部的生产结构正在日趋智能化、信息化和精细化，其核心就是智能制造。在制造业的生产过程中，通过信息物理系统的应用，在相应的物联网技术、软件技术和通信技术的有效支撑下，全方位提升整个生产过程的可控性和有效性，最终实现从研发到生产的全方位信息覆盖，确保整个生产过程能够始终处于最优状态，并直接或间接地提升制造企业的生产效率（表5.1）。

智能制造的实现需要制造企业在6个环节进行布局：（1）计算机化，确保企业能够通过计算机实现对于重复性工作的高效处理，并实现高精度；（2）连接化，使得相互关联的环节能够替代之前彼此独立的信息技术单元，在各生产部分

---

① 李晓华.数字科技、制造业新形态与全球产业链格局重塑[J].东南学术,2022(02).

表5.1 未来制造业的发展将涉及大量的结构化数据和非结构化数据

产品数据	设计、建模、工艺、加工、测试、维护数据、产品结构、零部件配置关系、变更记录等
运营数据	组织结构、业务管理、生产设备、市场营销、质量控制、生产、采购、库存、目标计划、电子商务等
价值链数据	客户、供应商、合作伙伴等
外部数据	经济运行数据、行业数据、市场数据、竞争对手数据等

资料来源：王喜文.大数据驱动制造业迈向智能化[J].物联网技术，2014(12).

之间实现连通性和互操作性；（3）可视性，能够真正通过现场总线、传感器等物联网的技术，捕捉到生产过程中大量的实时数据，建立起企业的"数据孪生"，从而实现基于数字而不是基于人工经验的决策模式；（4）透明化，能够通过数据反映的问题剖析出背后的真实原因；（5）预测性，能够将现实生产过程中所产生的"数字孪生"投射到未来，从而模拟出不同情景下可能发生的状况，并适时作出决策，进而采取行之有效的应对措施；（6）自适应性，能够基于上述的一系列过程，真正实现企业的自主响应。

智能制造主要有四种应用模式：（1）智能化生产。通过部署工业互联网，实现整个生产过程的智能化管控，并实现决策优化，提升生产效率；（2）网络化协同。智能制造并不仅限于工厂内部，更广泛的应用应当体现在能够将分布在全球各地的设计、生产、研发、销售等资源进行全方位整合，不仅可以大大降低生产成本，而且能够更加优化地实现高效生产；（3）规模化定制。传统的工业生产是大规模、标准化式的生产，智能制造的广泛普及将能够十分精准地捕捉消费者的需求，并通过更为灵活的生产过程设计，将生产资源与用户需求进行精准匹配，实现在低成本条件下的精准化生产；（4）服务化延伸。智能制造的推广和普及将制造企业的服务进一步向客户端延伸，制造企业可以依托工业互联网为客户提供远程维护、故障预警等一系列在传统制造状态下难以实现的增值服务。智能化的生产方式已经在美国制造企业的生产流程管理中彰显十分突出的引领地位。例如特斯拉的"超级工厂"中，分布在"冲压生产线、车身中心、烤漆中心和组装中心"等不同环节的机器人可以十分精确且快速地通过"点焊、铆接、胶合等方式在 3—5 天内就可以完成电动车从模型到生产成形的全过程",其中所使用的"多工机器人（Multitasking robot）"即能够执行多种不同任务的机器人正是当前最为先进且效率最高的机器人。

"软性制造"也已成为制造业发展的重要趋势。所谓软性制造,是指以满足软需求为主要目的、软投入在产品总价值占比超过 50% 的制造模式,通常用"商品软价值系数"来衡量,这一系数越高,说明企业的软性制造程度越高。随着软性制造的发展,产品设计、营销、传播等环节创造价值的能力正在不断增强,而单纯生产环节的价值创造能力就有逐步萎缩的倾向。相关研究显示,当前跨国公司的收益已经主要来自软价值。根据海关统计,2015 年,苹果公司在海外市场取得的 1 400 亿美元收益,没有计入美国的出口,这些收益基本上都来自软性制造。

除此之外,"精密制造"也开始向更广泛的领域渗透。精密制造主要是指工业制成品和所使用零件的精度越来越高,在制造过程中所使用的装备工艺以及加工精度的标准和要求也日益提高。因此,精密制造提供的通常是制造业的关键零部件,位居产业链最顶端,通常是利润最为丰厚的核心环节。以空客、波音为代表的大飞机,以苹果、三星、华为为代表的手机,以通用、大众为代表的汽车等,都需要大量精密制造的中间产品。因此,从规模来看,精密制造可以覆盖整个制造业大约三分之一的份额。

同时,"集散制造"也引发了制造业组织方式乃至制造业发展模式的重大变化。所谓"集散制造"是指依托数字化、信息化、网络化、云平台等技术手段,将分散的个体制造资源、设计资源和个体需求有机对接,通过"集成-分散"模式,在确保成本和按时交付的同时,实现个性化定制。"集散制造"的关键在于众创、众需和众包。"众创"就是把原本一体化的设计任务进行分散化处理,再将分散的设计资源集成为云设计;"众包"就是把制造任务分散到单个的资源单位,再将分散的制造资源集成为大企业;"众需"是把小众需求集成为大订单,再把大订单分解为小任务。集散制造大大降低了生产和创新的门槛,参与生产和设计的既可以是企业,也可以是个人,有助于向中小企业甚至个人提供开放的产业创新平台,从而实现在全社会范围内制造资源的合理配置。其中的代表模式即是 3D 打印,3D 打印使众多产品的制造从大批量生产时代进入个性化、多样化、小批量的"数字个性化"时代。3D 制造技术的优势在于能够简化制造工艺,提高设计效率;无须模具,增量生产,降低制造成本;及时反馈,快速成型,加快市场响应。

最能体现这一变化趋势的就是汽车产业。汽车业正在加快实现从"运载工具"向"移动终端"的转变(图 5.5)。当前,汽车业界将汽车智能化分为五级:最基本的是 L1 级,辅助驾驶级别,汽车一般只发出车速等相关信息提醒;L2级,半自动驾驶级别,涉及自动巡航、自动跟车、车道保持、自动防撞等辅助驾驶功能;L3 级,已经具备自动驾驶功能,可感知避障,乘坐人也进行人为干预;

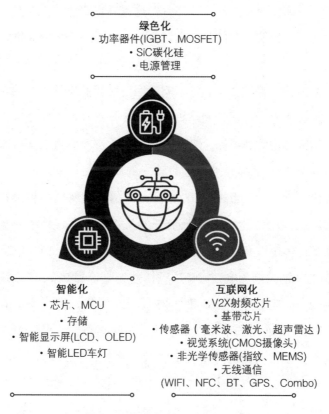

图 5.5 全球汽车产业变革趋势

资料来源:如何打造面向未来的智能网联汽车[R].德勤咨询公司,2020-08.

L4级，完全不需要人为干预，甚至可以取消方向盘、刹车踏板等部件；L5级是最高级别，可以通过语音控制等实现人车互动。当前，全球三分之一的汽车研发活动发生在德国，但德国政府已经开始为汽车产业快速的"智能化"进程感到担忧，认为德国的部分汽车制造企业很难顺利度过汽车制造的"苹果时刻"①（iPhone moment）"。随着汽车智能化的进一步发展，汽车消费者更为关注的将可能是汽车显示屏上的APP，而不再是汽车本身的性能。之前，一辆汽车大约90%的价值来自硬件，但随着自动驾驶和数字APP逐渐成为主流，这一比例将发生巨大变化。摩根士丹利预测，就自动驾驶汽车而言，40%的价值将来自硬件，40%来自软件，20%来自车载内容，包括通过软件提供的游戏、广告以及新闻等。宝马公司所做的一项调查发现，73%的受访者表示，如果能够把他们的数字生活搬进车里，他们愿意更换汽车品牌。这也就意味随着汽车数字化和智能化的发展，消费者对于传统汽车的品牌忠诚度将有可能趋于下降。即便作为传统汽车强国，德国也已经开始担心其传统汽车制造厂商的竞争优势将会弱化。因为相对于软件和电池而言，曾经让德国汽车制造厂商脱颖而出的工艺诀窍很可能会丧失其重要性，本身所拥有的基于发动机技术的优势很有可能转变为劣势。

因此，虽然宝马、戴姆斯勒、大众等德国三大汽车制造商连续多年实现创纪录销量，但均处于2008年全球金融危机以来的最低水平（图5.6）。从市值比较来看，大众售出每辆车为其带来6 500欧元的市值，而特斯拉售出每辆车可为其带来23.5万欧元的市值。为此德国政府开始从销售补贴、税收减免、充电基础设施等多方面支持传统汽车厂商的电动化转型，德国政府计划到2022年，确保德国境内25%的加油站能为电动汽车进行快速充电，到2024年底这一比例将提升至50%，到2026年底进一步提升至75%。2021年，福特公司的估价飙升约140%，击败特斯拉、通用汽车和许多电动汽车初创企业，但距离电动汽车领头羊、市值已达1.2万亿美元的特斯拉仍有很大差距。2021年，路透社的一项分析数据显示，全球汽车厂商正计划在未来5年到10年内在电动汽车和电池研发方面投入5 150亿美元资金，这与3年之前的分析数据相比大幅提升。

---

① 类似于传统手机向苹果智能手机的转化过程。

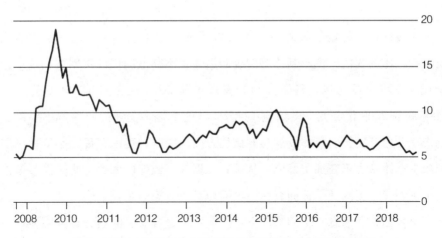

图 5.6　2018 年德国汽车厂商的估值处在近十年来的最低点

资料来源：德国汽车制造商将再次依靠中国市场拯救［EB/OL］.华尔街日报，2020-05-21.

5.5　创新模式层面

从经济学角度看，通常将创新分为两类，一类是激进式创新，通常伴随技术创新的突破性改变。另一类则是渐进式创新，基本上是沿着之前既定的技术轨道的微改进。在现实的经济活动中，一般很难将这两者完全分离，这两类创新通常是相互联系的。例如，数字技术对经济发展产生推动作用，通常可以分为三个阶段，首先是从技术发明到技术应用的扩散，应用达到一定广度和足够深度之后，就开始进一步改变经济运行模式，进而改变人们的生活方式。在这三个阶段中，既包含激进式创新，也包含渐进式创新①。以"再工业化"战略为引领的产业创新战略，正在引领新一轮产业创新模式，进而促进经济发展模式的转型。例如，推动创新模式由"串联式"向"并行式"转变，并呈现出以多点、多处和多层次为不同节点的分布式创新模式。在这些全新的创新模式的推动下，全球产业创新的速度将大幅提高，新技术的产生和拓展速度将空前加快。不仅有可能为全球做大创新发展的"大蛋糕"，也极大地提升了创新能力在制造业竞争中的重要性和

---

① 彭文生.认识中国创新经济［R］.中国首席经济学家论坛，2021-09-30.

战略地位①。生物医药和航空产业的企业最具有增加研发投资的倾向。2009年，这两个领域的企业将销售收入中的 13.2% 投入研发活动，这一比重是制造业平均研发投入比的 3 倍。汽车制造等传统制造业也不断地加快模式创新和技术创新的步伐。以特斯拉为例，其研究与开发成本从 2010 年底的 9 300 万美元增至 2011 年底的 2.09 亿美元，增幅达 124.7%。这 1 亿多美元的研发费主要用于原型制作、动力开发、引擎的设计与测试等方面。同时，美国在智能制造领域的企业创新生态体系也正在加快形成，从基础元器件、数控机床到工业软件等智能制造的关键领域，美国几乎都拥有在全世界最具竞争力的企业。

在组合创新和信息技术的推动下，产业跨界融合发展的趋势日益明显，不同行业之间的界限更趋模糊。伴随学科交叉的持续深化，组合创新正在推动不同领域创新的相互融合。特别是多学科融合产生的综合科学技术和两个学科交叉产生的边缘科学技术的广泛应用，将进一步推动制造业部门分工合作的变化和一体化生产的发展。例如，医疗保健行业将纳米技术与生物科技相结合，在癌症治疗方面取得重大突破；功能性保健品将生物科技、食品科学与药理学相结合；生物信息学则利用信息技术，构建生物系统，帮助科研人员借助大量数据，分析人类基因组或癌症的进展过程；信息技术在自身迅猛发展的同时，也加快了对制造业领域的渗透和拓展，并日益成为制造业发展的核心技术之一。因此，在经历了较长时间的发展之后，单学科研究已经很难再实现突破性的发展，多学科、多领域的交叉式、互动式研究开始成为未来科技发展和产业创新的新方向。

从微观创新主体的层面来看，随着技术和人才等创新要素跨国流动水平的日益提高，制造业创新链上的各个环节并不一定像以往那样，在一个企业、一个地区或者一个国家内部完成。企业的创新能力也不再仅仅局限于内部的研发，而开始充分运用研发外包、专利许可等方式，进而在更大范围内高效整合企业内部和外部的各种创新资源。因此，与传统的封闭式创新模式不同，企业在开放式创新模式下的边界界定是模糊的，而且不同类型企业的创新边界还可以互相渗透。例如，随着时间推移，美国研发资金的主要来源已经从公共部门转移到私营部门。

---

① 张其仔.加快新经济发展的核心能力构建研究[J].财经问题研究,2019(02).

20 世纪 60 年代，美国与苏联太空竞赛最激烈的时候，联邦资助的研发经费占 GDP 的 1.6% 以上，是商业资助研发经费的两倍，占美国研发投资总额的三分之二（图 5.7）。到 2017 年，美国政府对各类研发项目的资助降至国内生产总值的 0.6%，为 60 年来的最低水平。而 2017 年，美国私营部门资助了 70% 的研发支出，主要用于实验开发，其次是应用研究。而且，公共支出还有可能在一定程度上"挤入"私人投资，一项研究发现，美国联邦政府在研发投入的每 1 美元都会刺激额外 30% 的企业研发投入。主要是由于企业更关注更安全的发展型研发投入，如果有政府资金的支持，相对而言，可以降低投资风险。除了增加联邦政府对研发资金的资助，政策制定者还通过制定结构性税收等政策，从而促进企业创新。美国的研发税收抵免占国内生产总值的 0.07%，低于经合组织 0.11% 的中位数。2018 年，美国在 36 个经合组织国家中的研发税收优惠价值总额位居第 26 位。2017 年美国《减税和就业法案》通过禁止公司立即扣除 R & D 费用，而是要求在 5 年内分期偿还，削减了一些现有福利。由此，美国将是唯一一个需要摊销 R & D 支出的发达国家。

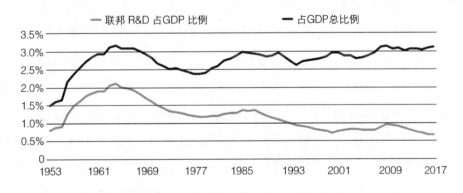

图 5.7　1953—2017 年美国研发资金占国内生产总值的百分比

资料来源：Matthew P. Goodman, et al.美智库深度分析《保持美国创新优势 2020》[R].谭惠文,编译.美国战略与国际研究中心,2020-10.

在创新模式扩散层面，与前两次产业革命中的通用目的技术主要集中在工业部门不同，当前的数字化创新浪潮中以大数据、云计算与人工智能等为代表的通用数字技术，主要诞生在从属于服务业部门的软件与互联网行业中，这将极大地改变导致部门生产率差异的技术结构。通用数字技术以产业互联网为主要形态，将首先在服务业中进行扩散，然后再逐渐扩散到工业部门①。

与此同时，"灰色制造"也正在加快向"绿色制造"转变。制造业的发展曾经一度成为能源消耗和环境污染的"大户"，随着全球经济发展面临日益严峻的环境承载瓶颈，生态环境与制造业发展之间日益激化的矛盾正在加快推动全球制造业发展的理念革新和技术升级，以"消耗式"生产物质商品为主要方式的传统生产已经很难再像以往那样盲目扩张下去。制造业的发展将尽可能地提高资源的高效利用效率，把对环境的破坏降低到最小程度。因此，发达国家"再工业化"战略的重要目标之一也即是在发展高端制造业的同时，进一步发展对资源和环境更加友好的"新型制造业态"。绿色制造的目标是使产品从设计、制造、包装、运输、使用到报废处理的整个产品全生命周期中，对环境的影响或负面作用降到最小，资源利用率最高，并使企业经济效益和社会效益协调优化。绿色制造模式是闭环系统和低熵的生产制造模式，是在产品整个生命周期内都以系统集成的观点考虑产品环境属性，环境保护从源头抓起并考虑产品基本属性，使产品在满足环境目标要求的同时保证应有的基本性能、使用寿命、质量等。这种绿色制造技术并不是孤立存在的，而是成体系并与产业需求紧密结合的，是全新的设计和制造理念创新，主要表现为绿色设计与制造、绿色回收处理与再制造成套技术和装备。而且，绿色制造技术正在成为发达国家构筑新型贸易壁垒的重要方面。随着"再工业化"战略推进过程中"绿色供应链""绿色制造"等模式的日益普及，节能环保产业、再制造产业等静脉产业链也得到快速发展，制造业的绿色发展将日益成为全球制造业发展的共识。近些年来，许多发达国家要求进口产品绿色认定既要有"绿色标志"，而且除了政府采取一系列环境保护措施外，广大消费者已热衷于购买环境无害产品的绿色消费的新动向，促进了绿色制造的发展。全球大约有137个国家采取了绿色贸易壁垒措施。"绿色贸易壁垒"包括：（1）绿色关税制度，对一些污染环境和影响生态，可能对环境造成威胁及破坏的产品征收进口附加税或者限制和禁止商品进口；（2）绿色技术标准制度，通过立法手段，

---

① 陈维宣，吴绪亮.产业互联网是治疗"鲍莫尔病"的一剂良药[EB/OL].腾讯研究院，2021-10-11.

制定严格的强制性技术标准，限制国外商品进口；（3）绿色环境标志制度，绿色标签是环保产品的证明性商标，已有 40 多个国家和地区推行绿色环境标志制度，并趋向于协调一致，相互承认，对发展中国家产品进入发达国家市场形成了巨大的障碍。设定"绿色贸易壁垒"，主要是由于发达国家产品的科技含量和公众的环境意识普遍较高，对环境标准的要求非常严格，不仅要求产品符合环保标准，而且还规定从产品的研制、开发、生产、包装、运输、使用、循环再利用等整个过程均需要符合环保要求。欧盟等发达经济体的碳中和政策起步较早，出于保护本土企业和阻止碳泄露、碳转移目的，"碳边境调节机制（CBAM）"等手段也被提上日程。沃尔玛自 2014 年起，就要求上架产品需提供碳排放足迹，这一政策将对上下游共计 500 多家企业产生影响，其中 80% 的供应链企业在中国。据我国商务部调查统计，近 10 年我国约 70% 的出口企业遭遇不同程度的贸易壁垒限制，25% 的出口数量受到影响，损失约 2 000 亿美元，其中来自欧盟、美国和日本的绿色贸易壁垒造成的损失占比高达 90% 左右。2019 年 12 月，欧盟发布"欧洲绿色新政"计划，在欧盟区内实行碳关税，主要目的是在全球范围内减少碳泄露和碳转移，防止产生对环境不利的"逐底竞争"。2021 年 7 月，欧盟提出了一揽子环保提案，对碳关税制度实施有了明确的规定。根据提案内容，欧盟计划从 2023 年起实施碳关税，于 2026 年起正式对欧盟进口的部分商品征收碳关税，届时欧盟将对从碳排放宽松国家和地区进口的钢铁、水泥、铝和化肥等商品额外加征碳关税，从而对这些国家的出口竞争力、进口成本、经济增长等带来挑战和冲击。

5.6　产业组织层面

产品功能的革命性变化必然带来产业组织形态的变革。在组织形式上，基于互联网的资源配置方式将再造产业组织形式，使产业边界更加模糊化，产业组织更加网络化和扁平化，空间局限更容易打破，形成产业网络的虚拟集聚。在管理方式上，工业互联网促使产品价值由加工环节向价值链高端环节跃升，形成大规模个性化定制、社区营销、产品全生命周期管理等创新模式。在商业模式上，互联网与工业融合推动新业态、新商业模式不断涌现，催生出多技术、多业态融合的生产与服务系统①。以最具代表性的汽车产业为例，传统汽车产业的组织方式是整车厂商位于产业链的顶端，各级供应商紧随其后。但是，随着智能汽车的快速发展，带来了汽车产业组织形态的极大变革。整车厂商传统的主导地位开始受到挑战，而零部件厂商、互联网企业、算法企业、芯片制造企业以及传感器供应企业开始越来越深入地加入到无人驾驶技术的研发过程中。这些新生态企业的加入，在一定程度上打破了传统汽车产业的生态平衡。

平台型企业的重要性也日趋凸显。部分平台型企业拥有对产业链、价值链前所未有的掌控力，已成为主要国家竞争的新焦点。这类企业的发展轨迹与传统企业有显著差异，其成长速度极为迅速、运营成本比传统企业更低、客户黏性高等。更为重要的是，这类平台型企业模糊了垄断与竞争之间的传统界限，具有明显"赢者通吃"的特征，通过与各主体间建立紧密联系的生态而拥有了对产业链、价值链的高度掌控力。以汽车产业为例，随着出行平台企业的发展，在汽车共享模式成为主流的前提下，传统大规模生产与极致个性化生产之间的组合很可能成为生产制造的主导方式。这对全球汽车产业会有多重影响：影响汽车消费量，共享会显著减少新车需求；影响产品形态，汽车品牌的重要性可能会下降；影响生产布局，一些高度个性化产品必须要贴近最终市场等。未来，随着更多工业互联网平台型企业的成长，这种影响将更加深刻②。

随着发达国家"再工业化"战略的实施，发达国家的重点发展区域也呈现新的发展特点，特别是一些以往因为制造业转移而陷入发展困境的区域，也重新焕发发展生机。例如，美国的加利福尼亚、马萨诸塞等地区由于拥有较为密集的创新要素，创新氛围也较为发达，因此技术研发与生产制造正在这些区域进行快速融合，并已经开始成为第三次工业革命的重要发源地之一。而底特律、匹兹堡、克利夫兰等大工业城市所在的地区在20世纪七八十年代经历了工业的急剧衰落，

①　王茹.美国再工业化和工业互联网的启示[N].中国经济时报,2016-03-08.
②　宋紫峰.未来全球产业分工格局变化分析[J].中国发展观察,2019(12).

工厂大量倒闭、失业率增加，导致闲置的设备锈迹斑斑，被形象地称为"工业锈带"，尽管 90 年代曾经历过重新崛起，但之后制造业外迁，锈带地区的发展再次陷入困境。但随着美国先进制造业创新研究所的相继建立，部分美国"锈带"已发展成为"脑带"。例如，由于增材制造业创新研究所落户在俄亥俄州的扬斯敦，这座曾经一度衰败的钢铁城市正在加速向创新产业引领地转变。

除此之外，在发达国家实施"再工业化"战略的背景下，产业创新生态正在由原先几家大型企业主导发展为由大型企业和中小企业共同主导、共同参与的协作式、扁平式创新模式。一方面，跨国公司的战略重点正在从经济资源的全球配置转向创新资源的全球配置，跨国公司研发投入占全球研发投入比重已超过一半，90%跨国公司的研发投入占销售额的比重都在 5% 以上，国际技术转让的80%在跨国公司之间进行，因此，跨国公司将继续成为未来产业变革重大项目的主导者。另一方面，部分中小企业的创新话语权也在得到持续增强。科技型中小企业由于创新活力强、市场机制活、发展潜力大等特点，在新兴产业领域发挥着巨大作用，一批在国际市场有着强劲竞争力、在细分领域拥有较高市场占有率的科技型中小企业正在成为推动全球产业发展的新亮点。

5.7　投资贸易环境层面

发达国家在贸易领域面临的长期困惑就是如何解决贸易逆差问题。而制造业正是贸易能够不断得以增长的关键基础。因此，如何能够通过创新发展新型制造业，进而真正推动贸易增长，成为发达国家关注的核心问题。发达国家"再工业化"战略的一个重要目标即是增加出口、平衡贸易，恢复制造业竞争力。因此，发达国家充分利用反倾销、反补贴等手段，积极保护本国制造业发展的市场机会，必然会增加与新兴经济体之间的贸易摩擦。根据全球制裁数据库（The Global Sanctions Data Base，GSDB）的数据，过去 70 年里，美国是全球范围内最主要的贸易制裁发起国，1950 至 2019 年间，全球有超过 35% 的贸易制裁由美国发起。在特朗普执政期间，美国发起的贸易制裁比其他总统执政期都要多，几乎以每天约 3 次的频率实施制裁。由美国发起的制裁在 2019 年达到全球所有制裁事件的 40% 以上①。除此之外，发达国家还通过发展各种高端技术甚至极端技术，抢先制定有利于自身发展的工业品技术标准和贸易规则，从而设置更高的市场门槛。

这一系列政策导向在很大程度上弱化了世贸组织本应在国际贸易中发挥的作用，导致对全球的跨国投资产生了较为明显的负面影响，而且使得各国对于贸易政策和投资政策的制定变得异常敏感，这种紧张程度可以说不亚于"军备竞赛"。美国的贸易政策导向必然对全球其他国家的相关政策制定产生非常强的外溢性和引导作用，这种互相诱导的政策制定所产生的连锁反应就是必然会提升全球投资保护的整体水平，对后发竞争者的进入形成一定的阻止效应。对于新兴经济体而言，对外贸易的环境将变得更加恶劣，贸易摩擦将更为加剧，从而对其制造业的发展产生制约作用。即便对发达国家而言，其所面临的全球投资环境也大不如前。2018 年，美国特朗普政府在投资领域的保护政策得到进一步落实。一方面，采取改革税制等方法限制美国企业对外开展投资，另一方面，继续通过大幅减税的鼓励性政策对全球资本形成强大的吸纳效应。美国跨国公司的海外分支机构在税收改革政策制定之后，开始将大量的留存收益向美国本土汇回，这也导致了 2018 年美国对整个欧洲的投资存量呈现锐减的态势②。2020 年 3 月 5 日，日本首相安倍晋三在以新冠肺炎疫情对经济影响为议题的"未来投资会议"上呼吁：对"一国生产依存度高的高附加值产品生产基地"要回归国内，而附加值不高的则应向东盟等进行多元化转移。2020 年 4 月，为应对新冠肺炎疫情给经济带来的负面影响，日本经济产业省推出了总额高达 108 万亿日元③的抗疫经济救助计划，但其中有一个"改革供应链"的项目，却专门列出 2 435 亿日元（约合人民币 158 亿元）资金，用于资助日本制造商将生产线撤出中国，以实现生产基地的多元化。

从全球贸易总量看，1995 年至 2007 年间，随着全球价值链的演进，全球贸

① 邢佳颖.美国经济制裁政策评析[EB/OL]. IPP 公众号，2021-10-11.
② 郝红梅.中国吸引外资亟须关注六大问题[N].中国经济时报，2019-03-27.
③ 约合人民币 7 万亿元。

易量呈现快速增长的态势。但是，近些年，几乎所有商品价值链中的贸易强度都呈现不同程度的下降趋势。尽管贸易量还在增加，但跨境贸易在全球总产出中所占的比例开始下降，从 2007 年的 28.1%下降到 2017 年的 22.5%。与此同时，贸易总量的增速也开始放缓，1990 年至 2007 年间，全球贸易总量的平均增长速度要比相关国家国内生产总值的增速快 2.1 倍。但是，自 2011 年以来，增长速度仅比国内生产总值的增速快 1.1 倍。究其原因，传统的国际分工模式开始重新在效率与风险之间进行权衡。成本最优化即最高效率是国际分工日益深化细化的根本动因。虽然跨国生产贸易的不确定性历来就是企业选择的一个约束条件，但是几十年来全球化的顺利发展使企业对风险的关注降低、对效率的追求提升。但是，随着新冠肺炎疫情的全球暴发，企业为减小国际化风险，实现效率最大化目标，将使国际贸易出现一种新趋势，即贸易规模缩小，分工结构脱离最优而趋于次优，这将导致整体效率甚至产品质量的下降。

从全球贸易结构看，随着制造业服务化趋势的日趋明显，服务贸易在全球价值链中发挥的作用日益增加。全球要素流动的知识密集程度逐步提升。以往，在全球范围内进行流动的要素主要是劳动密集型要素和资源密集型要素。但是现如今，知识密集型要素在全球要素流动中所占的比重已经达到 50%，而且这一比重还将继续增加，增速将是劳动密集型要素的 3 倍。随着发达国家"再工业化"战略的进一步实施，未来全球制造业的设计、生产、销售等将更多借助互联网技术和物联网技术，数字化和智能化水平将得到前所未有的提升。信息技术和数字技术的发展还大大削减了产品生产和销售的边际成本，而且正在快速改变全球要素流动的现有趋势，一是创造出完全数字化的商品和服务，二是通过数字技术提升实物流动的效率，三是通过数字平台为跨国境的生产和交易提供便利。同时，信息技术和数字技术的发展也在一定程度上改变某些要素的流动性质，使某些实物流动转变成为服务流动，使物理流动转变为虚拟流动，使一些传统的"不可贸易"的服务转变成"可贸易"的服务。

与此同时，随着发达国家"再工业化"战略的深度实施，国际贸易规则正发生深刻变化，全球投资贸易规则体系正由"经济之争"转向"规则之争""制度之争"。全球经贸格局的不确定性、长期性和复杂性,加速了新一轮经贸规则的调整与大国之间的利益博弈。多边、诸边与双边经贸规则并行发展,但多边贸易体制对国际经贸规则重构的领导力在削弱,区域贸易和区域贸易协定开始日益成为决定贸易格局的一个关键特征。区域贸易协定通常包含了一些不利于全球价值链跨国配置的规定,严苛的原产地规则进一步推动了全球价值链的区域化布局,并引发全球产业链体系的分化与重构。例如,在 CPTPP(全面与进步跨太平洋伙伴关系协定)中,几乎所有产品适用于税则归类改变标准,仅特定产品适用于区域价值成分和生产工序标准。同时,设定高标准的原产地规则也成为成员国对域外成员的非关税贸易保护工具。比如,USMCA(美墨加三国协议)、CPTPP均专门针对纺织服装产品设定了"从纱开始"的原产地标准,CPTPP 要求非原产纤维和纱线重量不能超过使用该原料部件重量的 10%,而非一般贸易协定中规定的货物总重量的 10%。USMCA 则要求包括乘用车、轻型卡车和汽车零部件在内的 75% 的汽车配件须在北美生产,以满足零关税待遇,而原先 NAFTA(北美自由贸易协议)中的要求是 62.5%。因此,新贸易协定中更为严格的原产地标准,将促使成员国更多使用区域内材料和货物。"零关税、零壁垒、零补贴"的"三零"原则也正在成为新一轮区域自由贸易协定谈判的前沿性议题。目前,美墨加、美日、日欧等多个低关税的贸易体系逐渐形成。2018 年 7 月,日本与欧盟签署日欧 EPA,这两大经济体占全球经济总量的 30%、贸易总量的 40%。2018 年 9 月,美墨加协定的主要内容涉及三国间农产品贸易实现零关税、汽车配件零关税,不对出口到对方市场的产品使用出口补贴或 WTO 特殊农业保障措施等一系列条款。如果美欧、美日之间继续达成此类协议,那么这三个经济总量占全球比重超过 55%、贸易总量占全球比重高达 53% 的经济体,将实现"三零"规则框架下的自由贸易一体化。2020 年 11 月,由中国推动的区域全面经济伙伴关系协定(RCEP)经过 8 年谈判签署,世界上人口数量最多、发展潜力最大的自贸区就此诞生。各成员之间关税减让以立即降至零关税、十年内降至零关税的承诺为主。其中,货物贸易零关税产品数整体上超过 90%。此外,中国和日本首次达成了双边关税减让安排,实现了历史性突破。

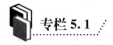

专栏 5.1

后疫情时期全球产业格局演化的三大主要趋势

1. 全球化将进入"放慢化"时代，跨越国界的产业投资将可能进一步减少

英国《经济学人》杂志认为，近些年来"全球跨境投资和贸易相对于全球 GDP 而言，一直处于收缩甚至停滞状态"，开始进入"全球放慢化"时代。受到此次新冠肺炎疫情的冲击，各国为抵御经济衰退，纷纷出台更为强劲的贸易保护主义措施，进一步放大了这一趋势。全球贸易的下降幅度将继续远超经济增速的下降。WTO 预测，2020 年，全球经济增长为 −2.5% 到 −8.8%，而全球出口的下降幅度将达到 −17.1% 到 −40.9%，进口的下降幅度也将达到 −14.5% 到 −33.8%。全球投资也将进入下滑通道。根据《经济学人》对全球 3 000 多家非金融上市公司的"压力测试"，假设疫情导致销售额下降 2/3，并照常支付利息和工资等刚性成本，13% 公司的现金流撑不过 3 个月，25% 的公司撑不过 6 个月。因此，未来一段时间，跨国公司的重中之重将是保留现金、减少投资，而非增加新资本开支。联合国贸发会议（UNCTAD）对总投资趋势"风向标"跨国企业 100 强的调查显示，拉动全球海外直接投资的 5 000 家跨国企业将 2020 年利润预期平均下调了 40%。因此，2020 年，全球 FDI 将有可能下降 40%，出现 21 世纪以来最严重的下滑。

2. 全球产业链布局的"区域化"和"本地化"态势将日趋明显

长期以来，全球化最显著的特点即是位于不同国家的不同企业基于各自优势，分工生产同一产品的不同部件，进而形成全球生产网络。但是，生产基地与消费市场的距离越远、布局越分散，就意味着风险越大。此次疫情的暴发，进一步暴露了水平化的全球产业链所蕴含的巨大风险。94% 的《财富》杂志 1 000 强企业在此次新冠肺炎疫情中经历了供应链中断的危机。提高全球产业链的稳定性成为各主要经济体的关注重点。

一是供应链安全将进一步上升为国家战略。近些年来，发达国家早已开始关注供应链安全问题。例如，美国政府已将供应链战略上升为国家战略，要求必须对关键领域的物资、基础设施进行识别，加强对全球供应链安全的风险评估和预警，并在飞机、造船、太空等9个国防领域和制造业网络安全、电子工业、机床工控等7个先进制造领域，提出了"加强供应链弹性"计划，通过构建更有弹性的供应链，从而摆脱对他国供给的过度依赖。同时，在此次新冠肺炎疫情中，美国政府意识到其药品生产制造、医疗设备等与中国的关联度过高，比如90%的抗生素原料药和维生素C均来自中国，部分美国议员由此提出"医疗供应链安全法""保护药品供应链免受侵害法"等法案，要求美国的制药和医疗设备公司回流本土，以减少对中国制造的药品和医疗设备的依赖。英国首相约翰逊也要求在医疗用品的采购方面制定不再依赖中国的计划。

二是全球产业链布局将进一步呈现"多元化"和"区域化"的特征。此次新冠肺炎疫情的暴发在全球形成了十分明显的产业链"闭关自守"的倾向。首先，产业链的"长度"有可能缩短。跨国公司出于对产业链自主可控的考虑，可能会牺牲一定的经济规模效应，部分收回原先分包给跨越国境的不同企业的生产工序和环节，将其缩回至跨国公司内部进行生产，以换取产业链的稳定性。其次，产业链的"布局"将更为多元。受到此次新冠肺炎疫情冲击的影响，许多发达经济体启动了"中国＋"的产业链布局方案，这并不是简单的"去中国化"，而是在中国之外制定产业链"备胎"计划。跨国公司在尝试将产业链进行多元化地理布局，以规避过于集中于某一地区的风险。如芯片代工巨头台积电公司计划将在美国亚利桑那州建造一座造价大约120亿美元的先进芯片工厂，生产最精密的5纳米芯片。日本半导体企业罗姆（ROHM）计划在2021年下半年将集中于中国和东南亚的部分后工序迁回日本国内。

三是中国市场仍对全球产业链具有强大吸引力，但是在产业链中的竞争优势开始发生变化。其一，由"低成本"优势转变为"高性价比"优势。近年来，我国制造业面临的人工、土地、资金、能源、物流等综合成本快速上升，"低成本"优势逐渐弱化。但"高性价比"优势日益凸显。2018年，中国劳动生产率达到13 700美元/人，2009年至2018年的年均增速到7.7%，高于1.36%的全球平均增速。同时，我国供应链效率排名亦位居同等收入水平（中等偏高收入）国家首位。其二,由"规模体量"优势转变为"创新应用"优势。我国以往依靠大规模组装、低价格竞争参与全球供应链的发展,这一态势已经随着成本优势的弱化而表现出动力不足,但我国消费者需求多元、应用场景多、创新应用强的优势日益凸显。目前,我国已成为全球先进技术市场应用和产业转化的重要地区,能够给予产业生存发展更广阔的空间和更具包容性的环境。

因此,中国市场具备支撑全球产业链变革的良好基础,仍将成为全球产业链的"超级节点",不大可能出现全球产业链"搬迁式重构"的局面。国家外汇管理局口径的数据也显示,中国近年来并未因经贸摩擦升级等原因而发生大规模的外商集中撤资。但是,需要对技术含量较高、创新要素密集度较高的产业链的动向予以高度关注。这类产业主要包括航空、制药、汽车、机械和设备等。其特征是高度依赖创新,并且需要创新与制造在地理空间上的高度融合,地理黏性相对较强。因此,此类产业链在选择布局时会更多考虑所在区域的知识浓度、创新密度和协同度,是全世界竞相争夺的核心产业链。但我国在这些领域的部分产业链存在上下游合作不够紧密、协同研发动力不足、科技创新活动分散封闭等现象,尚未完全形成协同联动、共赢共生的创新生态体系。

3. 全球正在加快形成以"产业互联"为支撑的新型产业网络

此次新冠肺炎疫情的暴发大大加速了第四次产业革命的进程,进一步凸显了网络空间的市场价值,提高了数字化解决方案、工具和服务的使用频率,数字经济所激发的新业态、新模式将部分甚至完全替代现有的产业形态和产业模式,加速全球经济向数字化和服务化的转型,将很有可能产生"赢家通吃"的"马太效应",赢者愈强,败者愈弱。

一是互联网经济将进入与传统实体经济全面融合的新阶段。前一阶段,互联网的发展主要聚焦"消费互联网",产生了谷歌、脸书等以搜索社交为需求的互联网平台企业。但是,随着物联网、云计算、人工智能、5G 等技术的快速发展,"产业互联网"将成为下一阶段互联网发展潮流的主角。而且,在具备较高技术壁垒且数字化应用已较为成熟的工业制造、航空航天等制造业领域,能够对"产业互联网"予以定义并制定行业标准的,将主要是制造业领域的龙头企业,而并非谷歌、亚马逊等互联网企业，这就预示着高端制造业的"互联网化"在很大程度上将由制造强国所垄断。二是工业互联网的发展将进一步驶入快车道。工业互联网是连接工业全系统、全产业链、全价值链，支撑工业智能化发展的关键基础设施，是新一代信息技术与制造业深度融合所形成的新兴业态与应用模式，是互联网从消费领域向生产领域、从虚拟经济向实体经济拓展的核心载体。此次新冠肺炎疫情的全球暴发导致了物理空间阻隔和人员交通隔离，带来了紧急状况下关键物资调配的需求。工业互联网能够通过连接产业体系各端，快速精准对接供给侧与需求侧的数据信息，有效提高关键物资配置效率，提高关键物资产量。例如，海尔的COSMOPlat工业互联网平台上线了"新冠肺炎疫情医疗物资信息共享资源汇聚平台"，及时准确地更新疫情防治物资的供需信息，帮助生产企业物资和疫区需求的高效匹配。目前，全球工业互联网平台仍处于发展的初期阶段，领先的装备自动化企业、信息技术服务企业、垂直领域制造企业等凭借自身优势加紧平台布局，尽管在技术标准、商业模式、生态系统建设等方面尚处于探索开拓阶段，但已进入规模化扩张的时间窗口期。三是数字基础设施建设加速推进。发达经济体将继续推动实施国家大数据战略，加快完善数字基础设施建设，升级互联网和移动通信带宽，发展数字经济和数字金融。同时，促进数据资源整合，开发大数据分析价值，并重视数据安全防护工作，通过知识产权保护激发创新的活力，确保数字经济的创新成果能够更快地推广和分享。

资料来源：周海蓉.上海强化高端产业引领功能的战略重点[J].科学发展，2020(09).

第 6 章

我国制造业发展的历程回顾

改革开放 40 年来，我国的最基本国情就是从落后的农业大国转变为工业大国。可以说正是我国工业的快速发展，在很大程度上成就了经济高速增长的密码，而且我国的工业化是在一个拥有超过 13 亿人口的超级大国完成的，具有更加鲜明的时代价值，对全球工业化进程产生了颠覆性影响[①]。

6.1　我国制造业发展的基本历程

制造业是国民经济命脉所系，是立国之本、强国之基。1949 年以来，我国的工业化进程取得了举世瞩目的成就，迅速从农业大国成长为工业大国和制造大国，实现了伟大的"中国工业革命"。制造业的蓬勃发展使得我国实现了从封闭落后向开放发展的历史性巨变，实现了经济结构、经济增长动力和创新实力的不断增强，确保了人民生活水平的不断提升，推动我国由落后的发展中国家向具有全球影响力的经济大国的转变。具体来看，我国的工业化进程可以分为三个阶段。

第一阶段是从 20 世纪 50 年代到 70 年代末。这一阶段主要是在封闭的经济条件下进行以自力更生为主要特征的工业建设，工业生产的目标主要是为了满足国内市场的需求，解决"从无到有"的问题，从而逐步建立起较为完整的工业体系。在第一个五年计划期间，苏联帮助我国建立了 156 项工业领域的重点工程，

---

① 黄群慧.改革开放 40 年中国的产业发展与工业化进程[J].中国工业经济，2018(09).

为我国的工业化进程拉开了序幕。这一时期，我国工业化发展最显著的特点是"独立自主"，几乎没有加入到全球价值链分工的体系中，因此也没有机会接触到全球制造业的科技创新成果，由此导致整个工业化进程基本上是在比较低的水平上推进。虽然工业发展的总体规模逐步增加，但是工业装备和技术水平基本上仍然停留在低水准上，与发达国家制造业发展的差距仍在不断扩大①。

第二阶段是从 20 世纪 70 年代末到 90 年代中期。1978 年党的十一届三中全会胜利召开，作出了把党和国家工作中心转移到经济建设上来、实行改革开放的历史性决策。由此，在工业发展布局和政策上也作出了相应调整。一是在工业布局上进行调整，鼓励东部地区率先发展，沿海地区工业由此实现了快速发展。二是大力发展与民生相关的轻纺工业。这也是我国融入全球生产体系中发挥劳动力资源比较优势的必然要求。针对计划经济时期重工业超前发展，轻工业发展缓慢，老百姓生活困难、吃穿用等日常生活需求难以满足的现实，1981 年陈云同志提出"一要吃饭，二要建设"，这实际上是正确处理社会主义建设中的积累与消费，生活与生产，农业、轻工业、重工业之间关系的指导思想。三是大力发展乡镇企业、个体私营经济，大力引进外资，发展"三资企业"。随着经济体制改革的不断深入，我国工业化的发展开始走向"开放发展"的新时期，工业不仅在量上获得极大的扩张，同时，工业发展的质量也得到了显著提高。特别是全球产业分工创造了制造业各环节的发展机会，迅速形成了从我国沿海地区开始，并不断向内地延伸的以各类加工区为主导的产业集聚区。外资在工业生产的布局逐步增加，带来的十分具有特色的现象即是加工贸易在进出口中占据了相当大的比重。工业生产能级也得到提升，基本完成了从"出口工业初级产品"向"出口工业制成品"的转变，工业生产中的诸多"空白"和"短线"也在这一阶段得到了填补。我国工业产量急剧增加，工业集中化发展趋势日趋明显，开始成为全世界瞩目的工业发展大国。

第三阶段是从 20 世纪 90 年代中期开始，我国积极参与全球制造业的国际竞

---

① 刘伟,蔡志洲.我国工业化进程中产业结构升级与新常态下的经济增长[J].北京大学学报(哲学社会科学版),2015(05).

争，从 1995 年开始，我国制造业的发展已呈现赶超态势。一方面，随着居民消费重点的升级，1999 年后重工业的发展呈现较为强劲的发展势头，重工业在工业总产值中的占比稳步上升，2005 年这一占比已上升至 69%。由于重工业发展本身所具有的投资大、能源消耗大等特点，虽然极大地推动了国民经济的快速增长，但同时也给生态环境带来沉重压力。例如，从单位 GDP 能耗这一指标来看，我国是美国的 3.7 倍，是日本的 7 倍。另一方面，国内市场逐步走向开放，开始成为全球市场的关键组成部分。我国开始采取降低关税、有管理的浮动汇率等方式积极稳妥地推进工业发展的国际化进程，由此以"出口导向"为主要特征的工业化发展取得了巨大的发展成效。特别是 2001 年加入世界贸易组织之后，我国的制造业发展已经深度融入到全球价值链中，并且通过"干中学"的模式，极大地拉动了经济增长。2013 年，我国已经超越美国，成为进出口货物总量全球第一的国家[①]，在全球制造业中的占比从 1995 年的少于 4% 上升至 20% 左右，迅速成长为新的全球制造业中心。以不变价格计算，1978—2019 年，我国的工业增加值年均增长 10.5%，快于同期 GDP 年均增长 1.1 个百分点。自 2010 年以来，我国制造业增加值已连续 11 年位居世界第一。主要体现在：一是体量大，2012 年到 2020 年，我国工业增加值由 20.9 万亿元增长到 31.3 万亿元（约合 4.5 万亿美元），约是美国的 1.5 倍，据统计，我国 2019 年工业增加值约为 3.02 万亿美元，接近美国、德国、日本三国工业增加值总和；二是体系完备，我国工业拥有 41 个大类、207 个中类、666 个小类，是世界上工业体系最为健全的国家。在 500 种主要工业产品中，我国有 40% 以上产品的产量世界第一，世界 230 多个国家和地区都能见到"中国制造"的身影，我国已成为名副其实的"世界工厂"。

　　改革开放初期，我国的商品出口主要为农产品、矿产品等初级产品，1980 年我国工业品的出口额还不到 90 亿美元，在全球工业品出口总额中所占的比重只有 0.8%，居世界第 21 位，只为当时全球排名第一的德国工业品出口总额的 5.38%。自 2009 年起，我国已连续多年稳居全球货物贸易第一大出口国地位。同时，出口产品结构不断优化。一方面，高技术、高附加值产品成为出口主力。

---

　　①　黄群慧.改革开放 40 年中国的产业发展与工业化进程[J].中国工业经济,2018(09).

近年来，机电产品出口占我国出口总值的比重达六成左右。另一方面，传统劳动密集型产品加快更新换代，出口产品档次和质量不断提高，家电、纺织服装、皮革、家具、自行车、五金制品、电池等行业已成为我国在全球具有一定国际竞争力的行业。

现如今，我国的制造业产品结构持续优化升级，加快向中高端迈进。一方面，传统制造业转型升级步伐不断加快，钢铁行业已经拥有世界上最大最先进的冶炼、轧制设备，钢材品种质量提升实现巨大突破；有色金属工业实现了从主要技术装备依赖进口到高附加值产品出口和电解铝技术输出国外的转变，落后的自焙槽电解铝生产工艺已经全部淘汰，中厚板高端航空铝材已用于大飞机和军工等领域，高铁用铝材全部实现了国产化。另一方面，新兴产业不断加快孕育发展，先进制造业、高技术产业、战略性新兴产业的发展显著快于工业平均发展速度，新动能加快孕育发展。光伏、新能源汽车、家电、智能手机、消费级无人机等重点产业跻身世界前列。移动通信、语音识别、第三代核电"华龙一号"、掘进装备等跻身世界前列，集成电路制造、C919大型客机、高档数控机床、大型船舶制造装备等加快追赶国际先进水平。人工智能产业在长三角、珠三角和京津冀等区域呈现快速态势，北京、上海、广东、天津等地都初步形成了各具特色的人工智能产业集群。截至2018年初，我国人工智能核心产业的发展规模达到180亿元，并带动相关产业的发展规模达到2 200亿元。目前，我国已经初步建成208个具有较高水平的数字化生产制造车间或智能工厂，这些项目在进行智能化改造之后，生产效率出现了较大幅度的提升，比改造前提高了近37.6%，运营成本则降低了将近21.2%。工业互联网也已经广泛应用于石油、石化、钢铁、家电、服装、机械、能源等行业，国内具有一定行业和区域影响力的工业互联网平台总数超过了50家，重点平台平均连接的设备数量达到了59万台①。中国信息通信研究院发布的《中国数字经济发展白皮书（2021）》显示，我国数字经济规模连续多年位居世界第二位，2020年达到39.2万亿元，占GDP比重为38.6%。数字基础设施全球领先，建成全球最大的光纤网络。截至2021年11月，已开通

---

① 郭朝先.百炼成钢：中国工业创造世界瞩目奇迹[N].新京报,2021-06-29.

5G 基站 139.6 万个，占全球 5G 基站总数超过 70%，5G 终端用户达 4.97 亿。

　　制造业的自主创新能力也显著增强，一些技术已从跟跑到领跑。从专利发明看，2019 年，我国发明专利申请总量约为 140.1 万件，连续 9 年位居世界第一，是排名第二位的美国（约 62.1 万件）的 2 倍多。日本以 30.8 万件发明专利申请量排名第三位，韩国和欧洲以 21.9 万件和 18.1 万件分列第四和第五位。PCT 专利申请量达到 58 990 件，首次超过美国（57 840 件）位居全球第一，日本（52 660 件）、德国（19 353 件）和韩国（19 085 件）分列第三、第四和第五位；2020 年中国以 68 720 件蝉联第一位。从申请领域看，中国 PCT 申请人集中在数字通信、音视听技术、半导体等领域。在全球前 50 家 PCT 申请人中，中国上榜企业 12 家，其中，华为技术有限公司连续 4 年成为全球 PCT 申请量最多的企业。除华为、中兴、京东方等连续多年入围的企业外，惠科（显示器）、国星光电（LED 面板）、平安科技（云计算）等多家企业的 PCT 申请量及排名均大幅提升，领军企业知识产权海外布局加速推进①。

　　随着发达国家相继推出"再工业化"战略，我国也开始意识到必须进一步加快推进新一轮的制造业转型发展。2014 年，由国家工信部牵头，开始编制"中国制造 2025"规划。2015 年 5 月 19 日，《中国制造 2025》正式公布，提出通过"三步走"实现制造强国的战略目标。到 2025 年迈入制造强国行列是第一阶段目标，2035 年制造业整体达到世界制造强国阵营中等水平，新中国成立一百年时制造业大国地位更加巩固，综合实力进入世界制造强国前列。《中国制造 2025》提出了提高国家制造业创新能力、推进信息化与工业化深度融合、强化工业基础能力等九项战略任务和重点，并进一步明确了智能制造、工业强基、绿色制造、高端装备创新等五项重大工程。

6.2　我国制造业发展存在的主要问题

　　工业化阶段通常被视为欠发达经济体或者后发经济体向成熟经济体迈进所必

---

　　①　廖奕驰，张义忠.中国与主要制造强国知识产权质量差距分析［EB/OL］.澎湃新闻网，2021-09-26.

须经历的关键阶段。因为与农业和服务业等经济形态相比较，制造业具备更为明显的规模经济效应，特别是随着信息技术的发展，可以说制造业是唯一一个能够在全球范围内保持可持续、规模式增长的产业。而且，制造业具有十分明显的前向和后向关联机制，最为突出的表现就是高端生产性服务业基本上都是为制造业发展提供服务的，如果制造业不能够发展到一定高度，服务业也很难实现高端升级。更为重要的一点则是，制造业所能生产出的工业制成品的复杂程度决定了经济增长的质量和持久性。

我国的工业化进程可以说具有十分明显的"平推式"增长特征，也即是工业化的完成基本上是在资源比较优势和政府助推之下完成的，主要是在扁平的技术层面上进行大规模投资，进而形成巨大的工业生产能力，快速占领国内外市场。因此，虽然我国制造业发展取得了突出成就，但平推式的发展仍导致我国的制造业发展存在一系列的短板，包括技术层次较低、产品差异性不强、创新活力始终较弱等。从在全球制造业格局中的竞争地位来看，我国制造业发展长期被压制在全球制造业价值链的中端和低端环节，与美国、日本、德国等全球顶级制造强国相比，仍然存在较为明显的发展差距，甚至落后于韩国等新兴制造业发展强国。

6.2.1 具有全球竞争力和话语权的核心技术相对较少

随着创新驱动战略的稳步推进，制造业已经成为我国创新发展的主战场和主力军，成为创新成果最集中、创新动力最活跃的领域。改革开放以来，我国研发经费支出呈几何式增长，1978 年，研发经费支出仅为 52.89 亿元，2018 年达到19 657 亿元，是 40 年前的 371 倍之多。其中，制造企业创新投入占比不断提高。2016 年，我国制造业规上企业 R&D 支出占全社会 R&D 支出的 77.5%；企业发明专利申请和授权数量占全国的 60% 以上。高技术制造业的创新强度更为突出。2017 年，我国制造业规上企业的平均 R&D 强度为 1.14%。其中 R&D 强度高于 1.5% 的行业是运输设备、仪器仪表、医药、计算机通信电子设备、专用设备、电气机械和器材、通用设备等高技术和中高技术产业。铁路、造船、航天等交通运输设备制造业的 R&D 支出强度最高，达到 2.53%。特别是在载人航天、探月工程、载人深潜、高速轨道交通等一系列尖端领域实现了历史性突破和跨越，千万亿次超级计算机、光伏发电设备、风力发电设备、百万吨乙烯成套装备等装备产品的技术水平已居全球前列。

但是，在我国推进制造业发展的过程中，"赶超""升级""飞跃"等成为出现频率较高的词语，这在一定程度上导致制造业发展较为追求显示性成果的快速呈现，从而忽略了制造业发展的过程优化和能力提升。因此，从某种程度而言，我国只是完成了"提高工业在经济中占比"的浅度工业化，或者说是一种以规模扩张为导向的扩张型工业化历程，在相对较短的时间区间内完成了其他工业化国家要花更长时间才走完的历程。这在一定程度上导致了我国工业化进程的质量仍然较低，特别是困扰我国已久的制造业发展"大而不强"的问题始终没有得到根本性解决。我国的制造业增加值已经连续 11 年位居全球第一，2020 年达到 26.6 万亿元，但大而不强，整体处于全球价值链中低端。2019 年，中国工程院组织专家对 26 类代表性制造业进行比较分析，结果表明，我国 11 类产业位居世界领先或先进水平，但仍有 15 类产业与世界制造强国差距大或巨大。

例如，我国许多制造业企业并不掌握在全球具有竞争力、具有话语权的核心技术，因此，没有占据全球价值链的核心位置，对于高端工业制品的供给能力仍较为薄弱。我国对外技术依存度高于 50%，而美国和日本等发达国家的技术依存度只有 5%[1]，全要素生产率比发达国家的平均水平低 10 个百分点左右。虽然在发达国家向我国进行产业转移和技术扩散的过程中，我国不是处于完全被动的地位，也参与了大量的技术创新活动，但不可否认的是，许多制造业发展的制高点并不在我国，决定工业发展技术路线、控制产业核心技术、拥有最高附加值链条的产业链环节基本上仍保留在美国、日本等传统的工业化强国中[2]。2015 年，我国从国外进口芯片就花费了近 2 307 亿美元，这一金额相当于原油进口额的

---

① 张志元,李兆友.新常态下我国制造业转型升级的动力机制及战略趋向[J].经济问题探索,2015(06).

② 从基础研究经费比重看,法国遥遥领先,稳定在 23%—26% 之间。美国、韩国和英国水平相当,在 15%—19% 之间,波动不大。日本也保持稳定,在 11%—13% 之间。以色列是唯一呈下滑趋势的国家,从 2005 年的 15.4% 降至 2014 年的 9.8%,降幅为 5.6 个百分点。中国是基础研究经费比重最低的国家,长期保持在 5% 左右,与其他国家差距较大。

1.7 倍。全球工业研发投资报告显示,研发投入前 50 位的企业中,我国仅有华为一家上榜。在全球企业 2000 强排行榜中,美国共有 14 家芯片公司和 14 家软件公司入围,而我国没有一家软件公司进入榜单。在集成电路企业的全球前 20 名公司中更是没有我国企业的身影①。虽然机器人产业在我国快速发展,但对于机器人产业中最为关键的机械、控制和传感这三部分,我国企业也只是掌握了机械环节中的硬件部分,几乎没有深度参与国际竞争的顶尖企业。即便是这些已经掌握的硬件,其质量和可靠性也比世界顶尖水平落后至少 5—10 年;智能手机虽然也取得了快速发展,但是每年交给美国高通公司专利费用所占的比重超过其他成本占比。汽车产业方面,虽然长城汽车等国产品牌具备了一定的研发和制造水平,基本上能够达到外资品牌的水准,但是生产过程中所需要使用的工业机器人、数控机床等重要装备仍然需要从国外进口,否则很难达到要求的精度和品质。而且,随着汽车智能化的发展,汽车芯片的重要性日益彰显。汽车芯片在全球的集中度非常高,中国台湾、马来西亚、日本都有汽车芯片制造厂商,然而我国大陆却没有。而且,传统汽车的架构协议采用的是欧洲的汽车开放架构系统(AUTOSAR),芯片厂商提供标准接口的硬件驱动程序,车企需要进行应用软件开发和适配。从内核到中间件到硬件,包括变速箱、发动机、车身控制系统、刹车、转向等,我国汽车厂商几乎均不掌握话语权,而且在做集成时还要向国外企业支付功能适配费用等研发费用。

6.2.2 制造业技术效率的提升难度较大

之前,我国的制造业发展基本上没有遇到全球范围内新兴产业和新兴技术的大规模涌现和突破,制造业的发展基本上依靠来自发达国家的制造业转移,这在很大程度上导致我国制造业技术效率的提升难度较大②。对于成熟经济体的制造业发展而言,技术进步的路径通常分为流动性、转换性和成熟性三个阶段,但是这条路径对于新兴经济体而言,显然不具备适用性。类似我国这样的新兴经济体

---

① 黄群慧.以高质量工业化进程促进现代化经济体系建设[J].行政管理改革,2018(01).
② 黄群慧,贺俊.中国制造业的核心能力、功能定位与发展战略[J].中国工业经济,2015(06).

主要承接的是来自发达国家的制造业转移，因此刚开始切入的往往就是技术进步的"成熟性"阶段，之后再逐步引入生产设备，形成一定的生产能力，并反向进行以改进式为主的产品以及工艺创新，在这一过程中再逐步积累一定的基础研究能力，进而向赶超发达国家的方向行进。

但是，这种超越实际上非常困难。随着后发国家具备了一定的技术进步基础，反而会导致后续的创新提升空间越来越小。创新中所需的隐性知识、基础研究能力、产业组织的创新能力显得更为重要。例如，我国制造业发展的劣势在于大部分制造业的分行业中的技术水平相对较低，高技术含量的零部件生产和机械设备对发达国家有较高的依赖性。由于技术进步不是短期内可能突破的，因而要想实现本土化生产是十分困难的。同时，我国较高的出口比重来自加工贸易或外商投资企业布局下的全球价值链分工，由于我国企业承担的主要是技术含量较低的片段，很容易被转移到其他国家，供应链的本土化不是我国企业通过努力所能够轻易实现的①。

随着新兴制造的不断发展，技术路线的多样性和创新的不确定性也随之增加，但是后发国家通常形成的是以大企业为主导的产业组织模式，以中小企业为核心、更具活力的创新生态塑造并不是十分成功，这些因素都构成了我国等后发国家在更高层次进行技术创新和赶超的障碍。

6.2.3　过早出现"去工业化"和"虚拟经济化"趋势

我国的制造业发展已经开始呈现"去工业化"与"产能过剩"并存的问题。从全国层面的数据看，我国已经出现一定程度的"去工业化"倾向。从 2007 年开始，我国制造业在 GDP 中所占的比重波动式下降，这一比重从 2006 年的47.6%下降到 2017 年的 40.5%；服务业在 GDP 中所占的比重则上升了将近 30个百分点，并替代制造业成为第一大产业。2013 年，服务业在三大产业中所占的比重首次超过工业，这在一定程度上表明我国经济发展的服务化或者说"去工业化"趋势不断加强。

---

① 张幼文.中国经济需要为未来十年做好准备——重新定义对外开放[J].探索与争鸣,2021(07).

与发达国家的"去工业化"进程不同，我国存在"过早去工业化"的迹象。当发达国家的经济发展开始呈现"去工业化"特征时，其制造业发展已在全球制造业发展格局中占据核心位置、掌握核心话语权，产业发展具备了向更为服务化的产业结构升级的条件。而我国显然还不符合这些特征。以人均 GDP 为评价标准，美国等发达国家在进入"去工业化"阶段时，人均 GDP 基本上已达到 10 000 美元①，而我国的人均 GDP 在 2007 年时只有 1 659 美元，即便到了 2017 年也只有 3 485 美元，显然与发达国家相比有较大差距。因此，我国"过早"地进入"去工业化"阶段，显然不利于国民经济的长期健康发展，最终甚至会影响到我国向高收入经济体的跃升。

与此同时，我国虚拟经济又呈现较快的发展态势。根据凯恩斯的货币需求理论，货币需求分为交易性货币需求和投机性货币需求。我国货币化指数高企反映出货币供给除了满足实体经济的货币需求之外，还有大量货币通过信贷规模扩张，游离于实体经济之外，用于满足投机性交易。经济高货币化程度很容易引发价格泡沫，尤其是虚拟经济领域的资产价格泡沫。2015 年至 2016 年间，虚拟经济在我国 GDP 中的占比达到了 8.4%，甚至超过美国该指标的阶段性高点。我国实体经济宏观杠杆率已经高于发展中国家和地区的平均水平，并与发达国家和地区相接近。虚拟经济的发展在很大程度上对制造业的健康发展产生了一定的负面影响，在实体经济增速低迷的同时虚拟经济却呈现出过度繁荣。例如，融资难已经成为影响实体经济健康发展的重要因素。把钱投到实体经济风险大、赚钱慢，因此金融机构不愿意把钱投入到实体经济中去。同时一些金融机构在办理中小企业贷款业务时，一般都采取"捆绑"式销售以提高银行的"综合收益"水平；即使贷到款后还要限制贷款使用，导致企业的融资成本变相增加。甚至还有部分制造企业把投资重点转移到了房地产业、银行理财与信托投资，企业经营者中甚至有"做实业不如存钱吃利息"的调侃言论，导致这种现象产生的原因，就是因为做实业不赚钱。自 2008 年金融危机爆发，我国经济增长放缓，而以房地产为代表的虚拟经济持续繁荣，资本"脱实向房"明显。为此，我国明确提出要

---

① 按 1990 年不变价计算。

进一步强化虚拟经济对制造业发展的"反哺"作用，确保虚拟经济能够成为推动和支持制造业发展的强大动力和有效支撑。

6.2.4　制造业创新发展的科技支撑不足

从研发投入和研发产出效果来看，我国在全球一直处于较低水平。长期以来，我国大多数制造企业集中于具有明显商业化前景的新技术、新产品的开发上，而较为忽略研发周期较长而收益不稳定的基础研究，基础研发投入比重相对较低。2016 年，我国企业基础研究经费支出占基础研究经费总支出的比重仅为3.2%，远低于美国（25.8%）、日本（46.7%）和韩国（57.7%）[1]。2017 年，我国企业研发投入总额为 3 435 亿美元，达到美国的 97.1%，位列全球第二，但是我国制造业总体的研发投入强度只有 1.98，仅相当于美国的 76.74%、日本的58.93% 和德国的 64.92%。即便与韩国相比，也只有其研发投入强度的53.95%。从研发的产出效果看，2017 年，我国单位制造业增加值所产生的全球发明专利授权量是 6.67 项/亿美元，仅相当于美国的 44.23%，日本的 51.47%。再结合高技术产品贸易竞争优势指数进行比较，可以发现，美国和日本推行的通常是技术引领型的制造业发展战略，因此，制造业的发展呈现出十分明显的研发投入强度大、单位产出带来的专利数量多、高端产品市场占有率高等特点。德国和韩国则与之不同，这两个国家更为关注的是在制造业领域"优质产品"的供应，技术研发通常更多聚焦的是比较成熟的制造领域，因此，呈现出的是研发投入强度较大、单位产出带来的专利数量相对较少、优势产品和成熟产品的市场占有率相对较高的创新特征。但是，如果分析我国的相关数据就会发现，我国在上述三项指标的表现均不尽如人意。研发投入强度不够大、单位制造业产业所能够带来的专利数量少、无论是高端产品还是优质产品均很难在国际市场中占据一定份额，这种技术经济特征十分不利于我国制造业的转型升级[2]。

---

①　郑世林. 中国跻身创新型国家前列的挑战与建议[J]. 今日科技,2020(12).
②　吕铁,刘丹.制造业高质量发展：差距、问题与举措[J].学习与探索,2019(01).

6.2.5　制造业数字化转型程度仍然偏低

制造业是实体经济的基础，是未来经济高质量发展的关键。在面向数字经济时代的全球竞争中，依托数字技术发展更高水平、更有竞争力的先进制造业，已然成为各国的战略共识。2018 年 2 月，《哈佛商业评论》刊文（"Can Anyone Stop Amazon from Winning the Industrial Internet?"）将与互联网相关的产品和业态细分为三种。一是因搜索、社交需求而催生的谷歌、脸书。此类纯粹的信息产品由那些从小在数字环境中长大的所谓"数字原住民"（digital native）掌控和使用，或可称为"原生态信息产品"。二是传统影视、音乐行业的"数字化"，如主打音乐的 Spotify 以及主打影视剧的流媒体 Netflix。三是基于物联网、云计算、人工智能、5G 等技术发展的传统行业如机械制造、航空航天、汽车与运输、能源的"互联网化"。在某种程度上，制造企业欢迎"互联网"，却不一定欢迎"互联网公司"。2009 年，通用电气时任总裁认为，通用电气通过出售设备产生大量运营数据，但是对这些数据却疏于分析与使用，反倒是使得 IBM 等公司搭了便车。自此，通用电气开始将 IBM、亚马逊视作竞争对手，开启了自身的数字化转型，一方面大幅增加其设备上的工业数字传感器，另一方面着力开发通用软件平台和专用工业软件程序。因此，未来，在具备较高技术壁垒且数字化应用已较为成熟的工业制造、航空航天等垂直领域，能够对本领域的"产业互联网"予以定义并制定行业标准的，更大可能是业内原有的一线公司，而非谷歌、亚马逊这一类企业。产业互联网一定会来临，但未必以传统互联网寡头所期待的模样呈现①。

近年来，我国制造业数字化全面提速，2020 年，我国拥有 11 家"灯塔工厂"，数量居全球之首。"灯塔工厂"是麦肯锡（McKinsey）和世界经济论坛（The World Economic Forum）遴选出来的工业 4.0 先进制造流程的典范（图 6.1）。例如，白色家电制造商美的部署工业互联网技术，改进制造流程，支持产品创新。在美的基于传感器的柔性自动化生产线上，不仅实现了制造流程全部自

---

① 顾登晨.消费互联网向产业互联网转型的五大挑战［EB/OL］.澎湃新闻，2019-10-23.

动化，还可以根据机器型号、加工要求和材料差异进行动态调整。美的还利用机器视觉技术检测生产流程中的错误，基于工业物联网的机器可将客户使用数据反馈给研发团队，研发团队可以从中提取有价值的信息和知识维持持续创新的流程。上汽集团利用数字化制造实现全新的"客户到企业"（C2B）模式。在 C2B 模式中，数字化解决方案能让买家用 3D 数字汽车仿真模型定制订单，然后将汽车配置和生产队列信息发送给供应商，启动"准时顺序发货"（just-in-sequence shipment）流程，将上市时间缩短 35%。与此同时，还利用人工智能工具持续监测生产进度，及时发现错误，帮助将订单配置准确度提高到 99.8%。在生物制药领域，深度智药（Deep Intelligent Pharma）等我国企业吸引了几千万美元投资，利用大数据和深度学习帮助研究人员预测和评估小分子、蛋白质结构及有机合成路径。

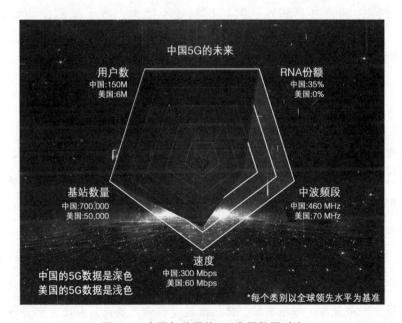

图 6.1　中国与美国的 5G 发展数据对比

资料来源：格雷厄姆·艾利森，等.科技大对决：中国与美国的竞争［R］.美国哈佛大学肯尼迪学院，2022-02.

但是，我国制造业数字化转型的整体比例依然不高。2017 年凯捷咨询公司针对产业互联网的主要落地基础"数字化工厂"所展开的一项调查显示，按国别分，"数字化工厂"占一国全部工厂的比例，排名前三的国家分别为美国

（54%）、德国（46%）、法国（44%）。我国比例为 25%，低于全球平均水平（43%）。按行业分，数字化程度排名前三的行业分别是工业制造（67%）、航空航天与国防（62%）、汽车与运输（50%）。我国制造业数字化转型过程中存在的困难和挑战仍然较多。例如，我国制造业企业规模化、全链条、多功能的数字化改造才刚刚起步，数字技术供给浅层化、碎片化，技术应用收益与技术高效供给尚未形成良性循环；制造业领域设备种类繁多、应用场景复杂，存在设备接口不开放等问题，加上数据权属界定不清、规则不明、难以定价等基础性问题尚未得到有效解决，跨行业、跨企业数据难以充分流通共享，制约了数字技术应用的广度和深度；支撑制造业数字化转型的新型基础设施兼有公共性和经营性属性，建设资金需求量大，但市场化的投融资模式尚不健全，政府、平台企业、制造企业等主体之间的利益共享和风险共担机制还不完善，数字基础设施建设总体滞后①。

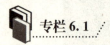

专栏 6.1

制造业数字化转型的价值体现

制造业的数字化实践主要体现在研发设计、生产制造、供应链管理、客户关系、增值服务等方面，展现出数字化在提高研发效率、改进产品质量、降低生产成本、增强产线柔性、加快响应速度、拓展增值服务、减少能耗排放等方面的威力和潜能。

一是提高研发效率。借助仿真软件、数字孪生、人工智能等技术并与人类积累的科学知识和海量数据相结合，制造企业可以在数字化虚拟环境中对产品进行原型设计、使用仿真、性能测试、优化改进，在正式投产前解决大部分核心技术问题，使新产品开发的速度更快、周期更短、成本更低。制药公司利用已有化学、生物学科学研究、制药和临床医学领域积累的有关分子结构、功能靶点等海量数据进行人工智能算法训练和大通量分子筛选，显著提高了药物筛选的速度。在新冠肺炎疫情暴发早期，科学家们就利用人工智能算法筛选出备选药物。

---

① 孟凡新.用数字化为制造业高质量发展赋能[N].经济日报,2022-03-13.

二是改进产品质量。在很长一段时期，机器以替代人类的体力劳动为主，将工人从危险、繁重、肮脏、枯燥的工作环境中解放出来。随着数字技术的发展，越来越多的人类智力工作被智能机器、算法和软件所替代。相对于人工活动，数字化系统的算力更强大、操控更精准、精度更稳定。3D 打印的增材制造特征还能够加工传统工艺力不能及的零部件，生产出综合性能更高的产品。飞机发动机制造企业利用 3D 打印技术实现多个零部件一体化成型，简化发动机结构、减轻发动机重量，从而提升发动机燃油效率，降低发动机装配难度，提高发动机可靠性和维修性。

三是降低生产成本。智能化生产系统、机器人、数控机床等具有连续工作的特点，随着人工成本的上涨和数字化、智能化生产设备和系统成本的下降，以机器换人在越来越多的劳动密集型工序中变得在经济上可行，成为我国制造企业应对工资上涨的重要手段。已有大型工厂采用机器视觉智能检测系统，可以取代大部分人员目检复判工作量。数字技术还能够对生产线中各个设备、各个环节运营过程中的海量数据分析，发现最优的工艺参数配置，从而提高良品率、降低生产成本。有的太阳能硅片工厂对生产线进行仿真建模、数据采集监测，利用大数据分析从上千个生产参数中找出 60 个关键变量并进行优化设置，使切片良品率提高 1 个百分点，每年节约上亿元生产成本。

四是增强产线柔性。随着模仿型、排浪式消费加快向个性化、多元化消费转变，大规模生产方式已经不能满足市场需求，制造业生产方式亟待转向大规模定制或个性化定制，这就要求生产线具有更强的柔性，根据需求的变化快速且低成本地进行调整。智能化的产品开发、加工制造、供应链管理系统可以根据订单情况快速进行产品设计、调动物料供应、安排产线排产，在需要时生产线也可以根据订单情况进行调整。目前国内已出现以消费者为中心的"以销定产"的新型模式探索，帮助服装企业降低试错成本，减少库存积压和损失，并带动了一批独立设计师品牌的发展。

五是加快响应速度。要实现对市场需求的快速响应，不但需要即时了解市场信息，而且还需要整个供应链系统的支持。通过泛在连接的网络、实时采集的数据、强大的数据处理能力以及柔性的生产链条,制造企业可以更加准确地判断市场需求走势、及时接受用户下单,根据用户订单或预测协调整个供应链生产活动,利用智能化排产系统实现快速、精准排产,从而提高对市场的响应速度。一些互联网快时尚服装品牌借助于数字技术的支持实现营销上的用户代言、制造上的小单快反,形成款式多、上新快、性价比高的优势。

六是拓展增值服务。产品复杂性的提高让用户对增值服务的需求持续增长,基于产品的增值服务已经成为制造企业重要的收入和利润来源。数字技术由于可以高效率地采集和分析产品运行和用户使用数据,并由智能化系统自动提供定制化服务,极大地拓展了服务型制造的范围和类型,基于数字技术的服务化成为制造业的重要转型方向。同时,制造业是能源消费和二氧化碳排放最大的领域,在全球就温室气体减排形成共识、设定达峰和中和目标并制定碳边境调节税等规则的情况下,制造企业的节能减碳不仅直接关涉产品竞争力,而且也是制造企业的社会责任所在。数字技术通过调整生产要素构成、优化工艺流程、提高生产效率、提升质量和附加价值、减少资源能源浪费等手段,在制造业节能减排方面具有巨大潜力。

资料来源:李晓华.以数字化推动制造业重构竞争优势[J].智慧中国,2022(05).

6.2.6 制造业服务化发展仍显滞后

随着发达国家"再工业化"战略的推进以及数字时代的加速演化,制造业服务化已经成为全球制造业发展的重要战略导向。服务型制造是制造与服务融合发展的新型制造模式和产业形态,是先进制造业和现代服务业深度融合的重要方向。印证这一观点的最佳案例即是IBM,它已经彻底改变了自身原有的商业模式,实现了从一家以制造为主的企业向以服务为主的企业的转型,这也是其能够保持在高科技领域始终处于全球领导地位的关键所在。在IBM的总销售额中,服务销售所占的份额约为60%。一项针对OECD国家的调查数据显示,制造业企业中约有25%到60%的就业岗位属于服务支持职能部门,如研发(R&D)、工程、运输、物流、分销、营销、销售、售后服务、IT、管理和后台支持等。从分行业的视角来看，化学制品和汽车等行业的服务业增加值的比重高达 38.4%。传统的汽车制造商福特，也在转型成为汽车服务商。因此，后工业社会的一个典型事实就是生产性服务业的扩张，这也是城市化转型的重要推动力量。"制造业服务化"的趋势还在进一步强化。根据《经济学人》的预测，到 2050 年生产性服务产值将占全球经济总量的 73.24%。

但是，反观我国制造业服务化的发展，仍与国际趋势有较大差距。我国制造业在发展过程中较为重视发展大型、复杂性的相关装备，但是长期以来较为低估数字等软性要素在制造业发展中的战略地位。其中所涉及的深层次原因主要包括：第一，数据要素的配置往往涉及比较复杂的企业关系，特别是由于数据所有权和使用权的界定尚不够清晰，在很大程度上抑制了制造业企业对于数据开放、利用等方面的投资激励；第二，大数据与制造的深度融合发展需要依赖特定的新型技术基础设施，但是这方面又需要比较大的投资作为保障，制造业企业通常认为在这些领域进行投资，规模大、周期长、风险又比较高，而且这一投资具有十分明显的外部性问题，投资回报率可能会降低，进而影响企业的综合收益，很难通过单纯的市场机制进行解决①。2014 年，针对我国制造业上市公司的一项研究显示，服务业务收入在总收入中的占比普遍较低，大多数低于 20%，还有 5 家企业低于 10%，超过 30% 的企业只有一家——西安的陕鼓动力股份有限公司，这家公司的服务业务收入占到了总收入的 31%。在我国制造业发展过程中，与商品出口直接相关的服务出口和建筑出口所占的比重相对较高，具有比较明显的竞争优势。但是，与工业革命最新发展趋势密切相关的信息服务等服务业部门的市场占有率虽然也在不断提升，但总体而言，市场占有率仍然偏低。例如，能够反映一个国家前沿创新能力高低的指标知识产权使用费的国际市场占有率，我国还不到 1%，仍然属于极度缺少竞争优势的服务业门类。

6.2.7　制造业绿色发展程度仍相对较低

当前全球面临着巨大的环境和资源压力，高消耗、高排放的发展方式已难以

---

① 李晓萍，江飞涛，黄阳华．推动信息技术与实体经济深度融合［N］．经济参考报，2019-01-23.

为继。绿色低碳成为全球共识，减少能源消耗和二氧化碳排放并最终实现碳中和成为全球各国努力的方向，作为耗能和排放大户的制造业发展需要加快低碳转型。相关统计显示，我国在 1978 年能源消耗量是 5.7 亿吨标准煤，到 2020 年是49.8 亿吨。因此，我国经济发展的高碳特征是非常明显的，煤炭占到能源消费总量的 56.8%。工业油作为能源消费大户，能源消耗量占到全社会能源消耗量的 63.8%，所以制造业发展的高碳特征更为明显①。由于我国制造企业大多数处于全球价值链的专业加工组装环节，并因这些环节多使用资本密度高、排放强度大的技术，容易陷入"低端高碳锁定"，成为"高能耗、高排放、高污染"问题的关键来源，从而使我国在经济取得巨大成就的同时，能源消耗和污染排放却急剧增长。从总体来看，我国制造业发展仍然没有彻底摆脱高资源投入、高能源消耗和高污染排放的粗放型发展模式。制造业已经成为我国能源消耗和二氧化碳排放的最主要领域。《2018 年全球环境绩效指数（EPI）报告》（*Environmental Performance Index* 2018）显示，2018 年，我国的 EPI 总得分为 50.74，位居所有参与评估的 180 个国家与地区的第 120 位②。2019 年，我国能源消费总量 48.6亿吨标准煤，其中工业占比超过 60%。虽然近年来，我国制造业在保持快速发展势头的同时，碳排放强度也开始呈现一定的下降趋势。2020 年 12 月发布的《新时代的中国能源发展》白皮书显示，2019 年，碳排放强度比 2005 年下降48.1%，超过了 2020 年碳排放强度比 2005 年下降 40%—45% 的目标，扭转了二氧化碳排放快速增长的局面。以钢铁行业为例，"十三五"期间，我国钢铁行业的碳排放总量年均增长不足 1%，部分重点企业的碳排放强度已达国际先进水平。但是，我国制造业结构偏重、绿色技术创新能力不强、高端绿色产品供给不充分、区域工业绿色发展不平衡等问题依然存在，我国制造业的单位 GDP 能耗是发达国家的 2.6 倍，与发达国家有很大差距。

---

① 杜壮.高端化、绿色化正成为推动制造业高质量发展的重要发力点[J].中国战略新兴产业,2021(12).

② 李新安,李慧.中国制造业绿色发展的时空格局演变及路径研究[J].区域经济评论,2021(04).

第7章

发达国家"再工业化" 战略对我国制造业发展的影响

发达国家"再工业化"战略的深度推进，对全球制造业的竞争格局产生了深远影响，同时也使得我国制造业发展面临全新的外部环境，既需要抓住其中蕴含的机遇，更需要直面其带来的新挑战，进而才能更有针对性地制定我国制造业发展的应对策略和战略路径。

7.1 发达国家"再工业化"战略为我国制造业发展带来新机遇

发达国家"再工业化"战略的实施必将进一步加速全球制造业多极化的发展趋势，全球制造业领域的分工格局将从链式分工向网络式分工演进，将进一步形成多层次的制造业分工格局，推动全球制造业发展进入新一轮战略调整期，由此也将使得制造业发展的话语权面临重新调整。

虽然美国、英国、日本等发达国家仍将处于高端制造和制造创新的发展前沿，但其在全球制造业创新中的领导力和引领力将有可能被削减。总体而言，目前这一轮最新的技术革命还处在突破关键期。而且与历史上其他阶段的工业革命不同，发达国家与新兴经济体在这一轮技术革命和工业革命中的差距呈现有可能缩小的发展态势。从某种程度而言，部分新兴经济体已经通过在部分高端制造领域的突破式发展，进入了可与发达国家开展同步竞争的机遇期。特别是我国，可以说几乎没有机会参与前三次产业革命，每次几乎都是在产业革命发生之后，再去努力追赶世界前沿。但是，在此次由发达国家"再工业化"战略所引致的第四次产业革命中，我国有史以来第一次在产业革命的兴起阶段，就已参与其中。我国依托巨大的市场潜力和广泛的应用场景，在最新技术应用的广度和深度上开始积累和彰显更多优势。而且，随着通信技术的进一步发展，以前许多无法通过贸易进行传播的技术和服务正在成为"可贸易品"。因此，发达国家制造业发展中所蕴含的诸多高端环节和关键环节将不可避免地向新兴经济体转移。从某种程度而言，制造业发展领先者和追赶者之间的差距将存在进一步缩小的可能。

7.1.1 "再工业化"战略将引发新共性技术的产生

发达国家"再工业化"战略的重要影响之一即是形成了一系列新的共性技术。这些共性技术在诸多领域内已经或将有可能被广泛采用，其研发成果将对制造业体系发展或多个制造业分行业发展产生深刻影响。目前，主要的共性技术集中在生物技术、信息技术与材料技术等领域，新科技革命也正是在这几大领域内产生重大变化。基于这些共性与通用技术的发展，将衍生发展出若干新的专有技术，如装备制造技术、能源技术、农业技术等。基于这些新的专有技术及其拓展，又将催生新的产业，如先进装备业、新能源产业、现代农业等。同时，也会在工程建筑、软件设计、科学研究等创新型职业方面呈现出拓展趋势。

例如，量子技术是新一轮科技革命和产业变革的必争领域之一，它将对整个社会和经济产生根本性影响。未来的量子技术将应用于多个领域，例如加速新药开发、优化交通，开发新材料，快速诊断疾病和进行安全通信等。第一次量子革命催生了晶体管和激光器等，第二次量子革命正在广泛进行，科学家对量子效应的操纵能力增强，引发了重大技术进步，例如构建了量子计算机。2018 年 10 月，欧盟启动了量子技术旗舰计划，促进欧洲量子产业发展，加强量子研究成果的商业应用，确保欧洲在全球第二次量子革命中走在前列。量子技术旗舰计划的长期愿景是建立"量子互联网"，实现量子计算机、量子模拟器和量子传感器等相互连接。2020 年 3 月，欧盟量子旗舰工作组发布了《量子技术旗舰计划战略研究议程》，为欧洲量子技术旗舰的未来发展明确了方向，制定了未来3年以及6—10年的详细发展路线。

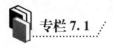 **专栏7.1**

欧盟量子技术旗舰计划的发展历程

2016年3月，欧盟委员会发布《量子宣言》，该宣言呼吁发起量子旗舰，启动欧洲量子产业，扩大欧洲在量子研究领域的科学领导地位。该宣言围绕量子通信、量子计算、量子模拟、量子传感和计量四个领域分别制定了短期目标（0—5年）、中期目标（5—10年）和长期目标（10年以上）。2016年8月，欧盟委员会成立了量子旗舰专家组，该专家组由13名来自洪堡大学、因斯布鲁克大学、波兰科学院、法国国家科学研究中心等机构的科学家，以及12名来自空客防御与太空、西门子股份公司和意法半导体等产业界成员组成，代表欧洲学术与产业的多方利益相关者，为量子旗舰提供建议。2017年2月，该专家组发布了量子旗舰中期报告，提出了量子技术旗舰计划战略研究议程的首批建议以及一些实施建议，围绕量子通信、量子计算、量子模拟、量子传感和计量四个领域分别制定了3年、6年和10年发展目标，明确了每个应用领域所需的使能工具和启动阶段的项目部署方向，同时，提出了相关基础科学重点方向的发展目标。2017年6月，该专家组发布了量子旗舰最终报告，并将根据量子技术旗舰计划战略研究议程制定量子旗舰实施计划。2018年10月，欧盟启动量子旗舰，确定将在10年内提供10亿欧元，支持大规模和长期的研究与创新项目，其主要目标是将量子研究从实验室转移到市场，实现商业应用。在第一个3年中（2018年10月至2021年9月），欧盟资助1.32亿欧元部署了研究与创新项目。在启动量子旗舰的同时，欧盟成立了战略咨询委员会（Strategic Advisory Board，SAB），为量子旗舰提供战略决策建议。SAB指导了量子技术旗舰计划战略研究议程的准备工作，并负责监督量子旗舰的实施进展。该委员会成员由6名产业专家和10名科研专家组成。

2020年3月，SAB发布了《量子技术旗舰计划战略研究议程》，以公开透明的方式征求了欧洲2000多名量子专家的意见，为量子旗舰制定了未来的发展路线。该议程在量子旗舰最终报告的基础上，围绕量子通信、量子计算、量子模拟、量子传感和计量，详细分析了欧盟在上述每个应用领域中的社会经济挑战和研究创新挑战，进一步制定了每个应用领域更为详细的未来3年、6—10年的发展路线。同时，为解决四个应用领域中共同的基础问题和挑战，确保量子技术产业的可持续发展，该议程进一步明确了量子旗舰的科技资源。针对基础研究资源，该议程在量子旗舰最终报告的基础上，明确了更为详细的发展目标，制定详细的发展路线。针对技术资源，该议程从制造和包装、使能技术、控制、软件和理论五个方面分析了欧盟面临的挑战，制定详细发展路线，确保量子旗舰能有效利用概念、工具、技术和人员。同时，欧盟通过"地平线2020""地平线欧洲"和"数字欧洲"支持量子旗舰的研究创新项目和基础设施等。创新是量子旗舰的核心关注点，欧盟构建创新生态系统，将量子技术从实验室拓展到新产品及服务，实现量子商业化应用。

资料来源：邹丽雪,刘艳丽.欧盟量子技术战略研究及启示[J].世界科技研究与发展,2022(01).

当前，新一轮科技革命和产业变革加速发展，大数据、人工智能、物联网等新一代信息技术与制造业深度融合，不断改变着制造业的生产方式、组织方式和发展方式。数字化、网络化、智能化已成为全球制造业发展的重要方向。智能制造是数字经济的皇冠，也正在成为各国抢占数字经济制高点的主战场。我国在许多领域取得重大突破，新技术、新产品、新业态、新模式不断涌现；支持智能制造发展的5G、大数据等技术在全球处于第一梯队，为未来智能制造全球竞争奠定了良好的基础。

7.1.2 "再工业化"战略将加快新兴产业与传统产业的双线推进

发达国家"再工业化"战略必将引领新一轮科技革命的到来，不仅有助于催生和培养一批新兴的制造业部门，也将为我国传统制造业的转型和发展带来新动力、注入新动能。这种新兴产业与传统产业"双线推进"的"工业化浪潮"正以"零时空"的方式席卷全球。同时，技术的推进也将加快传统企业的转型升级进程，例如，发展云计算、云制造、物联网构建服务型制造；推动商业模式、管理模式的全面创新等。特别是以互联网为基础开展的分布协同化发展环境应运而生，制造业的整体发展模式将从串行异构逐步向协同化发生转变，有效减少企业在发展过程中的研发时间和成本投入，借助于创新驱动力使制造业的发展模式更具个性化。"平台＋"的生产制造模式可以直接面向企业、生产、材料、员工等多项制造要素，借助建设精确、实时的信息采集系统对线管数据开展分析，达成生产闭环控制体制，进而使制造资源可以精准配置，全面提升制造生产工作中的精细、灵活、柔性程度，让企业生产工程中具备智能化的重要特点。

同时，对于新兴产业而言，其成功与否在很大程度上取决于产品初创期的规模经济，只有在初创期时就能达到规模经济的产品，长期发展才是可能的。但是，初创期产品的市场往往是小众化的。然而，从需求侧看，我国经济的最大优势恰恰在于人口规模与购买力水平已经准备好了一个大市场，任何初创期的小众产品都有可能实现规模经济，从而支持创新企业的成长和产业的发展。这正是我国经济超越其他国家的新优势，也即是"人口红利"的新内涵——人口规模所导致的不再是劳动力供给多且价格低，而是已经转化为购买力强、新需求容易培养，从而成为对创新产品市场的一种支持力量。从供给侧看，我国的市场规模还有另一层意义，那就是我国拥有世界上最完整、规模最大的工业体系，强大的生产能力和完善的配套能力。外商投资企业一旦拥有专有技术或创新产品，在我国很容易就能够找到生产合作企业和各种零部件生产配套。这就使外资企业很容易在我国生长，也难以离开，因为在世界上很难再找到与我国类似的国家：既有巨大的本地购买力，又有完整的产业链和高性价比、全层次的劳动力。

7.1.3　"再工业化"战略将加强不同产业的创新形式以及产业部门之间的创新联系

发达国家"再工业化"战略的实施，向我们展现了不同于传统流水线、集中化机器大生产的全新生产方式，生产要素、组织模式乃至市场供给与需求都将出现重大变化。"再工业化"战略通过四大主要产业部门实现产业的创新与升级。

这四大产业部门包括：一是基于基础研究的部门，拥有大量、有组织的 R&D 活动，与科学研究有紧密联系；二是专业供应型部门，主要以工程能力为基础，供应特定仪器与设备，与用户有频繁互动；三是规模密集型部门，具有一定的创新性，与其他部门互动较少，如运输设备；四是应用型部门，需要在某方面进行创新，大部分技术从其他部门获得，如软件应用。未来对我国制造业创新影响最大的部门可能是应用型部门。另一方面，"再工业化"战略将通过对需求结构、传统产业内结构、产业间结构、贸易结构以及就业结构等多方面的结构调整，促进不同产业的创新以及产业之间的创新联系①。在过去一段时期，我国的制造业发展虽然顺应需求变化，并支撑了经济高速增长，但产业发展过度集中于原材料及加工制造中低端环节等问题，也成为影响我国未来经济持续健康发展的重要因素。未来，在推动产业结构调整转型的进程中，应充分汲取发达国家过度"去工业化"及发展高风险、高杠杆的金融业务导致实体经济与虚拟经济脱节的经验教训，借鉴其"再工业化"发展战略中具有前瞻性、符合发展大势的政策措施，根据不同类型行业的特点，有重点、有差别地推进结构优化升级，重点通过突破研发、设计、营销网络、品牌和供应链管理等制约产业结构升级的关键环节，改造提升制造业，优化三大产业比例关系，建立完善现代产业体系。

7.1.4 "再工业化"战略为我国制造业发展提供弯道超车的机会

"再工业化"战略虽然对我国传统的制造业发展模式形成挑战，但从另一方面来看也为我国实现制造业发展的弯道超车提供了机遇。从我国制造业发展的既有优势领域来看，高铁、核电、人工智能、新能源汽车等领域已经具有较好的发展基础，可以充分利用发达国家更为关注其他优先发展领域的机会，将这些已经具有一定发展优势的领域与传统的制造业部门进行更深层次的嫁接，从而有可能缩小我国在传统制造业领域与美国等发达国家的差距。据统计，2019 年，我国在全球供应链更长、附加值更高环节上的比重已提高到接近 60%，凭借对自主品牌的研发创

---

① 王展祥,李擎.美国"再工业化"对中国经济结构转型升级的影响及对策研究[J].江西师范大学学报（哲学社会科学版）,2018(03).

新，我国正在向技术密集、资本密集的高端供应链攀爬，在集成电路、新能源汽车、电力、光伏、通信、医疗器械等领域均有不俗表现。同时，发达国家"再工业化"战略的实施也很有可能给我国部分制造业产品的出口带来机会，例如机械产品等。

7.2 发达国家"再工业化"战略对我国制造业发展的挑战

作为新兴经济体，我国正在逐步依靠制造业的发展和振兴来实现整个国家的复兴。随着我国制造业的快速发展和在全球布局的进一步推进，势必会引起美国等发达国家的警惕与不安，甚至被发达国家视为一种挑战。目前，全球都在面临新一轮工业革命的挑战，发达国家向新兴经济体进行产业转移的步伐也正在放慢。如果发达国家的制造企业继续保持向本土回流的趋势，那么我国试图通过承接产业转移、利用技术创新的溢出效应进而向全球价值链攀升的构想将受到更为严峻的挑战。特别是从未来制造业发展的导向来看，我国与发达国家之间存在高度的相关性和重叠性。从发达国家"再工业化"战略的重点领域看，与《中国制造 2025》中力求重点发展的制造业领域具有很高的相似性，生产的相似性必然会引起出口市场的重叠性。因此，为了应对发达国家的"再工业化"战略，我国制造业的发展将面临前所未有的压力和挑战，既面临发达国家在产品供需上所进行的"硬割裂"，而且在产业发展生态上又面临"软出局"，制造业发展将可能在绿色低碳、知识产权、市场采购等方面都遭遇新挑战。

7.2.1 自主创新的压力进一步增大

近些年来，随着"再工业化"战略的推出，美国、德国等发达国家高度重视制造能力提升。美国专利商标局的专利数据显示，制造业特别是高科技制造业的研发活动正在日益增多。其中，硬科技领域成为制造业创新的关键领域。硬科技是指一种相对比较后期、成熟的技术。和互联网模式创新相比，硬科技创新更多地关注物理世界而非虚拟世界，通常涵盖人工智能、航空航天、生物技术、光电芯片、新材料、新能源、智能制造等八大核心领域。截至 2018 年，全球硬科技领域的市场规模约为 7.4 万亿美元，同比增速为 8.3%。2014 年至 2018 年期间的年均复合增长率为 8.2%。其中，新材料的市场规模最大，超过 2.5 万亿美元，2018 年同比增速超过 10%。人工智能增速最快，同比增速达到 50% 以上，2018 年的市场规模接近 555 亿美元。因此，制造业的发展将更加依赖技术创新，将在更为细分的领域培育出更多新兴企业，进而通过新兴企业的诞生再催生新的市场，从而提升制造业的整体技术创新水平。为了打造制造强国，我国更加需要有具有全球领先水准的技术创新能力的支撑，进而才能真正适应更高层次、更新水平、更为激烈的制造业市场竞争。

当前，各国在先进制造技术研发方面的差距，并不像传统制造那么明显，基本上都处在研发阶段和创新阶段，还没有真正出现具有独占性、排他性的话语权掌控者。特别是当处于重大的工业技术变迁过程中时，追赶者可以采用蛙跳战略，通过在新的主导技术内进行科技力量布点，并着重将战略性资源投入相应的领域，获得先发优势；而原本占优势的领导者如果因为制度或组织方面的僵化而应对不畅，则可能会被早已做好准备的追赶者"弯道超车"①。重大的技术变迁会带来新的财富创造渠道，这不仅将改变原有的竞争格局，还会在新增长动力的爬坡阶段迸发出显著的报酬递增效应，从而在一定时期内改变竞争者之间的博弈空间。反之，在工业技术的相对稳定期，竞争力的源泉主要遵循累积性规律，经济主体只能通过原有工业和技术设施的扩张与技能能力的累积来获得竞争优势。同时，由于新的财富创造渠道还未完全出现，经济的总体增长会受制于边际报酬递减规律，竞争者之间的博弈空间狭小，甚至趋近于零和博弈。以量子领域的创新为例，量子信息科学包括大型计算、快速通信和精确测量，是 30 年多前开创的领域，长期以来一直被科学界视为科学和技术之革命性进步的潜在催化剂。长期以来，美国主导着量子信息科学的三个重要子领域，分别是量子计算、量子通信和量子传感。但是，我国在量子信息科学领域正在以令人吃惊的速度快速崛起，2014 年，美国和我国在量子相关专利的数量上持平。2015 年，我国在量子技术

---

① 封凯栋,纪怡.建设本土创新共同体——国际创新竞争背景下中国的困境与出路[J].文化纵横,2021(04).

研发上的年度支出仅次于美国。2017 年，我国开始建设世界上最大的量子研究设施，目标是开发量子计算机。2018 年，我国启动量子领域的"超级项目"，目标是 2030 年之前在量子信息科学方面取得突破，之后我国申请的量子信息科学领域的相关专利数量是美国的两倍还多，占所有量子专利的 52%（图 7.1）。

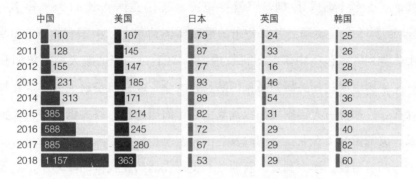

图 7.1　全球部分国家量子领域的专利数量比较

资料来源：量子：法国不会错过的技术转变[R].法国量子实验室，2020-01.

因此，为了在新一轮制造业的全球竞争中对中国等新兴经济体进行全方位压制，美国等发达国家试图在相关高端生产技术等方面设置更为严格、更难突破的壁垒，其意图在于通过实施这种技术封锁，进一步拉大二者之间的技术差距，进一步削弱中国等新兴经济体的制造业竞争力。美国试图通过我国科技产业规划和政策文件来揣摩我国未来制造业的发展动向，将文件中"鼓励""引导"等表述曲解为政府实施补贴、鼓励不公平竞争，指责我国政府干预制造业创新活动。2018 年 3 月，美国贸易代表办公室认定中国在技术转移、知识产权和科技创新等领域存在不公平竞争行为。同年 4 月，特朗普宣布对总价值约 500 亿美元的中国输美商品加征 25% 的关税。2019 年 5 月，美国政府又对价值 2 000 亿美元的中国出口至美国的商品征收 25% 的关税。2019 年 9 月，美国政府又对价值 3 000 亿美元的所有中国出口至美国的商品征收 10% 的关税，不久之后又将税率提高至 15%。

"国家干预"在全球产业创新格局中的主导力将进一步"长期化""显著化"。特别是中美关系在此次新冠肺炎疫情大流行中急剧恶化，中美脱钩有走向"制度化"的态势。美国国家亚洲研究局发布的《部分脱钩：美国对华经济竞争的新战略》认为，美国政府应当抓住共和党和民主党在遏制中国问题上的"短暂共识期"，抓紧出台系统性国家战略，长期推行针对中国的遏制化战略。这种脱钩将使得中美的技术和标准体系进一步分化，全球创新系统加速分裂。例如，美国正试图通过立法手段，永久性地限制中国在美国敏感领域的投资。美国商务部正在部署修改"长臂管辖"原则，将管控范围从美国技术占比的 25% 降到 10%。2020 年 5 月 15 日，美国商务部公布的最新实体清单上，中国有将近 300 家①机构和个人被列入，包括中国电子科技集团（CETC）、中国航天科技集团和中国航天科工集团下属的相关研究所，国防科技大学、北京航空航天大学等高校，长沙、天津、广州等三大国家级超级计算中心，海康威视、科大讯飞等人工智能企业以及相关的贸易类企业。美国的发达国家盟友也陆续跟随，加强对我国高科技产业的压制与封锁。澳大利亚、新西兰和英国先后禁止我国的华为、中兴等公司参与 5G 网络建设。这些事实充分表明，我国以往"引进、消化、再吸收"的创新模式和依靠海外并购的技术升级路径已经难以为继，我国高科技企业"走出去"的步伐可能会"戛然而止"。例如，2016 年以来，美国、德国等发达国家进一步加强对我国企业跨境并购的审查力度，目的就是为了限制我国企业通过并购的方式获得高科技企业的生产技术，因此，TCL 等制造企业的境外并购最终都以政治因素考量为借口而碰壁。

与此同时，与上一轮技术革命相比，以信息网络为主导的新一代技术本质上属于分层技术，人工智能、智能制造、算法等应用技术都是基于底层技术而实现的。这就为拥有底层技术的创新策源国创造更大的垄断性技术空间。2000 年之后，美国、日本、德国等发达国家的知识产权使用费均快速增长。2018 年，发达国家的知识产权使用费高达 3 883.9 亿美元，美国的知识产权使用费为 1 287.5 亿美元，分别占全球知识产权使用费总额的 97.5% 和 32.3%，分别相当于 2000 年的 4.4 和 2.5 倍。同一时期，中高收入国家和中等收入国家支付的知识产权使用费平均比 2000 年增加大约 10 倍。我国由于技术相对落后，知识产权使用费的支付随着经济规模的增长而大幅提高。2018 年为 357.8 亿美

① 数量仅次于俄罗斯。

元，相当于 2000 年的 27.9 倍。2000—2018 年期间，我国知识产权使用费支付与接收的差距扩大了 25 倍之多，在整个价值链中的增值空间由于技术领先国家的垄断而被进一步压缩。根据 2018 年 OECD 的测算，我国作为全球规模第一的出口大国，出口增加值中来自国外最终需求的比重为 16.7%（2015年），远低于德国 60% 的水平①。

而且，从广义层面来看，当前全球的产业发展仍处于信息与通信技术（ICT）扩散和应用的长波周期。虽然引爆新的工业革命的基础性创新肯定会到来，甚至很可能已经隐藏在社会的角落而不为主流所觉察，但当下的移动互联网、大数据、人工智能等仍尚不属于这种基础性创新。这些新技术归根到底都是在微电子学和信号理论基础上对通信和集成电路的广泛应用，仍然依托于ICT 范式时代的学科传统、科研与工程技术共同体、基本的分析和处理问题的方法，并没有在基本认知、核心问题、基础技术和材料工艺上颠覆已有的体系。这也就意味着在中短期内我国仍很难实现系统性的"弯道超车"，全球产业竞争依然遵循在已有范式内的资源调整和能力累积逻辑，没有通过"技术—经济"范式转换而一锤定音的捷径，我国只能通过夯实"内功"，追求在当前范式下"直道超车"②。

7.2.2　成本优势逐渐削弱

随着经济的发展，我国开始迈入中等收入国家行列，劳动力红利逐步消失。2016 年，德勤公司发布的《2016 全球制造业竞争力指数》报告显示，影响全球制造业竞争力的主要因素包括 12 项。人才和成本仍然是驱动制造类企业在全球进行布局的关键因素。控制成本、提高利润对于制造厂商而言仍具有十分重要的意义。即便与其他新兴经济体相比较，我国制造的劳动力成本优势也在进一步减弱（图 7.2）。2005—2015 年间，我国劳动力成本的年均复合增长率为16%，而印度仅为 7%；2015 年，我国单位劳动力成本为每小时 3.3 美元，而印

① 孙志燕，郑江淮.全球价值链数字化转型与"功能分工陷阱"的跨越[J].改革,2020(10).
② 封凯栋，纪怡.建设本土创新共同体——国际创新竞争背景下中国的困境与出路[J].文化纵横,2021(04).

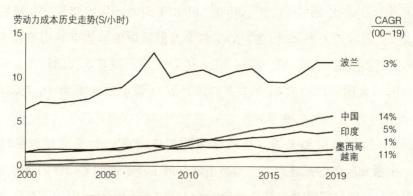

图7.2　2000—2019年我国劳动力成本持续走高

资料来源：朱永磊,等.疫情加速高科技供应链重新布局,但中国地位难以被替代[R].贝恩,2020-05.

度仅为每小时 1.7 美元,印度尼西亚的劳动力成本更是不到我国的五分之一。特别是 2008 年全球金融危机之后,大多数经济体平均劳动成本上升的速度开始放缓,但是我国制造业的平均劳动成本增速却从危机前的 11% 攀升至危机后的 13%,为当时全球主要制造业国家的最高水平。相比之下,印度却从 10.6% 下降到 4.7%。巴西和俄罗斯的平均劳动力成本也出现了绝对意义上的下降。2018年,我国制造业月均基本工资为 493 美元,是马来西亚的 1.19 倍、越南的 1.46倍、缅甸的 3.04 倍。即使是中西部地区城市,工资水平也高于多数东南亚国家,比如 2018 年重庆的工资水平是越南的 2.56 倍。苹果公司已经宣布,将在我国的10%—15%产能转移到东盟国家,表明东盟已经开始分流我国的部分产业链。与此同时,我国的税费、融资、物流、土地、原材料等成本居高不下,制造业利润空间越挤越薄,很多企业特别是劳动密集型企业已经难以为继,不得不向外转移。从税费负担看,2019 年,我国总税率为 59.2%,高于柬埔寨的 23.1%、老挝的 24.1%、缅甸的 31.2%、菲律宾的 43.1%、泰国的 29.5% 和越南的37.6%。目前,越南等东南亚国家还在实施更大力度的外国投资优惠税政策,与之相比,我国企业税费负担明显偏重。因此,随着我国制造成本的不断上升,更具成本优势的东南亚和南亚国家开始成为发达国家选择代工生产的首选地,在东南亚或者南亚进行生产,之后再返销美国本土市场,开始成为一种新的贸易格局。根据 UN Comtrade 的统计数据,2009—2015 年间,美国对我国的工业制成

品进口减少了 3 270 亿美元①，这一金额大约占到之前美国对我国进口总量的
10%。与之相反的是，同一时期美国对东南亚国家的进口却增加了大约 1 340 亿
美元，这一比重占到美国进口总量的 10%。

7.2.3　技术封锁的程度逐步提升

我国制造业的研发和设计能力不断增强，已经从最初的高端供应链下游参与
晋升到中游参与，从最初为国外龙头企业组装产品逐渐升级到为国外龙头企业提
供技术附加值较高的元器件。

未来，需要从纵向视角观察产业链安全问题，处在产业链上游的国家或企
业通常能够卡下游国家或企业的"脖子"，而下游国家或企业却很难卡上游国
家或企业的"脖子"。中金研究院估算了国家的"全球价值链位置指数"，指数
越高，表明越在价值链上靠近上游的位置。处在价值链上游又通常可以分为两
种情况：一种是原料输出国，如俄罗斯和澳大利亚，其掌握着石油、铁矿石等
原材料；另一种则是科技和产业创新强国，这些国家生产的技术或者提供的产
品是其他国家所无法提供的。最明显的例子就是美国和中国。美国是国际制造
业领域唯一的一级梯队国家，处在高端供应链上游，一直致力于本土人工智
能、量子科学等先进科技对接制造业的研发创新，并给予各种资金补贴、税收
优惠和政策扶持，同时对我国限制核心技术出口，遏制我国科技和产业发展。
正是由于美国处在上游位置，而我国则处在靠近下游的位置，美国一旦对我国
进行技术或产品断供，我国就身处"卡脖子"风险中。从目前的形势看来，我
国仍然属于国际制造业第三梯队成员，在链条短、劳动密集、技术低、资本低
的低端供应链中占据主导地位，拥有龙头企业；而在链条长、技术密集、资本
密集的高端供应链中还处于中游、下游位置，受国际资本支配，缺乏主导权，
因此，在高端原创领域只能走自主研发的道路，从高端供应链中游向上游升
级，比以往更加艰难。

随着"再工业化"战略的深度推进，在国际竞争市场环境中，制造业领域的

---

① 每年大约减少的金额为 466 亿美元。

"卡脖子"风险日益增强。在全球制造业竞争最为激烈的新兴领域和高端领域，我国开始具备一定的竞争优势。例如，2017 年 2 月，《纽约时报》刊发了由普利策奖获得者、高级科技记者约翰·马尔科夫（John Markoff）联名撰写的《中国人工智能赶超美国不是梦话》，认为人工智能的发展将会把国家之间的科技竞争和产业竞争拉回到相对平等的起跑线，并且认为，由于美国人工智能研究社区具有较高的开放性，使得许多人工智能领域最尖端的技术能够十分轻易地为我国所用。美国市场观察站于 2019 年 2 月 27 日发布的文章《中国正在取代美国成为人工智能领域的领军者》认为，奥巴马政府在任期结束之后才发布了专门推进人工智能技术发展的报告，但之后并没有采取特别有成效的政策支持。特朗普政府上台之后，于 2019 年 2 月 11 日签署总统令，进一步明确将加大在人工智能领域的推进力度。因此，美国的部分政策分析专家认为，我国在人工智能领域的关注和投资力度强于美国。特别是在风险投资领域，我国设立了总金额超过 300 亿美元的人工智能风险投资基金。随着我国制造业发展的日益强大，美国更将我国视为未来制造业发展的重要对手，一方面，进一步巩固并加强自身在先进制造领域的竞争优势，另一方面，对面向我国的高端技术和尖端技术出口设置更为严格的限制政策。因此，在人工智能等高端制造发展的关键领域，我国与发达国家正面交锋的可能性逐步增强，将有可能受到更为严格的技术封锁。2018 年 8 月，美国政府颁布了《出口管制改革法案》，按照这一法案的要求，美国商务部工业安全局发布了《特定新兴技术管控审查》，专门拟定了人工智能、微型处理器、量子信息、生物技术等 14 大领域，作为今后加大技术管控的重点领域。同时，美国政府还着力干预我国的高科技产品进入美国市场。2018 年初，华为智能手机与美国两家电信运营商 AT&T 和 Verzion 的合作就被取消。

2020 年新冠肺炎疫情的爆发不仅强化了国际产业竞争业已显现的若干趋势，加剧了产业发展中各种既有的矛盾，而且还给全球产业发展带来了更多的不确定性，全球产业格局进入更加动荡、充满更多不确定性的时期。例如，后疫情期间，发达国家持续强化本国的科技和产业创新自主权。美国政府以立法形式限制关键核心技术对华出口。受此影响，我国科学仪器领域形势不容乐观。截至

2020 年 12 月，美国出台的针对中国的《商业管制清单》（CCL）全部条款为 4 510 条，其中涉及科学仪器管制的占比超过 42%，约为 2 000 条。其中，分析仪器、工艺实验设备、电子测量仪器等受管制范围较广，激光器、核仪器是传统受到管制的领域，而医学诊断仪器、大气探测仪器等受管制范围较小。医学诊断仪器在科技部分类体系中数量有 600 台，几乎全部来自美国、德国和日本，国产仪器很少。美国政府认为我国在该领域尚未对其形成威胁，因此还没有进行管制的必要。但是不排除在疫情之后，生化检测、病毒疫苗等仪器设备将有可能成为针对我国新的管制领域①。

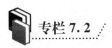 **专栏7.2**

美国控制全球产业链的五种模式

产业链控制力是美国长期保持强势竞争地位的关键法则。纵观其产业发展历程，标准规则、精益生产、创新引领、系统集成、数据贯穿是美国企业和政府协同控制产业链的五大法宝。

一是标准和规则的源头锁控。美国企业在研发、知识产权、标准、战略方面一直走在世界前列，而且四者通过联动机制变成行业规则，形成技术壁垒。企业扮演"引链者"的角色，通过标准规则从源头主导和控制技术进步的方向与节奏，进而控制产业链的发展，也就是"美国企业先行、他国企业跟随"的现象。所形成的技术壁垒会更加坚固，而且通过技术授权、认证许可具有非常大的规模效应。最典型的就是高通，高通一直在主要芯片标准方面处于领先地位，有时甚至是占据主导地位，其很大的一块利润来源就是技术授权。

二是关键工艺和环节的基础把控。美国企业在关键零部件、关键材料、关键工艺、关键软件等工业基础能力方面仍然是世界一流，掌握着机械、电子等领域的关键零部件和工艺的研发、制造技术，甚至在某些领域能凭借对关键零部件和

---

① 陈芳，王学昭，刘细文，王燕鹏，吴鸣.美国出口管制科学仪器技术分类研究[J].世界科技研究与发展,2021(08).

工艺技术的掌控来牵制整个产业链的布局。企业充当了"布链者"的角色，即以基础制造能力布局产业链关键单点。

三是全产业价值单元的链式布控。美国企业不仅基于基础制造能力生长出了许多价值单元，而且能够将其串联起来，形成价值单元的链式布控，即"价值单元链控"。企业在布控每个价值单元基础上，充当"串链者"的角色。并由联盟构建产业生态圈的组织形式将产业链上的关键价值单元的主体企业吸纳和整合在一起，在创新上形成闭环，互通有无，且在经营上进行良性竞争，共同推动和控制整个产业链的发展。

四是产业软件和平台的数据掌控。美国企业在工业软件领域具有非常强的控制力，类似产品全生命周期管理（PLM）、软件定义生产、定义服务、定义产品等新生产理念的发展都是在美国。而美国企业成熟的软件环境带给其天然的数据优势，往往可以依靠其先进的检测能力不断地积累其关键数据库，这是一个正向迭代的过程，越早开发，就越具有优势。

五是持续创新和精益生产的生态操控。不同的集群内部以及集群之间相互协作与联系，不仅形成了先进的创新网络，而且具有非常强的精益生产能力，形成了一个集"市场化、产业化、过程化"为一体的完整创新链条，直接带动新产品新服务，新业态新模式的出现和发展。美国政府和企业扮演了"强链者"的角色。持续创新是美国企业保持超强产业链控制力的关键所在，汽车产业就是其通过持续创新以颠覆性的改变控制产业链的最好体现。

资料来源：陈琛，赵娟.控制全球产业链，美国采用了5种模式！［R］.财经十一人，2021-02-19.

"半导体"更是成为主要发达国家政策支持的"战略核心"。近期，由美国两院提出的《创新与竞争法案》中，将"半导体"作为其"必须赢"的前沿技术之一，拟设立500亿美元的半导体基金和20亿美元国防半导体基金，用于支持未来5年美国半导体产业的发展，其中390亿美元为预先拨款，20亿美元用于支持国内传统芯片的生产，105亿美元用于国家半导体技术中心的建设、高级包装制造和其他研发项目。韩国在2021年5月提出了K—半导体产业带建设的国家战略，拟在 2030 年建成全球最大规模包括芯片原材料、制造设备和制造工厂在内的半导体供应链。欧盟在 2021 年 3 月颁布的"数字指南针"倡议中提出，到 2030 年欧盟的芯片生产占全球的比重要从目前的不到 10% 提高到 20%。

新冠肺炎疫情的大流行及其带来的经济混乱也进一步暴露了美国制造业供应链长期存在的薄弱环节。2021 年 2 月 24 日，拜登总统签署《第 14017 号行政令》——《美国供应链》，要求美国政府全面审查美国的重要供应链，识别风险，解决薄弱环节，并制定提高供应链韧性的战略。拜登总统在签署此项行政令时，还引用了一句古老的中国谚语："千里之堤，溃于蚁穴。"他认为，即使供应链上出现很小的问题，也有可能影响美国的安全、就业和居民生活。因此，《第 14017 号行政令》主要优先关注以下四类关键产品：一是半导体制造和先进封装。半导体是电子设备的重要组成部分。半导体不仅存在于普通商品中，而且还广泛存在于电信基础设施、电网基础设施、商业系统和政府系统中。将一个或多个半导体进行封装是提高半导体元件密度和减少产品尺寸的创新方法之一。美国在全球半导体生产中的份额已经从 1990 年的 37% 下降到 2021 年的 12%。二是大容量电池。随着美国开始逐步减少化石能源的使用，汽车和卡车也逐步实现电动化，大容量电池对于确保美国经济和国家安全具有至关重要的意义。据预测，车载电池的全球总需求将从 2020 年的约 747 千兆瓦时增长到 2025 年的 2 492 千兆瓦时。如果不进行适当的政策干预，预计 2025 年美国的电池生产能力只能提高到 224 千兆瓦时，这一能力尚不能满足美国对电动乘用车的年需求。而且，美国能源部指出，当前，全世界 60% 的钴和 80% 的锂都产自中国，而钴和锂是生产大容量电池的两种重要原材料，这表明未来美国汽车工业的发展有很严重的弱点。美国要想保持在汽车及其他关键行业的创新和制造优势，就必须提高可持续关键材料的供应量和加工能力，扩大国内电池产量，以满足电动汽车和电网储能的需求。三是关键矿产和原料。从发动机到飞机，再到国防设备，稀土金属都是必不可少的生产原料。未来 20 年，特别是随着全球计划在 2050 年实现碳净零排放，稀土金属的需求将大幅增加。例如，锂和石墨是生产电动汽车电池最重要的两种原料，为实现全球碳净零排放气候目标，预计到 2040 年，这两种原料的全球需求将增长 4 000%，石墨的需求量将增长近 2 500%。据测算，中国将控制全球 55% 的稀土开采能力和 85% 的稀土精炼能力。因此，美国必须确保重要矿产和金属的可靠以及可持续供应，从而才能确保美国制造业和国防需求的韧性。四是药品和原料药。由于企业缺乏动机生产利润较低的药物等因素，美国 87% 的仿制原料药生产工厂都在海外，虽然过去 10 年间，节约了几万亿美元的成本，但也使美国的医疗系统十分容易出现基本药物短缺的问题。

再以半导体产业为例，半导体产业是资本高度密集、技术高度复杂的行业，必须在全球范围内进行产业布局，不可能由单独一个国家拥有完整的半导体产业链。埃森哲公司的研究表明，在全球半导体产业分工体系中，至少有 25 个国家的企业直接参与分工，还有 23 个国家的企业间接参与分工，在全球范围内形成了极其复杂的产业生态系统。首先，这一产业生态系统具有十分明显的"美国化"特征。美国半导体的制造能力在全球一直保持较高水平，2020 年占全球的比重为 43.5%，接近于新加坡、中国台湾、日本和欧洲[①]等主要半导体产地的生产能力之和[②]，相当于我国大陆同期制造能力的 8.1 倍。而且美国的半导体公司几乎在全球各大区域市场均占据主导地位，在我国和欧洲市场所占的比重高达50% 左右，在日本市场的占比最低，但也达到了 40%。根据美国乔治敦大学新兴技术中心（CSET）对半导体行业 73 个细分领域的评估，美国在 50 个领域都具有领先优势。其中，半导体行业最为核心的领域——设计自动化软件领域（EDA），总部在美国的公司所占市场份额高达 97%，具有绝对垄断优势；核心技术（core IP）领域所占市场份额也达到 52%，与之相对比，欧洲企业约为43%，我国仅为 2%。因此，美国企业几乎主导着全球半导体产业链[③]。其次，半导体产业的生态系统具有十分突出的"垄断性分工"特点。半导体产业从芯片设计、制造到包装测试，从制造材料、工艺到设备，几乎供应链的各个环节都有

---

① 主要是荷兰、英国、德国。
② 所占比重为 46.5%。
③ 孙志燕.破解中国"芯"难题需立足全球半导体产业生态[EB/OL].澎湃新闻网,2021-09-14.

较高的技术门槛。因此，经过将近 60 多年的发展，即使在最为领先的美国也尚未建立起完整的半导体产业链，而是在全球半导体产业的分工体系中逐步形成了若干带有"垄断"性质的节点。例如，美国在芯片设计自动化软件（EDA）、CPU 和 GPU 等高端芯片的设计，以及芯片制造所需的超大剂量离子注入机、过程监控设备和软件等领域，日本在光刻胶、电子蚀刻和芯片清洗工艺设备，荷兰在光刻机等关键领域的市场份额均超过 90%，有的甚至达到 100% 的完全垄断。此外，还出现了一些区域性垄断，如：全球 10 纳米以下逻辑芯片的制造由美国的英特尔、中国台湾的台积电和韩国的三星等三家企业完全控制，美国和英国共同控制了全球半导体行业核心 IP 的 95%，日本和美国共同控制了全球 93% 的光掩模材料生产等。我国在半导体的包装、组装等附加值和技术复杂程度相对较低的环节具有一定优势，尤其是集成组装，已占有全球 97.6% 的市场份额。

在新一轮科技革命的推动下，产业创新的权力内涵、权力结构和权力体系发生了重大变革，是否掌握前沿战略领域的技术，决定了一个国家的国际竞争力和国际地位。美国企业研究所高级研究员扎克·库珀等专家提出，美国需要建立四种针对性联盟，即地缘战略联盟（反对中国在"印太地区"的"霸权"）、经济联盟（反对中国的经济胁迫）、技术联盟（阻止中国获得 21 世纪的创新技术）、治理联盟（阻止中国重写国际规则和规范）。显然，在技术领域打压中国是美国对华战略的重要手段，这在特朗普政府时期就已经成为政府的战略重点。特朗普政府在高科技领域对我国施加了前所未有的压力，并多次强调对我国进行"技术竞争与技术遏制"的必要性。拜登政府上台后，更是积极推动与盟国在人工智能、量子计算、清洁能源等新兴技术领域的合作。拜登在2020 年成为民主党总统提名候选人之时就发文强调美国必须在新兴技术对社会的重塑方面保持领先地位，避免中国和俄罗斯主导制定数字时代的规则①。2021 年 1 月 20 日，拜登总统在就职演讲中就"修复盟友关系"做出承诺，

---

①　凌胜利,雒景瑜.拜登政府的"技术联盟"：动因、内容与挑战[J].国际论坛,2021(06).

2月4日在慕尼黑安全会议中表示"大西洋联盟回来了"，这些都表明拜登政府致力于修复特朗普时期受到冲击的联盟关系，而组建"技术联盟"则是修复联盟关系的重要抓手（表7.1）。2021年3月，白宫发布《国家安全战略临时指南》，该报告强调技术竞争正在兴起，阐述了美国与盟友在新兴技术领域合作的必要性。3月12日，美国、日本、澳大利亚、印度召开四国首脑峰会，决定根据共同利益和价值观组建关键与新兴技术工作组。4月1日美国、日本和韩国的国安顾问会议谈论了半导体、供应链和生物技术领域的合作，以保持敏感供应链安全，此后的美日、美韩首脑峰会分别再次确认了双方的具体合作领域和合作方式。6月13日，七国集团（G7）峰会发布的公报显示，各方支持制定G7数字技术标准合作框架，同意在全球经济和社会的未来前沿共同努力建立一个可信的、价值观驱动的数字生态系统。6月15日的美欧峰会上，美欧双方共同发起成立美国-欧盟贸易和技术委员会（Trade and Technology Council，TTC）和美国-欧盟联合技术竞争政策对话（U.S.-EU Joint Technology Competition Policy Dialogue）。拜登政府积极打造"技术联盟"，主要是由于美国对其长期以来塑造形成的技术领先优势感到担忧。随着发达国家"再工业化"战略所引领的第四次工业革命的兴起，我国等新兴经济体积极加大科技创新研发投入，产业竞争力和科技创新实力持续提升，美国在技术创业和产业创新领域的霸权忧虑持续加深。美国国务卿安东尼·布林肯（Antony Blinken）在首次外交政策演讲中提到，将"确保美国在技术上的领先地位"作为八大优先事项之一。为了在新的权力体系中维持霸权，美国还在设计以布雷顿森林体系为范式的技术治理体系，以此进一步增强美国的经济实力，进而维护美国霸权。在我国，一些与先进制造业相关的关键核心技术位于产业链价值链高端环节，比如工业母机、高端芯片、基础元器件、基础材料等，仍然主要依赖进口，具有"卡脖子"风险。而实践反复告诉我们，关键核心技术是要不来、买不来、讨不来的。只有把关键核心技术牢牢掌握在自己手中，才能从根本上保障国家经济安全、国防安全和其他安全。

表 7.1 美国拜登政府"技术联盟"的主要合作领域

	原因	主要举措
5G 通信领域	虽然美国公司在 5G 技术的开发方面处于领先地位,但美国没有核心电信网络设备制造商。欧洲的爱立信和诺基亚、中国的华为和中兴这四家公司对 5G 网络所需的核心网络技术市场具有举足轻重的影响。	1. 设立"多边通信安全基金",并将其纳入了 2021 财年的国防授权法。该基金用于携手"五眼联盟"和日本在 5G 技术研发、强化 5G 供应链方面展开合作。 2. 通过《促进美国在 5G 领域的国际领导地位法案》,建议设立技术援助工作组来加强美国在国际标准制定机构中的领导力。 3. 推动中东欧等地以及其他发展中国家的决策者在发展下一代 5G 网络时不使用中国华为和中兴的设备。目前该项目已在埃及、伊拉克、阿富汗和斯里兰卡等国家开展。
人工智能领域	美国当前依然保持着世界人工智能发展的总体领先地位,但中国在一些重要领域与美国的差距缩小。	1. 规划人工智能发展蓝图,通过《2020 年国家人工智能倡议法案》,将其作为《2021 年国防授权法案》的一部分。该法案从组织架构、实施路径等方面系统阐述了美国政府支持人工智能发展的举措。 2. 与盟国谋求制定人工智能治理新规则。2020 年 9 月,英国和美国签署了《人工智能研究与开发合作宣言》,设想利用双边和多边合作框架,实现人工智能研发生态系统的开发共享。
量子技术领域	如果美国的对手在美国的网络防御能力升级之前在量子计算能力上取得优势,美国的国家安全防御就可能变得脆弱。	1. 加强战略部署。美国能源部(DOE)宣布提供 7300 万美元用于推进量子信息科学(QIS)的研究。美国能源部将通过 29 个选定项目,研究开发下一代量子智能设备和量子计算技术所需的材料和化学过程。 2. 美日签署了《东京量子合作声明》,开启两国在量子信息科学与技术(QIST)研究与开发方面的持续合作。
半导体产业领域	美国在全球半导体制造能力中的份额已从 1990 年的 37% 下降到当前的 12%。为了扭转在半导体领域的不利局面,美国政府不仅加紧对中国华为等企业的打压,还计划在整个数字空间形成类似北约的"数字联盟"。	1. 颁布《美国芯片法案》(Chips for America),作为 2021 财年国防授权法案的一部分,鼓励国内半导体制造和芯片研究的投资。 2. 2021 年 5 月 11 日,美国半导体联盟(SIAC)宣布成立,该联盟包括半导体价值链上的 65 家主要公司,由苹果、微软、谷歌和英特尔等美国科技公司主导,也包括一些亚洲和欧洲在半导体供应链上的重量级公司。

资料来源:凌胜利,雒景瑜.拜登政府的"技术联盟":动因、内容与挑战[J].国际论坛,2021(06).

7.2.4 "走出去"和"引进来"面临更大压力

美国制定"再工业化"战略之后，其所采取的税收、信贷等方面的优惠政策确实吸引了一批美国制造企业回流本土，而且还有一批美国本土的制造业厂商也被禁止再向中国进行投资生产。2009年，美国对中国的外商直接投资额占中国实际利用外资总额的3.9%。尽管全球对中国的直接投资额仍逐年增加，但是，2011年以来，美国对中国的投资额开始呈现下降态势（表7.2，图7.3）。

2015年，美国对中国的外商直接投资额占中国实际利用外资额下降到2.05%。2017年1—11月，中资在美国的并购规模为138.8亿美元，只有上年同期水平的20%。2018年1—5月，中资在美国完成的并购和绿地投资规模也急剧下降，仅有18亿美元，为过去7年的最低水平。2018年8月，美国颁布了旨在扩大美国外商投资委员会（CFIUS）权力的新投资法案《外国投资风险评估现代化法案2018》（FIRRMA），进一步扩大外商投资的审查范围，加大审查力度，特别是加强我国对美国高技术产业领域投资的监控和审查，尤其关注的是人工智能等新兴关键技术领域，进一步增加了中资企业在美国海外并购及投资高新技术等新兴产业的难度。由于美国投资环境的频繁变化，导致我国部分企业开始对美国

表7.2 中国实际使用外资情况与美国对华投资情况（单位：亿美元）

年　份	中国实际利用外资总额	美国对华直接投资总额
2008	952.5	29.4
2009	918	35.7
2010	1 088.2	40.5
2011	1 160.1	30
2012	1 117.1	31.3
2013	1 175.8	33.5
2014	1 195	26.7
2015	1 262.7	26
2016	1 260	38
2017	1 310.4	31.3

资料来源：中华人民共和国国家商务部

投资失去兴趣。美国商业咨询机构荣鼎集团（Rhodium Group）的数据显示，2018 年，中国对美国的直接投资从 2016 年 465 亿美元（约合人民币 3 200 亿元）的最高纪录降至 54 亿美元（约合人民币 372 亿元），降幅达 88%。2019 年，我国企业的海外投资继续呈现下降趋势，对外直接投资及海外并购规模分别下降 10% 和 31%。根据国家商务部的数据显示，2019 年上半年，中国对美国非金融类直接投资额为 19.6 亿美元，同比减少约 20%，同期美国对中国直接投资额为 16.3 亿美元。2019 年 1—11 月，中国对美国投资同比下降 14.9%，连续三年呈下降态势。从投资结构看，中国和美国的双边投资主要集中于汽车和运输设备、消费产品和服务、信息和通信技术等领域，其中中国对美国投资规模较大的领域是不动产和酒店、基础设施行业。高技术领域投资受到的冲击尤为严重，2019 年，ICT 领域的投资额比 2016—2017 年间下降了 98%。2020 年 1 月至 6 月，中美两国之间的投资，包括公司的直接投资和风险资本的流入，较上年同期下降 16.2%，至 109 亿美元，这与 2016 年和 2017 年半年度就近 400 亿美元的总额相去甚远。其中，美国公司在中国的投资下降了 31%，至 41 亿美元。日本财务省也于 2020 年 5 月 8 日公布了需对海外投资者的出资进行"事先申报"及审查的对象企业[①]清单。如果这些企业在飞机、太空、核能、电力等 12 个核心行业涉

图 7.3　2008—2017 年美国对华投资情况

资料来源：国家统计局

---

①　包括三菱重工、川崎重工等。

及外国"国有企业"的出资或并购行为，必须接受日本政府的严格审查。据估计，新冠肺炎疫情爆发之后的数年时间内，国际直接投资还将在整体上呈现收缩趋势，原因是各国应对危机的扩张性政策基本上是内向的，鼓励对内投资而不是对外投资将是普遍的政策倾向。供应链的本土化会导致各国国内投资增加，从而导致对外投资的减少。

7.2.5　制造业绿色发展的要求更为迫切

全球经济和气候委员会 2018 年发布的《新气候经济》报告指出，到 2030 年，转向低碳增长道路能够产生 26 万亿美元的经济收益，并创造 6 500 万个工作岗位。低碳转型还将推动绿色科技创新，提高全要素生产率，这对我国制造业的绿色和低碳转型带来了新的挑战。以汽车产业为例，在全球低碳经济政策下，纯电动车将大量替代传统燃油车，使得功率半导体、第三代半导体需求显著增加，催生汽车半导体的增量市场。电动车中，逆变器和电机取代了传统发动机的角色，因此逆变器的设计和效率至关重要，其好坏直接影响着电机的功率输出表现和电动车的续航能力。目前，大部分电动汽车还是以 IGBT 来做高功率逆变器（DC-AC Traction Inverter）及车载充电系统。未来，SiC MOSFET 将进一步提高车用逆变器功率密度，降低电机驱动系统重量及成本。SiC 碳化硅是第三代化合物半导体材料，具有优越的物理性能：降耗能，动力系统模组缩小 5 倍，物料成本低，缩短充电时间，以及高温下的稳定晶体结构，未来会成为各车企的布局重点。

长期以来，我国的制造业发展带来了较为突出的环境污染等问题，这是违背制造业发展本性的"异化现象"。为此，习近平总书记指出，我国要做生态文明的参与者、贡献者和引领者，也进一步表明我国希望能够走出一条环境友好型的新型工业化发展道路。"再工业化"战略的实施实际上为绿色制造的发展提供了良好契机（图 7.4）。英国、美国、法国等发达国家为了抢占绿色发展的先机，先后推出了一系列推动制造业绿色发展的举措。因此，"再工业化"战略的推进，开启了制造业低碳化发展的新阶段。例如碳标签制度，明确要求在其国内市场出售的工业品必须清晰标示产品的生命周期以及生产过程中所包含的碳含量等相关信息。部分跨国公司也开始实行绿色供应链采购,对其他国家所生产和提供的中间产品提出十分明确的绿色标准限制。因此,制造业的绿色发展绝不是简单的对生产过程所造成的环境污染进行治理,而是要从根本上对制造业的生产体系进行革命性变革。以机械产品为例,绿色制造主要包括五个维度。一是产品设计绿色化。为了适应节能减排的需求,应该建立面向生态化设计的数据库和知识库及相关技术规范和标准;为了适应对废旧机电产品回收、再制造的要求,必须在设计阶段就考虑结构的易拆解、易回收、易修理。二是工艺材料绿色化。用于制造过程的工艺材料绿色化发展很快,那些传统的,给环境带来污染,威胁人身健康的工艺材料将被逐步取代。三是制造工艺绿色化。零件精确成形技术比起传统的成形工艺,材料利用率可提高 20%—40%,取消或大大减少了加工工时,实现了节能、降耗的目标,是一种很有推广应用前景的绿色制造工艺。此外,诸如粉末冶金等具有材料制备与零件成形一体化短流程特点的基础制造工艺,也是值得关注与推广的。四是产品包装绿色化。面向环境的产品包装设计、包装材料、包装结构和包装废弃物回收处理,将成为包装的主流发展趋势。其目标是实现资源消耗和产生废弃物最小化。五是处理回收绿色化。以废旧零部件为对象的再制造技术成功解决了这些零件的磨损、裂纹、疲劳、损伤等失效问题,预期将在机械设备、医疗器械、家电产品、电子信息类产品领域得到广泛应用。

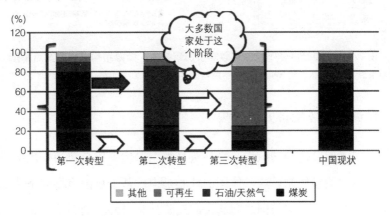

图 7.4　全球能源转型阶段及中国现状

资料来源:史丹.绿色发展与全球工业化的新阶段:中国的进展与比较[J].中国工业经济,2018(10).

《巴黎协定》的目标仍是当今全球制造业发展的严峻挑战。到 2050 年，若将全球变暖限制在 1.5℃以下，则需要在 2030 年将碳排放减少一半，在 2050 年实现碳排放减少四分之三。国际能源署零碳排放路线图显示，若要在 2050 年实现净零排放，能源消费需要减少 7%，2030 年前能源强度年均降低 4%。因此，全球范围持续控碳减排、大力降耗提效至关重要，对制造业的绿色发展提出了更高要求。全球碳价高速增长且有望持续走高。至 2060 年，预计多国碳价将达到 200 美元/吨左右。若不采取行动，诸多企业高达 50% 的利润将面临风险。碳排放权和排放配额作为新型货币，随碳价上涨，价值也将不断攀升。因此，强化碳排放管理，将成为未来我国制造业企业控制产品成本，提升企业竞争力的重要手段（图 7.5）。

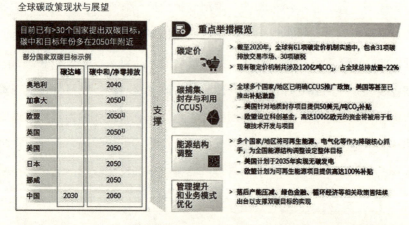

图 7.5 主要经济体不断深化碳定价、碳技术、能源结构调整等重点举措

资料来源：欧盟碳边境调节机制进展、影响与应对策略[R].罗兰贝格，2022-05.

7.2.6 投资贸易环境将更加严峻

作为乌拉圭回合谈判的成果，世界贸易组织取代关贸总协定，成为规范全球贸易活动的多边贸易体制，这一体制的核心是谋求基于自由市场经济体制的全球自由贸易和公平竞争。国与国之间通过广泛贸易获得好处的经济学理论基础，经历了从亚当·斯密的基于绝对优势的专业化分工和贸易，到大卫·李嘉图的基于比较优势的分工和贸易理论的演变，各国都可以通过基于市场的自由贸易获得基于生产并出口自身具有比较优势的产品的经济福利。这一多边体制为维护全球自由贸易制定了基本规则、争端解决机制和监督机制，是第二次世界大战结束后美国主导的国际秩序的支柱之一。

但是，随着全球化的不断深入，贸易规模不断扩大和贸易不平衡格局的演变，这一体制的规则性缺陷和效率低下的弊端也日益显现。特别是 2008 年全球金融危机之后，全球地缘政治风险频发，开放透明的多边自由贸易体制遭受威胁。美国的单边主义行为不仅损害了各贸易伙伴国的利益，更损害了世界贸易组织及其争端解决机制的权威性，使多边贸易体制和国际贸易秩序面临空前险境。美国试图全盘否定世界贸易组织长期执行的以"互利互惠"为特征的国际经贸规则，由倡导"自由贸易"转向强调所谓"公平贸易"，推行突出"竞争"理念及西方制度特征的新一代国际经贸规则，通过加征关税、高筑贸易壁垒等手段在世界范围内挑起贸易摩擦，在一定程度上打破了全球贸易互惠共赢的利益分配机制。美国与中国之间的贸易摩擦也愈演愈烈。特别是特朗普政府在对华贸易方面采取了不同于以往的处理方式，开启并升级了全面的"关税战"，对我国的高技术行业实施了范围日益扩大的技术封锁和关键零部件、设备封锁，从过去传统的与军事用途相关的领域扩大到了民用领域。2020 年爆发的新冠肺炎疫情，又在某种程度上加深了双方的紧张关系和不信任感。伴随中美冲突的进一步发酵，不同产品类型可能面临不同的地缘政治风险级别，这将有可能使我国在高科技行业供应链方面面临最大的挑战。未来，主要的贸易品将分为三个层级：一是完全开放的贸易品类，比如低风险的消费级软件、通用化硬件，如机箱和电源；二是部分受限的品类，如企业级硬件和软件；三是严格受限的产品品类，包括高尖端的半导体元器件、电信网络的核心设施、先进生物科技等（图 7.6）。2019 年，贝恩咨询公司对全球超过 200 家跨国公司进行的调研发现，已经有超过两成的厂家表示将重新思考其供应链布局，如采用不同地区的合同制造商、主动将投资从中国转向其他地区、在全球重新布局自有生产/制造网络、调整生产流程从而增加中国以外区域布局等举措。上述一系列措施导致 2019 年美国从中国进口的科技或电子产品的金额同比下降 19%，是自 2016 年以来首次下跌。

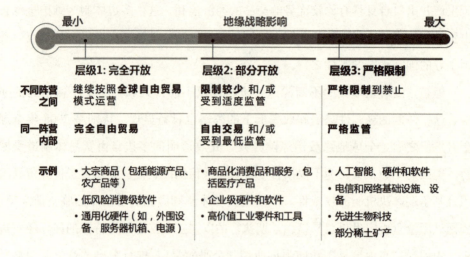

图 7.6　地缘政治影响下不同产品类别面临不同的风险等级

资料来源：朱永磊,等.疫情加速高科技供应链重新布局,但中国地位难以被替代[R].贝恩,2020-05.

由于多哈回合谈判迟迟不能在一些议题上取得一致，区域性自由贸易协定越来越成为一些国家解决问题的替代性选择，由此产生了全面与进步跨太平洋伙伴关系协定（CPTPP）、跨大西洋贸易与投资伙伴关系协定（TTIP）、区域全面经济伙伴关系协定（RCEP）等一系列区域自贸协定。这些协定不仅覆盖的区域范围不同，涉及的自由贸易领域和标准也有所不同。例如，经美国于 2020 年 1 月 29 日、墨西哥于 2019 年 6 月 19 日和加拿大于 2020 年 3 月 13 日批准后，美国-墨西哥-加拿大协定（USMCA）于 2020 年 7 月 1 日正式生效，从而取代了 1992 年签署的北美自由贸易协定（NAFTA）。这一协定有一些著名的"毒丸条款"。例如，"汽车规则"就规定汽车总价值中 75% 的比例必须在 USMCA 范围内生产才能被认定为"北美生产"，而之前北美自由贸易协定的规定仅为 62.5%，这项规则对美国有利而对加拿大，尤其是对墨西哥不利。这一条款被公认为"典型的特朗普式漫天要价"。"落日条款"则规定，三国中任何一国只要对 USMCA 中任何一项条款感到不再满意，就可以通过本国立法体系对 USMCA 的期满续约加以阻挠，而无需经由三国协商，这被认为给予了美国"特朗普式的只要觉得吃亏就随时反悔"的权利。这也是加拿大和墨西哥国内对 USMCA 最为不满的"毒丸"之一，并被专业人士公认为"USMCA 未来最大的不确定性"。这也在无形中给我国等随时可能成为被"毒丸"暗算的第三方国家提了个醒：要避免在国际贸易交往中被美国"毒丸"所"绊倒"，就要更积极努力地推动贸易自由化、全球化，扩大自身在国际市场和全球经济中的份额。

面临更低的关税障碍和非关税壁垒，围绕贸易争端的解决有了基于多边规则的可预见性。由于世贸规则的约束，通过修改大量国内法律法规，我国国内涉及经济和市场管制的制度和规则变得更加公开透明并符合国际惯例，营商环境得到相当程度的改善并日益国际化。但是，当前，以美国为首的发达国家并不简单满足于 WTO 原有规则基础上的自由贸易，而是倾向于修改某些现行规则，或增加某些新规则，提高在劳动者权益、环境保护标准、知识产权保护、产业补贴、数据安全等方面更高标准的公平竞争基础上的自由贸易，而且不少条款的修改或增加具有较为明显的针对中国的意图。美国智库也加大对我国不同行业产业政策和政府补贴对市场与贸易扭曲的实证性学术研究，并提出了针对我国的所谓"创新重商主义"的新概念，对我国的创新驱动政策进行重商主义归类，并认定我国带有重商主义色彩的创新政策会阻碍全球创新，需要发达国家携手共同应对①。拜登政府上台后，虽然在双边关系上开展了多次接触，表达了在不同领域与我国开展竞争、合作、对抗的基本立场，但其政策框架并没有完全修正特朗普时期的做法，比较明确的是继续把我国作为战略竞争对手。因此，美国政府不太可能满足于通过谈判获取中国增加从美国的进口进而缩小中美贸易顺差的结果，而会以所谓市场经济标准的结构性改革、公平竞争基础上的自由贸易等为由，逼迫我国政府在国有企业、产业政策、政府补贴、劳工权利、气候环境、知识产权保护等领域做出进一步改革并减少市场和贸易扭曲的承诺，强化对双边协议实施的监督。其实，如果算上"要素收入贸易"，就可以发现传统贸易数据在很大程度上低估了发达国家的真实出口额，并且也扭曲了发达国家和发展中国家的贸易差额。2021 年 11 月 16 日，世界贸易组织、亚洲开发银行、日本亚洲经济研究所等机构联合发布《全球价值链发展报告 2021：超越生产》，引入了"要素收入贸易"

---

① 　徐林.从加入 WTO 到加入 CPTPP：中国产业政策的未来［EB/OL］."比较"微信公众号，2021-11-14.

概念框架后发现，如果考虑到与知识产权服务贸易有关的"缺失价值"，全球价值链规模可能是通常报告的两倍，而且，中美贸易顺差比传统总贸易统计体系所计算的数值减少了约 1/3，也比增加值贸易统计框架下的估值低 17.4%。其实质是国际贸易的内容正在发生根本性变化，服务在全球价值链中的比重越来越高，这也是制造业与服务业深度融合、货物贸易与服务贸易深度融合的必然结果。"要素收入贸易"主要包括专利、商标、版权、品牌、设计、软件、数据库等无形资产，通过把无形资产服务出口纳入贸易统计，为全球价值链提供了更客观、更全面的认知方式，弥补了传统贸易数据的"缺失"。这意味着美国的出口收入被大大低估，不利于客观反映全球化带来的利益分配格局变化。如按照"要素收入贸易"框架计算，中美贸易将更趋均衡，更能客观反映中美贸易现状，更能体现美国仍是全球化的最大受益者，而不应走贸易保护主义和逆全球化之路。

第8章

发达国家"再工业化"战略背景下
我国制造业优化升级的战略重点

　　随着发达国家"再工业化"战略的深入推进，我国制造业发展进入"进退两难"的境地：低端环节，面临着生产成本更低的越南、印度尼西亚等国家的竞争；高端环节，面临着发达国家所营造的更为激烈、残酷的竞争环境。如果低端环节失守，将会使我国经济发展面临"硬着陆"风险；如果高端环节依旧难以突破，将使得我国经济可持续发展缺乏更为有效的引擎和发动机。因此，我国的工业化尚未完成应有的历史使命。发达国家"再工业化"战略的实施进一步表明，制造业始终是国家经济能够保持长效增长的不竭动力，是技术创新的供给源泉，更是保持充分就业的关键载体。下一阶段，我国经济发展最重要、最紧迫的任务就是必须从主要依靠低价格的资源投入、低标准的环境保护和低水平的劳动报酬、社会保障等为依赖的制造业发展动力，转变为主要依靠技术创新和制度优势为特征的新的竞争力源泉，这将成为我国制造业转型发展最根本的战略方向。与此同时，发达国家"再工业化"战略的深入推进，使得全球新一轮制造业竞争呈现出许多新特点，国际产业竞争的聚焦点愈发向制造业领域汇聚。这既对我国制造业的升级带来了严峻的挑战，同时也提供了全新的机遇。历史发展表明，任何工业强国所拥有的核心技术都具有难以模仿、不易扩散的特点，因此，我国在发达国家"再工业化"背景下推进制造业发展的转型升级，必须认识到我国制造业核心能力的异质性，充分考虑我国独特的产业基础、人力资源基础、需求支撑等个性化因素，进而不断构建并强化我国制造业发展的核心竞争力①。要充分认识到产业升级不是简单地放弃制造业转向服务业，而是要积极重视制造业的价值链升级，进而以制造业的高端发展为基础真正延长服务链，推动高端服务价值的体现。

8.1 产业导向重点

我国大部门制造业门类已经完成接收生产能力和设备技能的国际转移阶段，但还远远没有完成核心技术创新能力构建阶段。这在某种程度上意味着，我国的制造业升级还不能完全照搬发达国家"再工业化"的战略重点，不能简单"狗熊掰棒子"式地完全放弃传统制造业，一味单纯地去追求发展高端制造业，而是要在制造业发展、全球分工中要有所为、有所不为，力争在重点领域实现全方位突破，强化传统工业部门和先进制造部门，使制造业发展的特定部门能够进入世界水平②。

8.1.1 做强战略性新兴产业

战略性新兴产业是制造业中创新最活跃、成果最丰富、活力最迸发的领域，同时又是全球价值链中最高端利润、最高级附加值汇聚的领域。战略性新兴产业同样是全球制造业竞争中最核心的领域。例如，2018 年 10 月 5 日，美国白宫发布的《美国先进制造业领导力战略》中，进一步将人工智能、量子科技和 5G 技术等作为制造业发展的重点领域。未来，我国应当积极瞄准国家重大战略需求、国际领先技术与前沿领域，积极发展集成电路及专用设备、核心通信信息设备、操作系统及工业软件等下一代信息技术，高档数控机床与机器人、航天装备、民用航空装备、先进轨道交通装备、海洋工程装备、高技术船舶、电力装备、节能与新能源汽车、电动汽车、智能网联汽车、先进农业装备等高端制造，先进基础

---

① 黄群慧,贺俊.中国制造业的核心能力、功能定位与发展战略[J].中国工业经济,2015(06).
② 金碚.大国筋骨——中国工业化 65 年历程与思考[M].广东经济出版社,2015：232.

材料、关键战略材料、前沿新材料等新材料，以及新能源及储能、分布式能源、智慧能源、生物医药及高性能医疗器械、节能环保等战略性新兴产业。

在明确战略性新兴产业发展导向的同时，还需要进一步厘清战略性新兴产业的重点发展方向。例如，人工智能领域，从 5G 到人工智能到元宇宙，人工智能概念的创新日新月异，而要真正落地则离不开更多的大数据支持以及算力能力的不断提升。人工智能"大模型 + 大数据 + 大算力"的发展新形势正在对我国的人工智能产业提出的新需求。下一步，人工智能计算中心不再只是独立的系统，而要走向相互联接，更好地汇聚和共享算力、数据、算法资源，更好地满足我国经济社会高质量发展的新形势和新需求。在这样的背景下，人工智能计算中心的网络化发展成为新的发展趋势，算力、大模型、数据集、行业应用等人工智能要素流动共享，成为应对新需求的重要途径。也就是说，未来各个人工智能计算中心在逐步发展完善后，也将从一个个独立系统，逐步相互联接，组成一张功能强大的算力网络。当前，我国已经启动"东数西算"工程，从京津冀到粤港澳大湾区，从长三角到成渝，从内蒙古到贵州，从甘肃到宁夏，一张纵贯东西、横跨南北的全国一体化大数据中心体系落子定盘，将推动我国算力资源有序向西转移，促进建立东西部算力供需体系。据国际数据公司（IDC）测算，预计到 2025 年，中国产生的数据总量将达 48.6 ZB①，占全球的 27.8%，对 GDP 增长的贡献率将达年均 1.5% 至 1.8%。

集成电路领域，从产业分布来看，我国已经投入了大量芯片设计、封装测试公司，但是芯片制造和 IDM 公司仍然非常少，这种分布的企业生态实际上是很不健康的。我国集成电路产业的收入构成显示，截至 2019 年，集成电路设计、晶圆制造、封装测试在整个产业中分别占比 40.5%、28.40%、31.1%。半导体芯片行业通常有三种运作模式，分别是代工厂模式（Foundry），即只负责制造、封装或测试的其中一个环节，不负责芯片设计；无工厂芯片供应商（Fabless）模式，即只负责芯片的电路设计与销售，将生产、测试、封装等环节外包；IDM 模式，集芯片设计、芯片制造、芯片封装和测试等多个产业链环节于一身，也是

---

① 泽字节，代表的是 10 万亿亿字节。

早期多数集成电路企业采用的模式。目前，我国劳动力密集型的芯片封测业已经全面成长，封测能力已经居于世界一流；技术和资金密集型的芯片制造业虽然已经接受一部分的国际转移，有所成长，但与世界先进制造工艺仍相差 1—2 代技术，同时芯片制造配套的设备、材料仍然被国外厂商垄断；知识密集型的芯片设计很难转移，技术差距显著，我国想要依靠自主发展取得重大突破仍然面临很大困难，因为芯片设计所需的 EDA 工具、IP、CPU 架构等目前仍被国外厂商垄断（图 8.1）。

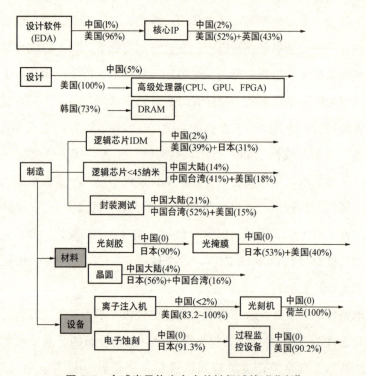

图 8.1　全球半导体生态中关键领域的"垄断"

资料来源：孙志燕.破解中国"芯"难题需立足全球半导体产业生态［EB/OL］.澎湃新闻网,2021-09-14.

未来，把握全球半导体技术"摩尔周期"临近极限的战略窗口期，以新型举国体制加快我国在全球半导体供应链中做出实质性突破。从全球半导体技术进步的趋势来看，28 纳米硅芯片的制造技术是摩尔定律的一个临界，之后技术进步的周期会延长、成本会大幅增加。例如，高级逻辑芯片从 10 纳米提高到 7 纳米，整个研发到制造的成本将增加 1 亿美元，从 7 纳米到 5 纳米，成本将翻一番。由于成本和技术复杂度的提高，当前的技术更新已经到了一个极限。下一代半导体技术的竞争重点将转向新的半导体材料（如镓或者氮基材料）和量子计算等，这些技术的进步更大程度上取决于物理、化学、数学等基础学科领域的突破，研发周期相对更长，全球半导体技术的进步周期进入减缓阶段。我国在进行技术追赶的过程中，应当确立分阶段目标，有所取舍，聚焦于一个或某几个技术领域，逐步在全球半导体供应链形成领先优势。另一方面，"举国"新机制的核心意义在于政策资源的整合和规模效应。在具体实施过程中，要避免以此为由过多组建新的研发机构或创新平台。可借鉴发达国家的经验，以创新共同体或技术集群的模式对分散的存量创新资源重新整合优化，着力推动具有明确技术导向和攻关任务导向的集群式创新。

8.1.2　优化提升传统产业

制造业是创新诱导型产业和诱导创新型产业，同时也是大多数科技创新的孵化基地和应用领域，因而通常也是生产率提高最快的产业。在熊彼特看来，经济发展的本质就是创新，具体体现为引进新的产品或产品特性、采用新的生产方法、开拓新的产品市场、获得或者控制新的原材料或中间产品，以及通过垄断或打破垄断执行新的组织方式。从工业革命以来的经济史看，引起产业革命和产业发展的创新活动大都率先发生在制造业，进而渗透到其他产业中。因此，从本质而言，先进制造与传统制造之间并不存在绝对标准的附加值高低之分。传统制造如果采用了高技术因素，同样可以产生高附加值；而先进制造中也存在着低附加值的生产环节。传统制造业的优化升级主要有如下方式。

一是数字化。向传统制造中植入高技术因子的一个最重要途径就是要继续实行工业化与信息化的深度融合。进一步在产品的研发、设计、生产和销售过程中采用最先进的信息技术。2020 年 11 月出版的第 21 期《求是》杂志刊发了习近平总书记的重要文章《国家中长期经济社会发展战略若干重大问题》，提出"加快数字经济、数字社会、数字政府建设，推动各领域数字化优化升级"。产业数字化即是利用现代信息技术对传统制造业进行全方位、全角度、全链条的改造。2019 年,我国产业数字化的增加值为 28.8 万亿元,其中工业的数字渗透率为 19.5%,而服务业的数字化渗透率为 37.8%。与服务业相比,制造业的数字化进程仍有较大空间,需要进一步提高数字渗透率。

二是智能化。在 2019 年的政府工作报告中,我国首次提出了"智能+"的概念,将智能制造确定为国家经济发展新动能的重要发展方向。智能制造体系将进一步与数字化进程相互促进,通过优化研发设计、生产制造、营销管理等各个环节,重塑传统制造业的生产流程,推动中国经济体系优化升级,建设制造强国、质量强国、网络强国以及数字中国。例如,人工智能的应用使越来越多的技术商和创业企业成为制造业生态圈的一员,以与 5G、云计算、大数据融合作为切入点服务于传统制造企业,为制造企业提供协同化、定制化、平台化的制造服务。新生态组织也会因为不同的目标而呈现不同形态,如平台中心模式和场景中心模式。平台中心模式以技术平台为主导,聚合技术提供商、硬件厂商、初创企业、网络提供商等不同领域的参与者,围绕制造业的人工智能战略、技术实践、实施流程、项目交付展开行动。在生态圈的协同合作里,每个参与者都为人工智能解决方案的落地带来独特的经验和价值(图 8.2)。

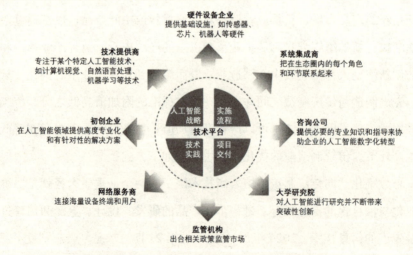

图 8.2　制造业智能化发展的"平台中心模式"

资料来源:2021 年制造业十大人工智能创新应用发展报告[R].德勤咨询公司,2021-10.

场景中心模式是以场景为核心的多中心网络模式。围绕质量控制、预测性维护、需求预测等场景核心问题，技术提供商、硬件制造商、网络服务商等多方主体将完成多中心的网络协作，在场景中实现人机协同（图 8.3）。

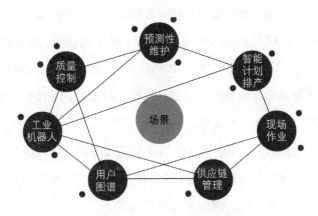

图 8.3　制造业智能化发展的"场景中心模式"

资料来源：2021 年制造业十大人工智能创新应用发展报告[R].德勤咨询公司,2021-10.

传统制造业生产模式的智能化创新，应当注重如下四个方面：一是网络协同制造，基于先进的网络技术、制造技术及其他相关技术，构建面向特定需求的基于网络的制造系统，突破空间对企业生产经营范围和方式的约束，实现企业内各环节"纵向集成"和供应链上下游"横向集成"的协同制造；二是规模定制生产，提升设计和生产的"柔性化"水平，形成柔性的、满足个性化需求的高效能、大批量生产模式，供应链各环节的联系和协作加强，设计、生产、仓储、配送和销售效率提升；三是"云平台＋"制造，通过建立云平台，在全球范围内，通过互联网协同进行产品设计、生产制造等，依靠行业、区域核心企业或企业群体的综合优势，灵活、快速响应市场需求，提高全球制造资源的利用率；四是软件定义的制造，未来的很多产品，将会集娱乐、休闲、工作为一体，产品设计和用户体验将发生巨大的变化，软件价值甚至超过硬件，成为产品价值的主要来源（表 8.1）。以汽车制造为例，智能网联汽车商业化发展将取得重大突破，软件价值将超过硬件，从当前占比 10%—30% 提升到 60%，汽车不再是产品，而是承载服务的平台。服务模式的智能化创新，可重点关注如下两个方面：一是售前营销，通过人工智能判断重点需求，从而进行更实时、精准的广告投放。世界领先的企业通过 AI 技术和大数据更好地预测出客户的行为，有数据显示，51% 的客户潜意识里受到 AI 的影响，不自觉地提高了对企业或品牌的好感度。人工智能的应用，例如个性化推荐和自动执行订单等功能，同样提高了客户对公司的信任感：48% 的消费者和 63% 的企业买家更倾向于使用具备 AI 技术的公司或品牌。二是远程运维服务：设备远程运维平台，通过物联网、大数据和人工智能算法等技术，对生产过程、生产设备的关键参数进行实时监测，对故障及时报警。因联科技"智能运维"为工业企业提供远程设备运维解决方案，减少对人工现场出勤的高度依赖。由工业大数据分析及人工智能算法支撑的预测性维护和辅助决策等功能，可以进一步减少由于非计划停机造成的人员出差和停工延误，让工业企业的运维实现少人化、无人化、远程化的模式变革。

表 8.1 传统制造业商业模式创新方向

服务型制造类型	具体内容
工业设计服务	建立开放共享的数据资源库，支持面向制造业设计需求，搭建网络化的设计协同平台，开展众创、众包、众设等模式的应用推广
定制化服务	建立数字化设计与虚拟仿真系统，发展个性化设计，用户参与设计、交互设计、推动零件标准化、配件精细化、部件模块化和产品个性化重组，增强定制设计和柔性制造能力，发展大批量个性化定制服务
供应链管理	建设智能化物流装备和仓储设施，促进供应链各环节数据和资源共享，面向行业上下游开展集中采购、供应商管理库存（VMI）、精益供应链等模式和服务，建设供应链协同平台
共享制造	围绕产业集群的共性制造需求，集中配置通用性强、购置成本高的生产设备，建设提供分时、计件、按价值计价等灵活服务的共享制造工厂，实现资源高效利用和价值共享
检验检测认证	制造业企业开门检验检测资源，参与检验检测公共服务平台建设
全生命周期管理	开展从研发设计、生产制造、安装调试、交付使用到状态预警、故障诊断、维护检修、回收利用等全链条服务
总集成总承包	制造业企业提高资源整合能力，提供一体化的系统解决方案，建设"硬件 + 软件 + 平台 + 服务"的集成系统，为客户提供端到端的系统集成服务
节能环保服务	推行合同能源管理，发展节能诊断、方案设计、节能系统建设运行等服务，逐步开展产品回收再制造、再利用服务
生产性金融	领军企业整合产业链与信息链，发挥业务合作对风险防控的积极作用，配合金融机构开展供应链金融服务，提高上下游中小企业融资能力

资料来源：工业和信息化部、德勤研究

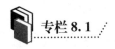

专栏8.1

未来提升高端产业发展能级的五大突破口

改革开放以来,我国凭借自身的劳动力成本和基础设施建设优势,日渐融入以发达国家为主导的全球价值链分工体系。但是,产业链高端环节掌控不足、附加值创造有限、"卡脖子"技术缺失等问题,仍然掣肘我国产业的高质量发展。后疫情时期,必须把握全球产业格局深刻变革的战略趋势,面向国家重大战略需求,站在引领国家产业创新、代表国家参与全球新一轮产业竞争的战略高度,以"高端技术"创新为核心要点,以"高端企业"培育为主要抓手,在"高端产品"和"高端环节"方面实现战略突破,并以此提升对"高端产业链"的掌控能力,进而形成具有全球竞争力和话语权的"高端产业集群",全方位强化高端产业引领功能,从而在重点产业领域成为"领跑者",在新兴前沿交叉领域成为"开拓者"。

1. 强化"高端技术"引领,成为关键前沿技术的战略供给地

"高端技术"是高端产业引领功能的核心战略点。高端突破的关键技术能够对产业发展形成强劲的迭代和赋能效应。我国在个别产业领域的技术积累和应用水平已达到或接近世界前沿。但整体而言,与创新领先的发达国家相比,我国在多数新兴产业领域仍处于跟踪状态,原始创新能力不足,突破性、颠覆性创新相对较少的问题仍十分突出。而且在新兴科技领域,我国继续引进和利用国外先进技术的机会空间大幅缩小,跟随式创新的可能性越来越小,更多需要原始创新。今后,应当抓住新兴产业领域存在的"技术变轨"和"市场变轨"的机会窗口,在需要长期研发投入和持续积累的高精尖原创核心技术方面持续发力,通过基础研究的累积进步,催生重大科学发现和重大技术创新,提高关键环节和重点领域的创新能力,提高研发投入精准度,着力攻克制约我国产业转型升级和新兴产业发展的"卡脖子"技术。同时,把握世界科技发展大趋势,提前布局若干前沿技术,制定"换道超车"技术引领战略,形成一批技术自主可控、在国际上并跑领跑的重大技术创新成果,成为顺应全球产业发展趋势、适应我国产业发展需要的

技术标准的制定者。

2. 强化"高端产品"引领，成为顶尖制造品牌的新兴突破地

"高端产品"是高端产业引领功能的关键落脚点。高端化、独特化、优质化的产品通常具有高附加值、高难度生产等特点，已经成为决胜全球产业市场的重要利器。我国在从工业大国向工业强国转型的过程中，很多产品已经满足了基本的功能性要求，但是可靠性、稳定性、精度性能指标仍然与全球顶尖标准有较大差距，存在国际知名品牌少、品牌影响力小、话语权弱、品牌价值低、总体形象欠佳等短板。今后，应当进一步推动制造产品从低成本竞争优势向高质量、高适用性、独特性等优势转变，提供更多面向全球、享誉全球、具有独特价值的产品，切实提升产品的全球竞争力。

3. 强化"高端环节"引领，成为传统产业转型赋能的新兴示范地

"高端环节"是高端产业引领功能的重要发力点。传统产业通过向产业链上研发、设计、服务等高端环节升级，能够对产业发展带来放大、叠加和倍增效应，充分激发传统产业的新活力。尽管我国拥有完整的制造业产业体系，但是大多处于产业链和价值链的低端环节。相较于一大批蓬勃发展的新业态、新模式，传统产业在拥抱数字技术、强化服务业态的过程中仍有较大提升空间。今后，应当积极拓宽数字技术等先进技术在改造提升传统产业方面的应用，加快发展新型制造、复杂制造和服务型制造新模式，推动制造业发展从主要依靠制造环节向研发设计、中高端制造、服务提供等价值链高端环节延伸，推动传统产业的质量变革、效率变革和动力变革。

4. 强化"高端企业"引领，成为高端制造"链主"企业的高能汇聚地

"高端企业"是高端产业引领功能的有力支撑点。凭借高端企业强大的竞争优势，能够有力整合、优化配置产业链上下游诸多企业参与方的创新资源要素，实现产业协同创新效应的最大化。在部分产业创新领域，企业的引领作用呈现强于科研院所的态势。例如，在自动驾驶感知技术创新领域，2018 年，全球以企业为申请主体的自动驾驶专利有 1 070 项，约为高校科研院所的 2.8 倍，占到总数的 64%，高于 2015 年的 53%。因此，只有拥有一批领军企业，才能真正支撑

高端产业的发展。尽管我国拥有蚂蚁金服、滴滴出行等一批在"客户中心型"和"效率驱动型"等领域的"独角兽"企业，但是在"技术驱动型"的云计算、自动驾驶等领域的龙头企业相对较少，缺少能够占据全球产业链顶端位置、引领全球产业核心创新的"链主"级企业。今后，应当大力培育一批自主创新能力达到或接近世界级水平的领军型企业，充分发挥其在产业价值及利润分配、资源配置、供应关系等方面的决定和支配作用，成为高端产业引领的主力军。

5. 强化"高端链群"引领，成为区域产业网络的核心枢纽地

"高端产业链"和"高端产业集群"是高端产业引领功能的集中体现点。只有形成产业链、创新链、生态链完整协同的产业集群，高端产业才能真正实现可持续发展。未来全球产业的竞争态势，将进一步从"单体项目竞争"转向"产业网络对抗"，区域产业网络的竞争程度将空前提高。从长三角区域的产业网络分工来看，在制造业尤其是半导体、生物医药等诸多战略性新兴产业中，中低端环节比重相对较高。而且，在重大创新攻关中，各类创新主体间仍然存在各种有形无形的"围墙"和"栅栏"，跨学科、跨领域的大协作仍显薄弱。今后，应当推动长三角区域等重点区域围绕战略性新兴产业，形成从研发、设计到物流、金融等环节高度融合、高效互动的全产业链布局，真正打造服务全国、辐射全球的有持续竞争力的世界级产业集群。

资料来源：周海蓉.上海强化高端产业引领功能的战略重点[J].科学发展，2020 (09).

8.2　关键领域重点

工业基础能力的优劣直接决定着制造业产品的使用性能和最终质量，是我国着力建设制造强国的关键支撑。但是，长期以来，我国的"四基"发展十分滞后，已成为制约我国制造业实现高质量发展的核心瓶颈。未来，应当进一步实施工业强基工程，重点围绕制造业发展的需求，梳理出需要重点攻克的瓶颈制约，集中力量予以突破。美国、德国、日本等发达国家之所以能够长期保持制造强国

的地位，能够拥有经久不衰的制造品牌，最根本的原因就是占据了制造业发展的关键领域。特别是从"再工业化"战略实施以来，全球制造业发展处在"创新密集"的机遇期，各种新技术都处在孕育期和爆发期，一系列前沿技术将从根本上颠覆制造业体系。因此，制造业发展的关键和核心更加体现在能否对"关键技术、关键材料和关键部件"形成具有不可复制性、难以超越性和长期引领性的竞争优势。

当前，我国着力实现从"制造大国"到"制造强国"的转变，但是与发达国家相比，我国制造业转型升级和跨越发展的任务紧迫而艰巨。特别是制造业发展过程中"有没有"的问题已得到基本解决，但是"好不好"的问题正变得日益突出。其中的核心瓶颈就是制造业创新能力不足、能级提升不够。一方面，消费升级所需要的高品质产品、品牌大量短缺，品质、材料、技术、工艺、标准等明显跟不上最高标准；另一方面，创新有效供给不足，关键材料、关键技术和关键部件面临"卡脖子"困境。例如，我国机械铸件的精度比发达国家低 1—2 级，机械基础件寿命为国外同类产品的十分之一到二分之一，传感器可靠性指标比国外低 1—2 级。这些差距造成我国的整机用户不愿也不敢采用国内零部件，宁愿使用进口零部件。在高性能纤维与生物基原料方面，我国与发达国家也有显著差距。国外代表性企业如日本东丽株式会社、帝人株式会社以及美国陶氏杜邦公司等，在高强、高模化碳纤维、对位芳纶等高科技纤维材料领域始终处于技术引领乃至技术垄断地位，而我国的中复神鹰等纤维新材料企业与之仍有较大差距。另外，我国纺织领域的关键原材料、溶剂、催化剂、萃取剂等质量稳定性较低，关键树脂、上浆剂等辅料仍依赖进口。因此，《中国制造 2025》明确指出，核心基础零部件（元器件）、先进基础工艺、关键基础材料和产业技术基础等工业基础能力薄弱是制约我国制造业创新发展和质量提升的症结所在。

提升制造业发展能级的核心不是全产业链、全价值链，而是以掌控全球供应链的关键片段为根本，以把握高增值端为核心。中美贸易摩擦也进一步表明，要想在全球制造业的分工网络体系中拥有价值创造的掌控能力，必须掌握制造业发展中关键的环节或关键领域。在国际贸易中，贸易是标、制造是本。美国"301

调查"中涉及的 1 300 多个产品所属的行业并不是中国更具比较优势的中低端制造，反而是《中国制造 2025》力求重点突破的关键领域。美国 2018 年版《国防战略报告》首次将中国定位为"战略性竞争对手"。因此，贸易摩擦具有长期性和日益严峻性，将从市场阻滞、技术封锁、产业链斩断等维度，对《中国制造 2025》重点领域的发展产生冲击性的负面影响。基于此，"三个关键"领域应当成为未来我国制造业重点突破的核心所在。

8.2.1　进一步做强关键技术

关键技术通常是指较长时期之内积累的一组先进复杂、具有较大价值的技术和能力的集合体。例如，人工智能技术正在成为引领制造业领域实现变革的关键技术，通过人工智能技术的突破，能够对原有生产技术和生产模式实施智能化改造，重塑制造业产业链、供应链和价值链。又如，美国在金融危机之后，提出了"工业互联网"的概念，通过信息技术将机器、物流、人以及信息系统连接起来，进行科学决策和智能控制，特别是通用汽车公司率先提出的 Predix 平台成为工业互联网风靡全球的起点。工业互联网基本上没有梅特卡夫定律[①]，它更多的是为工业行业中的一些应用提供比过去更高效的工具。而消费互联网一进入到社交、媒体、娱乐领域，就会带来质变，也就是"病毒式的裂变"，这种裂变在工业互联网中基本上是不存在的。而且，大部分工业互联网是没有双边市场效应的。因为工业互联网的构建聚焦的是企业层面，更为强调专业领域的知识支撑，这就在一定程度上限制了规模效应和协同效应。这也使得单纯运作互联网和云技术的科技公司很难搭建工业互联网。工业互联网更多呈现的是"单个企业、单套系统"，"单个行业、单套规则"的发展模式，不会像消费互联网那样，产生"单款游戏即可收获亿万用户"的爆款产品效应。因此，很难通过提供补贴等方式拓展用户、激活用户活跃度，而是必须依托制造业企业，从企业的核心业务入手，做好核心业务各个环节上的标准化和数字化。

---

①　网络价值与用户数的平方成正比。网络使用者越多，价值就越大。

8.2.2 进一步做强关键材料

材料是人类一切社会生活和经济发展的基础性要素，作为关键资源投入，一次次推动着技术革命的进步。关键材料是指新出现的具有优异性能和特殊功能的材料以及传统材料改进后性能明显提高或产生新功能的材料。关键材料通常能够对制造业的发展起到引导、支撑的关键性作用，具有优异性能或特定功能、应用前景广阔的关键材料已经成为航天、能源、生物等高技术制造的核心要素。例如，生产半导体芯片的材料具备极高的技术壁垒，因此，半导体材料企业就在半导体行业中占据着至关重要的地位。由关键材料所产生的新材料产业主要包括新材料本身生产相关产品形成的产业、生产新材料产品时高技术及高端装备产业、传统新材料技术提高时形成的产业等。与传统材料产业进行比较，新材料产业具有技术密集、研发资金投入量大、产品附加值高等特点。一是具备高新技术含量。与传统材料不同，关键材料的科学基础知识与多领域交叉学科技术相互作用，产品知识含量和附加值高，生产出精细高端的基础性材料，包含复杂的知识产权和拥有强大的竞争优势，资源和能源利用率高且注重产品的低碳性和可循环利用性。关键材料采用高新技术产生了优异性能和特殊功能，适用于高技术产业。例如，太阳能电池能源转换效率的不断提升，推动了新能源产业的发展；镁合金与钛合金等高端材料应用于航空航天和汽车等领域，强度高、消震性和散热性好。二是高度关联性。关键材料通常处于产业价值链的上游，任何重要生产活动都离不开关键材料的供应，能够为下游产业提供生产资料和技术支持，上下游之间存在高度关联性，因此下游产业的市场需求在一定程度上决定了关键材料的需求。关键材料的研发和生产水平制约着其他产业的发展水平，能够辐射带动其他产业的发展，与下游相关产业的融合发展是未来产业发展的重中之重。

全球新材料产业由 2016 年 2.09 万亿美元增长至 2019 年 2.82 万亿美元，年均复合增长达 7.7%，其中 2019 年同比增长超过 10%。从 2019 年新材料产业构成看，先进基础材料产值比重占 49%，关键战略性材料产值比重占 43%，受 3D 打印材料、石墨烯、超导等新兴产业技术不断突破，前沿新材料比重由 2018 年的 3.1% 上升到 8%。发达国家通过制定相应的规划,在研发、市场、产业环境等不同层面出台政策,全面加强扶持力度,对关键材料发展的宏观引导不断增强。例如,美国政府把新材料列为影响经济繁荣和国家安全的六大类关键要素之首,从其新材料产业的相关政策发展来看,新材料发展的政策引导较密集,涵盖的领域包括国防安全、清洁能源、特种材料等,包含纳米技术材料、复合材料、生物材料、能源材料及半导体材料等诸多领域的材料。美国的新材料产业带有浓重的军工特色,其新材料研究多服务于国家安全,以军工、航空航天及能源为主导方向,这使得美国在航空航天及电子计算机技术等方面一直处于高度领先状态。日本一直致力于新材料领域的技术研发和应用,在电子信息材料、碳纤维复合材料、半导体材料及特种钢等新材料领域一直是国际上的佼佼者,特别是在环境、新能源材料和电子半导体三个领域在国际市场占有绝大份额,并且在工程塑料、碳纤维、精细陶瓷、有机 EL 材料、非晶合金、汽车钢铁材料、铝合金材料等方面的优势也很明显。我国的新材料产业在全球处于第二梯队,年均复合增速超过 20%,但上游关键材料、设备发展仍存在诸多"卡脖子"环节,国产替代需求迫切、市场巨大、进程加速。未来一段时间内,国产替代将成为行业成长的主旋律。2019 年我国新材料行业投资数量为 59 起,单笔投资规模相比 2011 年增加近一倍,投资规模达到 89.87 亿元。

8.2.3 进一步做强关键设备及部件

关键设备及部件通常是制造业产品中最具有核心效能、对最终产品最具影响力和制约力的部分,特别是在模块化生产的背景下,关键部件的创新有可能改变整个产品的结构。例如,对信息技术发展最具制约性的关键部件是传感器,传感器的"可度量"是大数据的关键所在;工业机器人中的控制器、减速机和伺服电机是决定机器人性能的最关键的核心部件;新能源汽车中的固态锂离子电池也正在成为关键部件,其具有安全性高、能量密度高、循环寿命长、工作温度范围高等优势,为此日本政府、日本电池制造商及本田、日产和丰田三大主要汽车制造商将联合研发固态锂离子电池,希望能够抢占绝对优势的行业地位。与此同时,随着汽车的智能化自动驾驶级别的不断提高，芯片日益成为汽车的关键核心部件。在计算和控制芯片方面，新能源电动车平均芯片个数将从 2017 年的 800 个，增长到 2022 年的 1 500 个左右，算力提升将带动主控芯片半导体的大幅需求（图 8.4）。

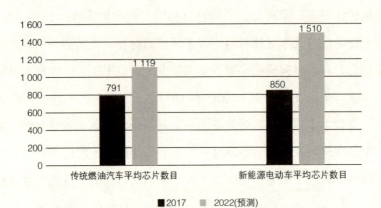

图 8.4　全球传统和新能源汽车平均芯片数目的预测

资料来源：中国企业工业协会、德勤

目前，车载芯片存储单元数量与性能的大幅提升是无人驾驶由 L2 迈向更高局次 L4/L5 的重要保障。不同自动驾驶级别需要不同的 DRAM 和 NAND。一个标准 L3 级智能汽车需要至少 16 GB 的 DRAM 和 256 GB 的 NAND 存储器，而一个 L4 或 L5 级的全自动驾驶汽车业内预估则需要 74 GB 的 DRAM 和高达 1 TB 的 NAND。据 Counterpoint Research 估计，未来 10 年，单车存储容量将达到 2—11 TB，以满足不同自动驾驶等级的车载存储需求。总体来看，L2 升级到 L3 级别汽车半导体成本的涨幅为 286.7%，L3 升级到 L4/L5 级别半导体成本涨幅达 48.3%。因此，汽车半导体在汽车当中将扮演着越来越重要的角色。在全球半导体所有子行业中，汽车半导体的增速最快，高达 14.3%，收入规模将从 2020 年的 387 亿美元增加到 2025 年的 755 亿美元（图 8.5）。[①]

高端芯片制造的关键设备是 EUV 光刻机，我国生产高端芯片的核心设备光

---

① 德勤（Deloitte）：《不确定下的曙光——亚太半导体腾飞》，2021 年 12 月。

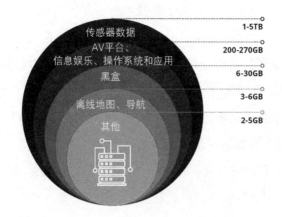

图 8.5 2025 年 L4 级无人驾驶汽车数据存储需求

资料来源：Counterpoint

刻机严重依赖进口。荷兰、美国、日本等发达国家 EUV 光刻技术专利申请方面起步较早，在海外布局的专利很多，已经形成了很强的专利壁垒，而我国在 EUV 光刻各热点技术领域的专利申请量均很少，在海外布局的专利更少，因此，我国的芯片制造严重受制于人。即使是在传统的纺织产业，高端纺织机械关键技术与装备也需要依赖进口。我国仍有 10 项纺织装备与零部件依赖进口，估算年进口金额 5 亿多美元，约占纺织机械与零部件进口额的 1/7，包括自动络筒机用电子清纱器、空气捻接器和槽筒，无梭织机用高速电子多臂装置，自动穿经机，纺织用工业喷墨印花喷头，印花导带等①。

"三大关键"领域对于我国制造业发展具有十分重要的战略意义。一是"三大关键"领域具有强劲的赋能效应。"新兴"与"传统"制造业都离不开这"三大关键"领域。一方面，新兴产业的发展本身就包括了大量关键技术的突破、科技成果的转化及商用，能够引起若干领域的群体性和系统性突破。另一方面，如果传统制造业能够广泛应用具有强劲创新带动效应的关键技术、关键材料和关键部件，就同样能够实现生产流程、产品品质和管理模式的创新，进而向产业发展的中高端领域迈进。二是"三大关键"领域具有高端锁定效应。后发者唯有通过

---

① 魏际刚. 构建强大纺织产业链的战略思路[R]. 国务院发展研究中心,2020-10.

更具创新力的产品才能够突破领先者的技术封锁和价格垄断。例如，美国的国际集成电路几乎霸占全部民用领域，全球都对其最为关键的设计技术形成了路径依赖，很多产品的专利只有在美国获得授权，才能被更多的下游企业接受。三是"三大关键"领域具有领先的标准效应。"三大关键"领域由于具有技术密集、附加值高、引领作用强、影响力大等特点，往往成为制造业国际标准竞争的关键点。例如，"极化"制造也正在成为制造业发展的前沿领域之一。信息领域中的分子存储器、原子存储器、量子阱光电子器件，航空航天领域中的微型飞机、微型卫星、"纳米"卫星等都是"极化制造"的代表，如果能够在这一领域形成话语权，将享有十分强劲的标准引领效应，增强制造业发展的话语权和影响力。

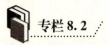 专栏8.2

别让工业软件再承受"缺芯"之痛

自中美贸易摩擦出现以来，加上国际政治局势的不稳定，"黑天鹅"事件不时发生，特别是在科技领域。据初步统计，截至2021年12月18日，已经有611家中国公司被美国列入"实体清单"，其中很多是中国高科技领域的IT公司。目前，在线协同设计工具已经能够实现国产化替代，Figma的"断供"不会给大疆造成太大影响。然而，这一事件却戳到了我国工业软件发展落后的软肋。

虽然当前我国制造业规模已经达到了世界领先水平，但工业软件基本被国外巨头垄断，国内供应商发展受限，尤其在工程软件、研发设计软件方面较弱。PTC、达索、西门子等核心设计仿真软件垄断了国内90%的市场，DCS、PLC、SCADA等工业控制软件垄断了国内70%的市场，尤其在高端领域，国外工业软件占有95%以上的市场份额。不得不说，中国在很多工业软件方面还是空白，这是一个会被"卡脖子"的薄弱环节。为此，工业软件的短板必须要迅速补上来。我国汽车工业软件自然也是暗藏风险，过去汽车行业更多关注硬件类产品的自主可控，实际上在软件方面的自主可控亟需引起重视。具体来看，汽车工业软件在行业整体的应用很广泛，在整车研发、生产、制造等各个环节和要素中都有涉及。但现状是，汽车工业软件除部分运营管理类软件外，在研发设计、生产控制、汽车嵌入式等领域基本上都被国外产品所垄断。

比如，在汽车研发设计领域中，CAD、CAE 等主流设计、仿真类软件均被国外公司垄断；在运营管理软件领域中，国内在自动化办公方面涌现出了较多的企业，但在 ERP、数据库等核心运营系统及支撑方面较为欠缺；在汽车生产控制软件领域中，西门子、GE 等国外企业技术较为先进；在汽车嵌入式软件领域中，主要包括汽车电子和汽车操作系统，后者又分为车控操作系统及车载操作系统，均处于被国外垄断的状态。2021 年，汽车行业备受"缺芯"问题的困扰。同样，如果这些被垄断的汽车工业软件突然对中国"断供"，对产业发展的影响不言而喻。要想不被"拿捏"，表现硬气，还得突破"卡脖子"技术，让汽车工业软件实现自主可控。在国际局势不明朗、市场环境瞬息万变的大背景下，我国汽车行业要想稳健发展，除了要解决显而易见的问题，还要提前应对未来的不确定性风险。中国汽车产业的市场足够大，汽车工业软件的生存土壤足够肥沃。大疆被"断供"也是前车之鉴，汽车行业要防止工业软件成为下一个"缺芯"问题，观念上的转变和重视只是第一步。

资料来源：赵琼.别让工业软件再承受"缺芯"之痛[N].中国汽车报,2022-03-22.

8.3　产业融合重点

当前，全球制造业发展的显著特点即是专业分工和产业融合呈现共同繁荣的发展态势，特别是新一代信息技术、人工智能技术与制造业的深度融合正在推动制造业的发展模式和企业的创新形态发生根本性变革，全球制造业正在加速向以融合为特征的数字经济模式、智能经济模式转型。新产业和旧产业是很难完全分开的。新产业虽然代表了技术发展的最新方向，但是单纯就技术本身而言，还并不一定能够实现很强的增长效应。新产业、新技术必须和传统产业进行深度融合，才能真正释放发展潜能。

8.3.1 继续强化制造业数字化转型

当前,数字技术加快向制造领域渗透扩展。制造业的数字化转型是指在制造业行业中,以新型数字技术为赋能手段,以数据为核心要素,以数据的采集、传输、存储、计算、反馈等数字化活动为基本行为,依靠数字层、平台层、应用层的系统支撑,推动整个产业链的供应敏捷化、生产智能化、组织网络化、产品定制化,不断催生新产业、新业态、新模式,实现资源配置效率提升、运营管理成本下降、价值创造空间延展①。过去一个周期,消费互联网的发展如火如荼,是互联网发展的主角,在消费领域诞生了一系列全球知名的网络平台公司。今后一个时期,互联网发展的主要方向将转至产业领域的互联网拓展。工业互联网对制造企业的赋能、赋值、赋智作用日益凸显,正在作为一个新的生产方式登上历史的舞台。在具备较高技术壁垒且数字化应用已较为成熟的工业制造、航空航天等制造业领域,能够对"产业互联网"予以定义并制定行业标准的,将主要是制造业领域的龙头企业,而并非谷歌、亚马逊等互联网企业,这就预示着高端制造业的"互联网化"在很大程度上将由制造强国所垄断。紧紧抓住世界新一轮科技革命和产业变革的先机,加快推进我国制造业数字化转型,不仅有利于抢占未来发展的制高点,构筑参与国际合作和竞争的新优势,也有利于在我国经济增速放缓和要素成本提高的背景下,有效对冲劳动力成本上升,激活创新生态,提高生产效率和企业盈利水平,推动经济发展的质量变革、效率变革、动力变革,为高质量发展注入新动能。

作为制造业数字化转型的关键支撑,工业互联网就如同制造业发展的"神经系统",正在不断颠覆制造模式、生产方式和企业形态。工业互联网连接所形成的能量将是消费互联网所难以比拟的②。当前,全球范围内的工业互联网平台的数量和覆盖程度都在持续攀升。我国工业互联网基本形成平台化设计、智能化制造、网络化协同、个性化定制、服务化延伸、数字化管理六大典型融合应用模

---

① 李海飞,李建英.积极推进制造业数字化转型[N].河北日报,2021-12-01.
② 王一鸣.加快推进制造业数字化转型[N].学习时报,2022-03-04.

式，应用范围已从个别行业向钢铁、机械、电力、交通、能源等 40 个国民经济重点行业加速渗透（图 8.6）。截至 2021 年底，我国累计建成并开通了约 142.5 万个 5G 基站，总量占到全球的 60% 以上，建成了全球最大的 5G 网。依托独立组网架构、网络切片、边缘计算等新技术，5G 逐步由外网公网向工业专网下沉。工业互联网标识解析体系国家顶级节点日均解析量突破 4 000 万次，二级节点的数量达到 158 个，覆盖 25 个省、自治区、直辖市，标识注册总量近 600 亿。我国已经培育较大型工业互联网平台超过 150 家，综合型、特色型、专业型平台体系加速构建，特色型行业和区域平台快速发展。

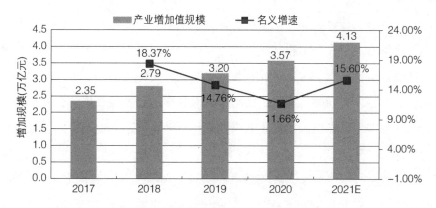

图 8.6 2017—2021 年我国工业互联网产业增加值规模及增速
资料来源：中国工业互联网研究院

但是，我国工业互联网基础设施对传统制造企业的提升效应仍不充分。虽然互联网技术在旅游、餐饮等服务领域释放了巨大的发展新动能，但是与制造业的深度融合仍显不足。北美 15 大互联网公司中，消费互联网和产业互联网的企业数量基本相当，呈现出齐头并进的发展态势。但是，我国的先进数字制造技术在制造业中的使用，与发达国家相比仍存在明显差距。许多制造业企业还处于信息孤岛之中，既缺乏相关技术的有效支撑，也尚未在平台上实现信息的真正高效共享。相对于消费互联网，工业互联网对数据采集的精度、传输速度、存储空间、计算能力和智能化加工应用的要求大幅提升。因此，我国制造业企业要能够高效应用云计算、大数据、人工智能等最新技术，就必须通过人、机、物之间的高效互通，使得来自生产过程、管理过程和消费需求端的数据能够真正动起来、活起来、用起来，并将数据真正运用在制造流程的每一个环节，从而真正构建智能化决策和应用系统，提升制造业的智能化和自动化水平。而且，由于工业互联网的建设成本投入大、周期长，企业投资压力较大，我国主要的工业互联网项目集中在发达地区的大型城市及大型企业，中小企业普及需要很长时间。今后，需要进一步夯实网络基础，建设低时延、高可靠、广覆盖的工业互联网，强化安全技术能力建设，提升新型基础设施网络安全保障水平。推进工业互联网网络互联互通工程，推动 IT 与 OT 网络深度融合。实施标识解析增强行动，推进工业互联网标识解析体系增强工程。实施平台体系壮大行动，推进工业互联网平台推广工程，培育综合型、特色型、专业型平台。实施安全保障强化行动，推进工业互联网安全综合保障能力提升工程。深化工业互联网在行业领域的融合应用，发展新型智能产品，培育推广平台化设计、智能化制造、网络化协同、个性化定制、服务化延伸、数字化管理等新模式。推动工业大数据创新发展，提升企业数据管理水平，激活数据要素潜能。实施融通应用深化行动，推进工业互联网融通应用工程，持续深化"5G＋工业互联网"融合应用。针对我国工业互联网技术开源生态根基浅、关键技术受制于人等问题，应当设立国家工业互联网专项开源基金，打造我国工业互联网顶级开源社区，定向培育如 CAX、PLM、PLC、DCS 等高端工业软件开源项目。出台政策充分激励工业互联网领域民营制造业头部企业发挥引领作用，聚集高校、研究机构等众多优质资源，组建集政、产、学、研、资、用、中介于一体的"技术开发联盟"，瞄准工业互联网边缘接入、应用发展、专业化平台建设等关键技术和重要设备进行联合攻关，支持龙头企业聚焦工业互联网的高价值应用，对特定场景进行深度分析挖掘，推动工业互联网行业解决方案的应用落地①。同时，还应积极引导推动工业设备数据接口开放，加快多源异构数据的融合和汇聚，构建完整贯通的高质量数据链。健全工业大数据资产价值评估体系，促进区块链等技术在数据流通中的应用，完善数据市场化配置。打造分类科学、分级准确、管理有序的数据治理体系和数据资源全生命周期安全保护

---

① 工业互联网为中国经济发展注入新动能[N].人民邮电报，2022-03-15.

机制，提升数据治理能力①。

　　作为"制造业皇冠顶端的明珠"，工业机器人也是制造业数字化转型的重点领域（图 8.7）。机器人替代人工生产是未来制造业重要的发展趋势，是实现智能制造的基础，也是未来实现工业自动化、数字化、智能化的保障。工业机器人可与不同数控机床连接，进行多种产品生产，为柔性生产线建设提供帮助。整个过程无需人工操作，可以进行 24 小时生产，表现出生产效率高、产品精度高、一致性强等优势。"十三五"期间，我国机器人产业规模、技术和产品实现突破。从规模上看，2020 年机器人产业营业收入首次突破 1 000 亿元；"十三五"期间年均复合增长率约为 15%，其中工业机器人产量从 7.2 万套增长到 21.2 万套，年均增长 31%。我国已经连续 8 年成为全球最大的工业机器人消费国，2020 年制造业机器人密度达到 246 台/万人，是全球平均水平的近 2 倍。从技术和产品上看，精密减速器、高性能伺服驱动系统、智能控制器、智能一体化关节等关键技术和部件加快突破、创新成果不断涌现，整机性能大幅提升、功能愈加丰富，产品质量日益优化。工业机器人的应用水平得到大幅提高，工业机器人应用领域已经覆盖汽车、电子、冶金、轻工、石化、医药等 52 个行业大类、143 个行业中类。尽管我国工业机器人行业迎来大发展，但是相关产品的"国产替代"任务依旧十分艰巨。数据显示，2020 年我国工业机器人市场中，国外机器人大厂依旧占据了 47% 的份额，其中"四大家族"②占据了 28% 的市场，剩余的则被爱普生、三菱、雅马哈等瓜分。与之相比，我国生产机器人的企业超过 800 家，但大部分以组装和代加工为主，处于产业链的低端，而且总体规模较小、分散，难以形成规模效应。同时，各地还有超过 40 个以发展机器人为主的产业园区，低端过剩已现端倪，与国外机器人大厂平分秋色还有一段距离。而且，我国工业机器人的发展，依旧是借助市场、自下而上的发展模式，核心技术的壁垒短时间难以打破，特别是在高精度控制系统和核心零部件方面仍然存在"核心技术空心化"

---

① 孟凡新.用数字化为制造业高质量发展赋能［N］.经济日报，2022-03-13.
② ABB、发那科（FAN UC）、库卡（KUKA）和安川电机（YASKAWA）这四家企业是工业机器人的四大家族，成为世界主要的工业机器人供货商，占据世界约 50% 的市场份额。

的问题，还没有太多能提供可靠的减速机等核心部件的企业，整机制造也没有议价能力，导致国内机器人制造成本较高，大量的企业只能集中在下游，在系统集成上互相竞争。今后，应当引导制造企业与工业机器人企业基于智能制造，开展场景联合创新，制造企业提供应用场景、核心标准、核心工业数据、"5G＋"融合集成应用能力等，工业机器人企业提供图形识别算法软件编程开发等技术支持，进而打通感知、推理、执行、迭代的数字化通道，实现数据在线，业务上线，自主迭代。例如，长安汽车与海康机器人建立了汽车行业首家智能制造领域工业 AI 联合创新中心，并组建联合团队，目前已完成焊点群检测场景技术攻关，训练模型验证精度达 99.4%；同时重点聚焦钣金、漆面、缸盖等 4 项复杂腔体缺陷检测的场景技术难题，完成云化平台及 AI 创作平台的开发，实现仓储物流通道门方案部署、自动装箱系统的成功验证，最终实现"5G＋云化视觉"模式在汽车智能制造全场景部署应用。此外，联合创新中心计划开展高精度 3D 视觉、引导装配、智慧工厂实现基础技术等 3 大类先进视觉技术研究应用，并在新工厂同步赋能应用；未来，双方将以创新中心"孵化"的场景化、标准化 AI 视觉产品定义为基础，持续探索企业合作创新模式①。

- 以AGV为代表的移动工业机器人将在未来广泛使用，高可靠、高并发和低延迟的无线接入方式将成为工业机器人云平台的重要接入方式（包括环境的参数，多种设备接入的需求）
- 工业机器人的功能越来越强大，智能化程度越来越高，同时随着大数据、云计算和人工智能技术的快速发展，把基于大数据的智能化计算移到云端实现是工业机器人的重要发展趋势(工业机器人现场的数量的剧增，对分布式存储和处理的需求)
- 工业机器人在工艺过程优化、远程监控、状态分析和预测性维护等生产使用环节积累了大量的数据和规则，如何利用机器学习和云计算技术将这些海量数据、规则和知识形成机器人的智能服务，成为工业机器人云平台发展的必然要求(全生命周期的管理)

泛在互联　云端融合　智能服务

图 8.7　工业机器人发展的三大趋势

资料来源：达闼科技、英特尔、新松机器人、科沃斯商用机器人：《机器人 4.0 白皮书——云-边-端融合的机器人系统与架构》，2019 年 8 月

---

① 长安汽车与海康机器人达成战略合作，共建工业 AI 联合创新中心［EB/OL］. 南早网，2022-03-24.

8.3.2　深度推进服务型制造发展

服务型制造是制造与服务融合发展的新型制造模式和产业形态，是先进制造业和现代服务业深度融合的重要方向。随着产业互联网的推广应用，生产过程更趋数字化和智能化，制造企业从向客户提供单纯的物质产品转为提供包括物品、服务、支持和知识在内的"服务包（service bundles）"。通过"服务包"的提供，制造业企业可以为客户提供包含更多服务内容的解决方案，进而在全球范围内拓展服务半径，提高服务收入。如日本的小松制作所，作为全球最大的工程机械及矿山机械制造企业之一，已经从"机械设备制造商"转型为"机器设备服务商"，主要出售"机器的服务"而不是机器本身，并且利用已经完全实现数字化的机器，通过远程方式对机器的运行和磨损实现大数据分析，及时进行设备的维修和更新。

近些年来，我国以专业化、协同化、智能化为方向推动服务型制造加快发展，不少制造业企业从原来单纯的制造端向产业链前端延伸、向产业链后端拓展。但从总体上看，我国服务型制造发展还有很大开发潜力和拓展空间。今后，应当推动建设面向制造业的专业服务平台，瞄准价值链高端环节，完善研发设计、产业技术基础、协同制造、定制化服务、供应链管理、全生命周期管理、信息增值服务和融资租赁等领域的公共服务，支撑制造业企业提升服务创新能力。鼓励制造业企业与上下游企业、第三方服务企业合作，实现多场景、多渠道、全生命周期的风险共担和信息共享。促进信息流、资金流和物流的协同整合以及用户参与的个性化服务创新设计，推进供应链网络协同运作，提升供应链整体效率和效益。鼓励产业集群内制造业龙头企业、生产性服务业领军企业双向进入服务型制造领域，打造面向特定制造领域、围绕产业链的服务型制造网络。提升上下游产业链协同制造能力和效率，形成基于云服务平台的大、中、小企业协同研发、制造、服务的产业组织结构。培育新型服务型制造企业，深化与产业链上下游企业和供应链网络各主体的合作。支持企业在国外设立研发和服务设计中心，建立面向全球的开放式制造服务化网络，积极拓展与"一带一路"参与国家的合作,深度融入全球产业链分工体系①。

8.4 体制优化重点

今后,体制优化的中心环节是破除制约市场在资源配置中起决定性作用、更好发挥政府作用的体制机制弊端,这将有利于更好地处理政府与市场的关系,提升市场配置资源的功能和效率,为产业结构变动创造更好的制度环境。

8.4.1 进一步做强科技攻关的新型举国体制

随着我国人均收入进入中高等国家行列,与技术前沿的距离越缩越短,引进创新的空间越来越小,转向自主创新是进入高收入国家行列的必经之路。举国体制是指国家为实现特定的目标和任务,在全国范围内最大限度地动员、配置有限资源的工作体系和运行机制。发达国家也普遍采取类似做法组织实施大型科技和工程创新项目。例如,采取以使命为导向、政府主导和统筹调配多个部门力量进行持续攻关的组织方式。即凡是涉及国家宏观战略需求的综合性重大项目,由多个政府部门或机构牵头,采用"集中+分散"的组织管理模式,如美国的"纳米计划"与"网络与信息计划";具有明确目标或者战略产品的重大项目,往往需要专门的组织管理机构进行集中管理,采用"垂直层级"管理模式,如美国的"阿波罗计划"和日本的"超大规模集成电路计划"。

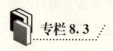
专栏 8.3

美国国家实验室的建设经验和启发

国家实验室,一般是指国家投资、建立、管理和运营的大型战略科研创新机构,担负着国家重大战略创新使命,目的是为国家战略需求,体现国家意志,承担国家任务。很多国人很自豪,认为只有中国才有举国体制,"举国之力,能办

---

① 蔡承彬.推动传统制造业向服务型制造转型为建设制造强国提供有力支撑[N].人民日报,2021-12-14.

大事"的大国体制优越性。其实，世界上很多国家都有国家实验室。尤其是以美国为首的西方发达国家，有大批成熟运营的国家实验室机构，成为各国竞相创新的"国家部队"。仅美国就有超过 100 个国家实验室，美国每年投入数千亿美元支持国家实验室建设，规模远超世界各国。可以说，美国成为世界头号强国，国家实验室功不可没。

美国从 20 世纪初开始，利用难得的有利于美国飞速发展的国际机会和环境，包括通过转移、引进、消化、吸收欧洲国家的先进技术，进行再创新，历经第一次世界大战、第二次世界大战，以及战后与苏联的军备竞赛等，逐步建立物理、能源、生物等技术领域的国家实验室。经过长期历史发展，美国国家实验室的运行管理机制已经日趋完善和成熟，成为美国国家创新体系的重要组成部分，为科技创新提供了强大动力。

目前，美国国家实验室主要隶属于美国联邦部委，比如能源部、国防部和国家航空航天局等。国家实验室全部都是美国政府投资建设的，按照运营管理方式，主要分为两类：国营和民营。

1. 国家运营的国家实验室

国家运营的国家实验室，由联邦政府各部门设立并直接管理。因此，国营的国家实验室，完全是国家性质的科研创新机构，主要集中在国家公益性科技发展领域，这些领域的巨额投入，很难有较大的经济价值和回报，但是有深远的国家战略利益，以及社会价值和意义。比如：美国卫生部下属的"美国国立卫生研究院（NIH）"、商务部下属的"国家标准和技术研究院（NIST）"、农业部下属的"农业研究局（ARS）"均属此列，大部分的职员一般属于美国联邦雇员。

2. 民间运营的国家实验室

学术界主要关注知识及教育，产业界则集中关注市场及经济利益，美国联邦政府作为官方机构，居间引领，搭建了大学和企业的联合共享机制。民间运营的国家实验室，联邦政府自己不参与、不干预管理，是将国家实验室的运营权力全权委托交给大学、企业等机构，进行自主化运营。比如：能源部 17 个国家实验室，目前有 16 个委托给大学或非营利机构运行。民间运营的国家实验室虽然是政府巨额投资，但是政府并不将相关的科研成果"据为己有"，而是无偿提供给民营机构或企业。

资料来源：黄增宏.美国国家实验室的建设经验和启发[R].远望智库,2021-09-24.

举国体制也一直贯穿于我国诸多核心使命和关键问题的破解过程中。改革开放以来，我国在"863"计划、高速铁路、大飞机、超级计算、北斗卫星导航、国产航母、探月工程等重大科技创新中，举国体制不断融入市场、开放等时代元素，实现了新的发展。从北斗卫星导航系统的布局到载人航天技术的突破，从"嫦娥工程"的稳步前进到"中国天眼"的落成启用，从移动通信技术的赶超到高速铁路建设的领先，新型举国体制展现了对科技重大创新领域突破的促进作用。特别是我国高铁产业的跨越式发展，就是在社会主义市场经济条件下对传统举国体制模式的新探索、新转型。为了能够在尽可能短的时间内掌握高铁的设计、制造和运营管理，我国组成了由科技部和铁道部牵头、各有分工的"双组长"制领导模式，其中，科技部主要负责组织全国的相关科技力量重点进行科技攻关，铁道部则主要负责进行政府定购引导，进一步创新了科研立项与政府定购相结合的项目激励机制[①]。随着新一轮科技革命和产业变革的深入发展，关键核心技术创新的发展模式也在不断发生深刻变化，特别是基础研究、应用研究及商业化应用呈现边界融合和互动加强的发展趋势。

随着我国产业发展和科技创新逐步加快从"跟随区"向"无人区"迈进，产业创新发展所面临的不确定性、所需要应对的风险和挑战越来越强，以往传统举国体制的弊端逐步显现。因此，我国正在逐步构建并完善新型举国体制。新型举国体制是把国家的重大科技创新战略、目标考核、实施社会动员、资源配置功能与运用市场激励机制有效结合，调动政府、科研机构、企业等积极参与，进而实现重大科技项目创新突破的运作机制。与传统的举国体制相比，新型举国体制具有新的特点。例如，传统的举国体制是"任务导向"的体制，新型举国体制则是一种"使命导向"的体制，这是一种超越市场失灵的新职能，要求公共机构不仅

---

① 程广宇.京沪高速列车上路看我国高铁创新进展及创新组织经验[J].中国科技财富,2011(17).

要化解私营部门的风险，而且还要直接创造新的技术机会和市场格局，这就需要构建更为长期的战略投资和公共政策框架。

一是完善政府创新激励体系，优化投入结构，整合科技规划和资源，完善政府对基础性、战略性、前沿性科学研究和共性技术研究的支持机制及支持基础研究、应用基础的政策，提高政府在全社会研发投入中的比例，强化政府对基础研究、关键核心技术研发的长期稳定支持，健全从基础研究到应用转化的贯通式创新的政策安排。要支持原始创新、支持对重大科研基础设施及其平台的建设，推动重大科研设施、基础研究平台等创新资源开放共享，引导支持市场主体对工业信息化及数字化基础设施的投资，聚焦发力以 5G、人工智能、物联网等为代表的"新基建"。基础研究是创新的源头活水，应当通过有效的制度安排，鼓励企业更多投入资源用于研究开发，并加强产业技术研发和创新领域的国际合作，更好地利用国际最优秀的创新和研发资源等①。二是统筹国家各类科研机构和科技基础设施布局建设。从国家层面形成跨部门、跨领域、跨学科的资源统筹配置机制，整体谋划、统筹布局国家实验室等各类科研机构和重大科技基础设施建设；并且围绕关键核心技术攻关，建设一批国家重大科技基础设施基地、公共基础科学研究平台和国际科技研究中心；加强财政资金对重要科学设施新建和现有设施升级改造、运行支持，带动企业和社会资金投入，形成多元化投入格局；利用财政资金设置持续性的重大科技和工程攻关项目，激励企业、大学和研究机构加强研究能力建设；财政资金除对研究项目提供资助外，还要更加重视对大学、研究机构和企业研发能力建设提供资助②。

8.4.2　进一步强化企业的创新主体地位

在欧盟委员会联合研究中心（JRC）以企业 R&D 投资为衡量指标的全球企业研发千强榜中，2004 年榜单的 1 000 家企业中，我国企业只有 2 家。而 2020 年该榜单的 2 500 家企业中，我国企业已有 537 家，我国的入榜企业呈现快速增长

①　何立胜.健全新型举国体制提升创新能力[N].经济日报,2021-01-19.

②　刘戒骄,方莹莹,王文娜.科技创新新型举国体制：实践逻辑与关键要义[J].北京工业大学学报(社会科学版),2021(05).

态势。尤其是在榜单的前 100 名企业中，我国入榜企业在 2015 年只有 4 家，至 2020 年提高至 10 家，不仅进入前 100 名的我国企业数量增加了 1.5 倍，而且在前 100 名中的我国企业 R&D 投资额平均值也从 24.7 亿欧元提升至 40.9 亿欧元，增长了 65.5%，相应地占前 100 名企业 R&D 投资总额的比例也由 3.1% 快速增长至 8.7%，提高了近 2 倍。但是，与发达国家相比，我国制造业创新领军企业的数量和竞争能力仍有较大差距。一是领军企业数量少。截至 2020 年，我国入榜前 100 名企业数量为 10 家，而德国有 12 家、日本有 15 家、美国有 35 家。二是企业研发费用支出额相对较低。按各国企业平均研发投资额排序，这 10 家中国企业的平均研发费用支出为 40.9 亿欧元，在入榜前 100 名企业所在 15 个国家中位居第 6 位，与前五位国家企业的平均 56.6 亿欧元水平相比仍有较大差距。而且，华为占据了很大份额，若不考虑华为，其余 9 家企业的平均研发经费支出额则下降至 26.9 亿欧元，不足前五位国家平均水平的一半。三是行业分布失衡，重点产业的领军企业较为缺失。在未来市场前景广阔的制药、技术硬件、软件等重点产业以及电气设备、航空、工业机械、化工等主导产业中缺少科技领军企业；前 100 名企业中，汽车企业有 20 家，平均研发经费投入强度是 5.8%，中国企业只有 1 家，研发经费投入强度为 1.9%。除此之外，虽然我国的制造业和工业体系涵盖了几乎所有工业门类，但是当分级的细致程度从四级增加到更高之后，就可以发现，其实许多发达国家的工业品生产企业往往都是针对细分市场，并且在这些市场培养出了大量的"隐形冠军"企业和技术特色明显的中小企业。例如，我国的激光切割设备企业基本上集中在大众化的门类里，但是缺少能够生产大功率、特殊光源等激光切割设备的专属企业。未来，应当制定更为积极的政策，鼓励和引导制造业企业加大研发投入，提高研发机构的创新能级，承担更多的科技研发项目。推动企业将技术创新与商业模式创新进行深度融合。同时，引导企业进一步加大在智能化工厂和信息化工厂方面的投资力度，增加对于信息技术、传感技术和人工智能技术等方面的战略部署，提升制造系统的自我适应、自我学习和自我决策的能力。

对许多产业的研究可以发现，产业结构大体上呈现这一格局：下游为"巨无霸"的龙头企业，上游为一些"专精特新"的中小企业；中间则是一部分代工企业。当然，这些代工企业中也有掌控核心技能的高级代工企业，例如台积电、富士康等。从国际经验看，"专精特新"的中小企业确实在特定领域的创新方面通常具有很强的潜能，具有话语权、定价权和行业影响力，而且还有非常高的利润，除了规模，在很多方面并不逊色于大龙头企业或 500 强企业。因此，发达国家在实施"再工业化"战略的过程中十分重视通过扶持和鼓励中小企业的发展，进而提高中小企业的竞争能力。例如，美国的"国家制造业竞争力计划"、法国的"未来工业计划"、意大利的"工业 4.0 计划"等均积极支持中小型制造企业在工业技术和商业模式方面的创新。近些年来，我国的中小企业也呈现快速发展的态势，截至 2021 年 8 月，我国"小巨人"企业数量已达 4 762 家。其中，超六成属于工业"四基"领域，超七成深耕行业 10 年以上，超八成为所在省份细分市场首位，九成集中在制造业领域，具有小配件蕴含高技术、小企业支撑大配套、小产业干成大事业等特点，在产业基础高级化、产业链现代化方面发挥重要作用。这些"小巨人"企业通常具有三类特征。一是深刻理解行业用户需求，以高质量满足用户需求为目标，在细分领域深耕细作，有 1/5 的"小巨人"企业国内市场占有率超过 50%。二是掌握关键核心技术的配套产品，在上天、入海、探月、高铁等大国工程中，都能找到"小巨人"企业的产品，大多数企业都在为龙头骨干企业配套，拥有"独步天下"的产品和技术，通常是特定产业链上的"配套专家"，有助于增强产业链的韧性。三是积极应用新技术、新工艺、新材料、新模式，不断迭代产品和服务创新。

从体制机制角度来看，我国支持中小企业发展的制度环境尚未完全形成，在经济高速发展阶段，我国各级政府长期循着大企业优先的思路推进经济发展，对中小企业的支持不足。当前中小企业的发展仍然在一定程度上面临着所有制歧视和企业规模歧视，在政企关系和资源获取上存在劣势，限制了中小企业发展，抑制了中小企业的创新创业活力。从配套服务角度来看，中小企业融资难融资贵问题仍长期存在，"专精特新"中小企业同样面临众多中小企业融资共性难题，当下金融体系尚不能很好地匹配"专精特新"中小企业发展需求，融资渠道有限，而创新活动表现为长周期高风险特征，金融体系发展状况限制了创新活动的高效开展，信息不对称则进一步加剧了这一问题。未来，应当结合"小巨人"企业的发展特点，制定更有针对性的扶持政策，更好地引导和支持"小巨人"企业开展耐得住寂寞的技术创新，多出更有生命力的好产品。例如，切实保护知识产权，加快建立侵权惩罚性赔偿制度，保护那些原始创新企业的发展，让具有创新优势的"小巨人"企业获得一定的利润，不能让单纯依靠模仿的企业获得太高的利润。产业革命的本质即是创造性的破坏过程。而这种创造性的破坏过程必须在一定的市场机制中才能产生。这种机制应当能够为发明家和企业家提供巨大的激励机制。这种激励机制的核心之一则是知识产权保护机制，通过强化知识产权保护，形成一定程度的垄断权，确保创造发明者在特定时期获得一定的超常规收益。知识产权保护制度涉及国家政策、法律等诸多方面。我国在知识产权保护力度和法律框架解决纠纷效率方面均明显低于创新型国家。据"全球竞争力报告（The Global Competitiveness Report）"显示，2017 年我国知识产权保护力度评价得分为 4.5 分，而美国、日本、德国和英国知识产权保护力度分别达到 5.8 分、5.8 分、5.7 分和 6.2 分。企业内部则一定要看长远，专注于自己的技术创新。要提升中小企业的创新发展能力，完善包括专精特新"小巨人"企业在内的中小企业技改服务体系，利用技术改造升级导向计划，引导社会资本加大对专精特新"小巨人"企业支持力度。培育一批主要面向中小企业的系统解决方案供应商，为中小企业技术改造提供技术支撑。

8.4.3 进一步优化产学研机制

产学研深度融合是推进颠覆性技术发展的重要手段。从国际发展形势看，新一轮科技革命蓄势待发，科技创新呈现多学科之间、科学与技术之间、技术之间的交叉融合特征，一系列颠覆性技术创新正在不断从根本上推动新产业、新业态、新模式的迭代与加速，颠覆性技术已经成为世界各国抢占国际竞争制高点的重要抓手。颠覆性技术不仅需要经历科学技术从基础研究的原理突破到工业化生产的全过程，还需要及时培育和拓展市场，找准技术的应用时机和应用场景，实现对传统技术和产品的取代和颠覆。在此背景下，迫切需要建立国家战略需求与市场需求相结合、产学研深度融通创新之路，不断支撑变革性产业发展。因此，产学研合作已经成为高新技术领域创新的主流模式，成为推动技术转移与成果转化的重要环节，在国家的经济发展和技术进步中起到非常重要的作用。发达国家在保护和鼓励基础创新的政策中一般采取鼓励并大力资助"小功能""模块式"研发创新，即国家给"指南针"，不直接给地图，补贴和资助大量的基础性研究，以形成模块式研究成果，社会获取创新资源的手段更为灵活，功能可以根据需求随时组装，效率更高，还可以避免投资浪费①。一些国际大企业也纷纷建立了聚焦应用研究的实验室。例如，美国的产业创新就十分强调"产学对接"的模式。美国的一流高校、国家实验室通常会直接与大企业对接。之所以采取这种模式，是因为美国大企业的研发能力非常强，如 AT&T 实验室、IBM 实验室、贝尔实验室等，这些实验室曾经作出许多原创性研究，甚至因此获得过诺贝尔奖。美国的高校以及国家实验室也十分愿意与这些大企业对接。因为大企业的研发团队具有很强的吸收和接受能力。例如，大企业的研发团队能够识别哪些技术创新和科研发展具备商业价值，而且具备将创新进行产业化进而投入市场的能力。

现有研究表明，我国科技水平与国外前沿差距已经小于临界技术差距。实现我国创新能力的持续提升，加大基础研究是必经之路。相较于发达国家，我国在基础研究方面积累不足，在重点原创性科学理论和科学思想上与发达国家还存在一定差距，主要是由于我国尚未形成成熟的产学研用融合的协同创新体系，技术创新协作模式和利益分配机制尚不清晰，科技成果转化不畅，成果转化市场较为混乱，导致科研机构成果"束之高阁"、产业领域产品创新不足，各个创新主体之间各自为政，急需形成完整的创新协作生态体系。相比美国、日本、德国、英国等创新型国家，我国的产学研合作仍处于较低水平。2012—2017 年，我国企业与大学研发协作程度一直维持在 4.4 分，其间无明显变化，低于美国（5.7分）、德国（5.4 分）、英国（5.4 分）等前列创新型国家。究其原因，主要是由于我国制造业发展长期所面对的技术与市场"两头在外"的问题，导致一直以来

---

①　王绎.加快完善我国立体式创新体系[N].经济参考报,2022-02-08.

都存在产学研脱节、本土创新系统不强的问题。例如，改革开放初期，我国借助国外的资本和先进技术来壮大工业技术能力，这也是"市场换技术"政策的起源。然而，由于外方在技术设备方面掌握绝对优势，加之我国企业和部分决策者没有意识到复杂工业活动中"生产能力"与"技术能力"是相对分离的，这一发展进程逐步拆解了我国产业发展中原有的本土产品开发平台。具体来看，我国产学研合作主要存在如下问题：一是产学研协同创新不够，企业技术创新主体地位尚未真正确立。以企业牵头项目的产学研结合模式相对松散，以产业技术创新链为中心缺乏持续稳定的合作；高校和研究院所的研发成果多偏向于基础和实验室研究，企业需要在其基础上进行二次应用开发才能实现产业化应用，但时限上往往超出项目研发周期；对工程化难度大、投入大且事关产业核心竞争力的中试成果，较缺乏风险共担的产业应用合作关系。二是产学研合作效率不高。产学研合作各方存在主管部门、管理运行机制的差异等，导致条块分割、各自为政的现象普遍存在。对于成果的中试，以及成果开发、推广、应用，合作伙伴的落实，信息交流沟通等介于产学研主体之间的协调管理则缺乏有效的制度设计。产学研合作的激励机制大多以项目合作、签订合同的方式进行资助，组织形式较为松散，容易造成产学研合作的短期化和形式化。三是促进产学研融合的政策环境仍需进一步完善。促进产学研合作的法律条款大多为综合性法规中的原则性表述，产学研合作中的成果产权归属、收益分配、人员流动、职称评定、设备共享、监督机制、税收优惠等方面仍缺乏可操作的配套措施，尚未建成一套较为完善的促进产学研合作、技术转移的法律体系①。未来，应当充分采用市场化和政府主导，企业、大学、科研机构共同参与的模式，充分调动新型研发机构在产学研深度融合中的积极性。一方面，在市场化建设模式下，科研机构和人才的高度集中为机构的建设提供了强大的智力支撑，日益发展的风险投资为机构运行提供了充分的资金保障；另一方面，在协同建设模式下，不同创新主体充分发挥各自具备的优势性资源，通过相互作用产生协同效应，最大限度地激发和调动新型研发机构发展

① 李昱，王峥，高菲.新型研发机构在产学研深度融合中的作用探析——以瑞士比尔创新园为例[J].全球科技经济瞭望,2021(01).

和创新的内在动力。

8.4.4　进一步完善高效有序的科技成果转移转化机制

科技成果商业化是世界性难题，不仅在于其投入大、周期长、风险高、成功的概率低、存在“死亡谷”等客观因素，也受制于科技成果所有权属、技术转移或成果转化收益分配机制等制度安排。科研机构追求的是科技创新的学术价值，企业家关注的则是商业应用价值的实现。如果二者之间无法实现真正的合作与交流，这两种利益导向是很难真正融合的。因此，必须构建高效的科技成果转移转化机制。一方面，科研机构可以深度思考基础研究的成果如何向孵化角度转化，企业家也会将其所发掘的商业市场需求传导给科研机构，只有这样才能既确保基础研究的创新成果既有科技含量，又能实现商业价值。这就需要持续加强企业与研究机构、大学等创新主体之间的关系，形成共同开发、优势互补、共享成果、共担风险的协同创新机制，真正提高原始的基础创新、集成式的整合创新和消化吸收再创新的能力和水平。

我国每年的科技成果转化率为 10%—15%，与发达国家 40% 左右的水平相比仍有较大差距，科技资源优势没有完全转化为产业发展优势[①]。例如，我国国有资产管理的要求在实践中对科技成果的有效转化存在两方面问题。一是效率低下。根据“谁投资、谁受益”的原则，公共财政资助形成的科技成果如果进行商业化应用，则其收益应属国有资产，但科技成果类国有资产与一般经营性固定资产不同，它们在没有实现商业化应用以前，并不具备实际价值。由于科技成果的商业化存在巨大的不确定性，为了国有资产的保值增值所需要的价值评估，往往会使程序复杂且增加成本从而造成科技成果转化的效率低下。二是负激励。对于财政投入形成的科技成果，如果不转化、不应用，各利益相关方反而都没有责任，而一旦商业化应用，对应评估价值，就可能出现国有资产的流失，财政部门就有了监管责任，相关各方也要承担对应的责任，而这种责任就会“对冲”为了鼓励成果转化所制定的激励政策。因此，应当加快开展职务科技成果管理模式创

---

① 史丹，许明，李晓华.产业链与创新链如何有效融合[J].中国中小企业，2022(02).

新，对科技成果作价投资形成的国有股权实行差异化管理。同时，借鉴国外通行的做法，项目承担方去管理、约束、服务转化过程的有关事项，从"重过程"转向"重结果"，通过市场化制度来规范①。

8.5　区域协同重点

区域创新是国家创新资源布局的地域体现和国家创新体系构建的关键环节。伴随着全球知识网络和创新网络的扩展，"区域创新"呈现更加网络化、开放性、协同性的特征。新形势下，加强全国资源统筹、支撑国家创新体系建设至关重要，区域创新的重要性也日益凸显。进入新时代，我国经济发展的空间结构发生了深刻变化，区域经济发展分化态势明显、发展动力极化现象日益突出、部分区域发展面临较大困难。2019 年 12 月 16 日习近平总书记在《求是》杂志发表重要文章《推动形成优势互补高质量发展的区域经济布局》，要求按照客观经济规律调整完善区域政策体系，发挥各地区比较优势，促进各类要素合理流动和高效集聚，增强创新发展动力，加快构建高质量发展的动力系统，增强中心城市和城市群等经济发展优势区域的经济和人口承载能力，增强其他地区在保障粮食安全、生态安全、边疆安全等方面的功能，形成优势互补、高质量发展的区域经济布局。因此，未来我国区域经济发展不再仅追求经济数量上的积累和增长，而是追求多个层次的全面协调发展，更注重区域经济发展的平衡性、系统性与可持续性。

8.5.1　加快培育高能级的制造业创新集群

从发达国家"再工业化"战略的实施来看，十分注重对于制造业创新集群的优化和升级。某一产业在特定区域集聚进而逐渐形成产业集群，形成规模经济和一定程度范围经济，能够有力促进产业技术水平提高、产业链全链要素集聚和地区现代化经济体系建设。传统产业集群主要是传统产业由于地理位置相近而集

---

① 朱星华.我们究竟需要什么样的职务科技成果所有权制度？［J］.科技与金融,2021(10).

聚，大多数为劳动密集型制造业，产业内企业技术门槛低，协同创新机制弱，技术创新能力亟待提升。先进制造业集群则通常是指基于先进技术、先进工艺和先进领域，由若干个在地理位置上较为集聚的制造企业通过相互合作、共同交流所发展形成的制造业网络，由于共生合作式发展，这些先进制造业创新集群通常在制造技术、制造工艺、制造模式和组织形态上均处于较为领先的发展水平。先进制造业集群可以促进产业链多边合作及产业联盟创新网络支撑，推动产业链创新涌现和区域创新能力提升。先进制造业集群内通过横向联盟和大中小企业专业化集聚基础设施、基础设备，企业和研发机构技术要素和资本要素共享、创新能级优势互补，产学研协同发展，规模效应显著，提高新兴产业创新孵化能力。例如，2021 年 5 月，韩国政府制定了"韩国半导体发展战略"，将联合企业建立集半导体生产、原材料、零部件、设备和尖端设备设计等为一体的高效产业集群，目标是在 2030 年前构建全球最大规模的半导体制造基地。

在我国第一轮出口导向型发展战略的引领下，我国特别是东部地区基本上形成了以"代工制造"制造为主要模式的产业集群。这种类型的产业集群主要承接来自发达国家中低端水平的制造业转移，因此，产业创新的水平普遍较低，对于当地经济发展的嵌入性和带动性均显不足，没有充分发挥应有的溢出效应。随着发达国家"再工业化"战略的持续推进，这些传统集群所面临的外部市场环境更加不稳定，已经处于发展的瓶颈期。因此，新一轮的发展应当更多立足于国内广阔的需求市场，同时汇聚全球相关资源，大力打造更具本土植根性的创新型产业集群。

2013 年，我国科技部正式启动创新型产业集群试点工作，此前已在全国布局了 109 个创新型产业集群，包括 48 家创新型产业集群试点（培育）建设单位和 61 家创新型产业集群试点单位。其中，95 家集群单位布局在国家高新区内，占总数的 87%。根据赛迪研究院对我国先进制造业集群空间分布的研究成果，我国已形成以"一带三核两支撑"为特征的先进制造业集群空间分布总体格局。环渤海核心地区主要包括北京、天津、河北、辽宁和山东等省市，是国内重要的先进制造业研发、设计和制造基地。其中，北京以先进制造业高科技研发为主，天津以航天航空业为主，山东以智能制造装备和海洋工程装备为主，辽宁则以智能制造和轨道交通为主。长三角核心地区以上海为中心，江苏、浙江为两翼，主要在航空制造、海洋工程、智能制造装备领域较突出，形成较完整的研发、设计和制造产业链。珠三角核心地区的先进制造业主要集中在广州、深圳、珠海和江门等地，集群以特种船、轨道交通、航空制造、数控系统技术及机器人为主。中部支撑地区主要由湖南、山西、江西和湖北组成，其航空装备与轨道交通装备产业实力较为突出。西部支撑地区以川陕为中心，主要由陕西、四川和重庆组成，轨道交通和航空航天产业形成了一定规模的产业集群①。2020 年 4 月，科技部火炬中心印发的《关于深入推进创新型产业集群高质量发展的意见》提出，要在现有创新型产业集群试点和培育基础上，充分发挥国家高新区的产业集聚作用，以"一区一主导产业"为布局原则，重点建设 100 个国家级创新型产业集群，形成若干万亿元级产业规模和一批千亿元级产业规模，掌握关键核心技术、产业技术体系完备、大中小企业融通发展、处于国际国内领先地位的创新型产业集群。根据世界知识产权组织《2020 年全球创新指数（GII）报告》评估，我国有 17 个区域进入全球创新集群百强，其中，粤港澳大湾区、北京、上海进入全球创新集群前 10 位。但是，我国推动创新型产业集群发展仍面临一些挑战，应当抓住新冠肺炎疫情之后欧美部分产业"停摆"、经济衰退的机会，加快应对挑战、破除瓶颈，在粤港澳大湾区、京津冀、长三角、成渝地区重点打造一批空间上高度集聚、上下游紧密协同、供应链集约高效、规模达几千亿到上万亿元的战略性新兴产业链集群，从而有利于实现加快先进制造业世界级集群建设步伐，增强国际竞争力。例如，随着新冠肺炎疫情后国际竞争的进一步加剧以及产业链本地化、毗邻化、区域化的趋势，单个区域集群参与国际竞争优势正在逐渐弱化。当前，长三角推进产业集群建设仍是以市、县这样的行政单元作为主体，客观上是以地理界限将产业集群分割的，一定程度上限制了世界级集群的打造。而西雅图的航空产业集聚，日本、德国的汽车产业集聚，中国台湾新竹的集成电路产业集聚，包括珠三角深莞以华为、中兴为代表的通信行业集聚，并不是以严格的地理界限为标

---

① 刘玉书,王文.中国智能制造发展现状和未来挑战[EB/OL].人民智库公众号,2022-01-20.

志的,而是通过科技要素、创新要素的网络化共享形成的。因此,构建跨区域的世界级产业集群应当成为长三角一体化的重要内容,成为长三角产业合作的重要突破口。通过将单一地域的产业集群的网络组织扩展成为多地域的产业集群网络,变产业集群内的分工为产业集群间的分工,从而缓解长三角区域之间产业过度竞争,增强稳产业链供应链的效能,让长三角的产业集群在"十四五"时期为我国科技自主自强和现代产业体系建设做出更大贡献①。制造业的集群化还必须有高层次生产性服务业的配套。目前我国产业集群对专业化服务的需求较为旺盛,但国内供给相对不足。另外,宽松灵活的政策环境有待完善。创新型产业集群的重点不仅在"集群",更在"创新"。要激发创新活力,除了必要的资源保障,更重要的是竞争政策、知识产权保护、融资便利化等规制性政策的保障,不仅需要政府的放管服改革和职能转变,更需要能够为其提供知识技能密集的专业化服务环境,如很多战略性新兴产业需要提供人才培育、IDC 服务、云计算、人工智能、物联网等条件,从而能够真正通过补链、强链,围绕产业链部署创新链,围绕创新链布局产业链,力争打造一批世界级的创新型产业集群②。

8.5.2 加强不同创新区域之间的协同合作

以往,我国的产业集群发展具有比较明显的地域特征,不仅从空间范围来看具有较强的独立性,而且从经济属性和行政属性来看也归属于某个区域或城市。由此带来的比较突出的问题就是,区域之间和城市之间在产业选择上具有明显的同质性,往往会在同一产业领域展开十分激烈的"资源争夺",导致的结果通常是"低端产能过剩,但是高端产能又未能有效培育"。特别是近些年来,在"战略性新兴产业"这一发展导向的引领下,各区域、各省和各个城市都出台了各自的产业规划,产业发展导向上的重合性进一步增强,但是产业发展的收效又是甚微的。未来,在培育具有全球竞争力的世界级先进制造业集群时,应着力打破传统的行政地域空间的界限,在更大的空间范围进行产业资源的整合、统筹和协

---

① 陈柳.构建长三角跨区域的世界级产业集群[EB/OL].澎湃新闻网,2020-12-02.
② 国家创新型产业集群试点扩围[N].消费日报,2021-08-24.

调。比如，重点打造长江经济带的产业集群，推动相关城市依托自身的产业特色和基础，进行合理的分工和布局，真正实现产业发展要素和资源的共享。而且，未来的世界级先进制造业集群一定不是单一的生产制造型基地，更加需要产业链上下游环节之间的协同集聚式发展，需要有基于最新制造业发展业态、以最前沿生产服务为标准的现代服务业的集聚和融合。因此，在不断完善和优化产业集群的制造功能时，还需关注工业设计、金融服务、检验检测等配套服务功能的培育和优化。

8.5.3　进一步优化东部-中西部"雁阵"发展模式

一是优化东部-中西部地区的产业分工格局。我国东中西部地区发展的落差仍然较大，中西部地区发展劳动密集型产业仍有较大发展空间，一方面，要积极引导东部地区转出失去竞争优势的劳动密集型产业和产业链的低端环节，腾出更多的资源发展产业链中高端环节；另一方面，支持中西部地区积极创造条件，积极承接东部转移出来的产业，构建"东部研发设计、品牌营销-中西部生产"的雁阵发展模式。二是应积极在中西部培育一批承接产业转移示范区。东部沿海地区产业向内陆转移并非"梯度均衡转移"，不是按照距离东部沿海地区的远近逐渐向西部地区转移，而是呈现非均衡发展特征，即部分地区承接多、发展快，而部分地区并未有效承接产业转移，甚至还出现虹吸效应。因此，要以中西部区位交通、人才资源等基础条件好的重点优势地区为核心，加大土地、资金、技术、人才、环境容量等支持力度，打造制造业综合成本洼地，通过大力承接产业转移形成制造业集聚中心。三是完善政府引导和服务，建立东部和中西部地区省际间产业转移统筹协调机构，探索优势互补、利益共享的"飞地经济"和区域合作制，形成推动承接产业承接示范区高质量发展的强大动力。

8.5.4　有序引导制造业企业"走出去"

制造业特别是劳动密集型产业每隔30—50年就会出现一次大规模的国际转移，这是工业革命以来世界经济发展的普遍规律，是市场化和全球化力量共同作用的结果，任何力量都阻挡不了。每一次全球产业转移都会促成新国际分工体系的建立。应当顺势而为、主动布局，以此为契机加快推动我国产业升级。要抓住国内企业在东盟、印度及其他"一带一路"沿线国家布局加工制造基地的机遇，不断提升我国企业研发设计、标准制定、品牌营销、市场开拓的能力与水平，重点构建"中国设计-东盟生产"或"中国品牌-东盟制造"的生产网络，形成相应的产业链分工协作体系和跨国价值链组织体系。要以工业（产业）园区为重点，引导国内企业加强境内境外双重布局，增强企业在全球的资源调动能力，提高在全球供应链中的话语权。要加强为企业提供"走出去"目的国投资政策、贸易规则等方面的信息服务，帮助企业更好地在目的国发展。引导制造业龙头企业充分发挥超大规模国内市场优势，从以往依赖外需被动适应经济全球化竞争，逐步转向依靠内需主动深度融入全球化发展，进一步完善产业链、价值链、创新链的全球化布局，加快海外研发、营销、售后网点、投融资中心和产学研合作平台建设，推动技术、管理、金融等资源的全球化配置，并通过海外并购重组、购买服务等方式打造全球综合发展平台，加快完成从"对外销售、出口产品"的"国际化"到"全球生产、全球营销、全球研发"的"全球化"转型，进而增强通过核心技术和知识产权控制产业活动布局和利益分配的能力，加大技术、装备、资本、产品、标准的输出力度，进一步提高在特定产业或行业内资源配置及价值链中的主导地位，助力我国构建更加开放、更具韧性、更有活力的产业链供应链，塑造以中国制造、中国创造为关键技术谱系的国际生产体系。

特别是要以百年精品意识为方向，打造更多高附加值、高科技含量、有核心竞争力的产品，向全球市场提供高质量的产品和服务，实现品牌影响力和美誉度的国际市场拓展，提升中国民族品牌在国际受众心目中的地位和影响力。同时，增强跨文化融合和管理的能力，将企业品牌、企业文化与东道国的自然资源、人力资源和文化资源进行高效融合和有效配置，特别是要善于寻找并把握品牌特性与东道国文化智慧的共通点，实现中国品牌与海外消费者之间的互联互通互信。除此之外，还需要积极优化社会责任体系，积极践行 ESG 理念，将可持续发展理念融入海外管理与实践，主动适应、引领相关国际规则标准制定，在全球范围内实现可持续形象的不断累积，依靠持续优化的企业品牌形象，持续推动企业长期价值的持续提升，向国际社会呈现立体、负责任的中国民族品牌形象。

8.6　金融支撑重点

虽然我国制造业总量跃居世界第一，但大而不强的问题仍相当突出，主要体现在创新能力不强，这是我国经济发展的"阿喀琉斯之踵"。创新始于技术，成于资本扶持。战略性新兴产业具有发展周期长、风险性高、技术性强等特点，需要大量的资金投入作为支撑。通过金融创新引领和驱动制造业发展已经成为我国制造强国建设的迫切要求。以集成电路行业为例，作为技术进步和产业发展极为迅速的行业，投资没有持续性是集成电路发展中的大忌，投资特别是技术研发资金的投入必须具有持续性，才能跟上国际竞争的步伐。作为集成电路领域的后发追赶者，我国必须在这一资本密集型产业确保高强度、可持续的资金投入。虽然，近些年来我国在集成电路领域已经加大了资本投入，但是与发达国家相比，仍有很大差距。特别是多元化、多层次的投融资机制尚不健全，民营企业和中小企业融资难、融资贵问题未能有效解决。因此，未来制造业的创新发展在很大程度上需要金融力量更为有力的支撑。科技金融的实质就是科技与金融形成利益共同体、形成合力。只有形成利益共同体，才能为制造业升级赋予新能量。未来无论是科技体制改革还是金融改革，目的都是培育新一代信息技术、高端装备、生物医药、新能源汽车、新材料等新兴产业群，为制造业升级赋予新的能量，提高科技的支撑能力。而且，制造业的发展呈现特殊的生命周期、创新周期、市场周期和企业周期，这种特殊的发展规律需要特殊的金融体系来匹配。应当在未来制造业发展的高尖端领域，完善相关的投融资机制支撑，通过市场机制的充分应用，为高精尖制造发展提供有效的股权投资、企业并购、债权融资等多层次融资服务①。

---

①　李鹏飞.改革开放 40 年集成电路产业发展历程和未来的机遇及挑战[J].发展研究,2019(01).

8.6.1 优化科技金融扶持

科技金融是金融业的一种业态，是科技创新与金融创新交汇融合的产物，是促进科技开发、成果转让和高新技术产业发展的金融工具、金融制度、金融政策与金融服务的系统性和创新性安排。未来，需要针对制造业发展的创新特点，制定更具针对性、更为有效的金融扶持手段，实现对原始创新、关键核心技术企业的金融服务前移。例如，与传统制造业相比，芯片制造业的核心投入是设备，最重要的投资主要集中在晶圆生产线、光刻机等大型设备。2017 年，Intel 的研发投入高达 131 亿美元；14 nm 芯片从设计到流片成本约为 5 000 万美元，验证成本约为 3 000 万美元，ARM 架构授权费用约为 1 500 万美元。创新的不确定性与高风险特征使得股权融资优于债权融资，债权的固定收益与创新承受的风险不匹配。美国股票市场的深度与广度领先其他国家，特别是纳斯达克市场被认为对美国的科技创新起到重要促进作用，风险投资在数字和生物科技两个领域既促进了创新也取得了丰厚的回报。我国的互联网和生物科技进步在某种程度上也受益于美国的风投文化和模式，很多"独角兽"企业的投资者是美国模式的投资机构，并在美国上市，形成中概股板块。2019 年上海证券交易所建立科创板并试点注册制，2020 年深圳证券交易所创业板推行以注册制为核心的制度改革，2021 年宣布的深化新三板改革、设立北京证券交易所，都将有利于发展多层次资本市场，提升资本市场服务创新的能力。今后需要更加积极发挥多层次资本市场的融资功能，通过市场机制的有效发挥，从而为高端制造企业提供包括股权投资、债权融资、夹层投资等在内的多种融资服务模式，以减少高端制造企业的现金流压力[1]。而且，科创上市公司的一个共同特征就是高估值，市场参与者的羊群效应和"动物精神"容易导致非理性繁荣。但历史显示，改变世界的技术比如铁路、电气化、计算机和互联网都经历过资产泡沫。资本促进创新的关键是通过信息披露、投资者保护、培育长期资金支持实体企业的研发和资本开支，而不是单纯的金融投机。

---

[1] 李鹏飞.改革开放 40 年集成电路产业发展历程和未来的机遇及挑战[J].发展研究,2019(01).

8.6.2 强化国有创投企业的引导作用

投资期限长的特征使得股权融资服务创新也有局限性。风险投资预期的回报期限最长也就 5—7 年，公开市场投资者的耐心更有限，而一些突破性的技术进步从开始研究到形成商业回报往往要 15—20 年时间。公开市场投资者甚至负面看待上市公司增加具有挑战性的研发投入。投资者追求短期回报的问题导致全球范围内具有突破性的新药研发不足，在清洁能源领域，追求尽早退出的风险投资和需要耐性的长期投资不匹配的问题也很突出。从资金需求的主体来看，反映风险承受能力的差异，不同规模的企业的融资渠道不同。初创企业、小企业往往依赖股权融资，尤其风险投资、天使投资，大企业更多使用自身业务收入产生的现金流和银行信贷。对冲不确定性的最佳手段是自我保险，大型企业一般有较强的盈利，或者和银行形成了长期合作关系，而小企业没有这样的控制现金流的能力。政府具有把风险社会化和进行代际转移的能力，可以在创新金融方面发挥独特作用。从技术要素看，我国的研发投入总额虽然已经排名世界第二，达到 2.44 万亿元，占 GDP 比重达到 2.4%，但政府占比只有不到 25%，依然低于美国等部分发达国家的政府投入强度，政府对技术资源的配置虽然有战略方向上的调控和引导，但总体仍不显著。关键核心技术的突破离不开资本的长期支持，科技创新的每一步都需要大量资金作保障。但是，国内金融资产结构不合理已导致资金使用效率低下，造成中小企业融资成本高企。在我国的金融资产结构中，接近 90% 属于银行资产，但在欧美的金融系统中，银行资产大体占 60%。银行的盈利模式决定了银行倾向于投资重资产、有抵押的企业。

当前，我国经济已进入全面结构调整，需要发展战略性新兴产业，支持创新创业，而这些中小企业恰恰是没有资产抵押给银行的，就需要其他金融机构提供服务。因此，随着我国进入必须依靠创新驱动发展的新阶段，推动结构调整和产业升级，需要更多创业投资的助力和催化。创业投资是指对新兴、发展迅速、有潜力的企业进行的一种权益性投资。一方面，被投资企业具有成长快、风险大的特点，一般投资者或银行提供资金的意愿不高；另一方面，由于创业投资属于长期性的投资,流动性较差,投资回报周期长。这使得创投基金投资新兴产业存在资金募集难的瓶颈。2014 年 5 月 21 日,国务院总理李克强主持召开国务院常务会议。会议决定大幅增加国家创投引导资金促进新兴产业发展,相关措施包括成倍扩大中央财政新兴产业创投引导资金规模,加快设立国家新兴产业创业投资引导基金等,完善市场化运行长效机制,实现引导资金有效回收和滚动使用,破解创新型中小企业融资难题。因此,这要求改革政府投入方式,更好地发挥财政引导资金"四两拨千斤"的作用,特别是通过积极发挥政府引导基金的作用,阶段性扮演类似天使基金等角色,帮助那些一时周转困难或者看不清发展方向的创新型企业走出低谷,同时,充分撬动天使投资基金、创业投资基金等社会资本全面支持科技创新活动,构建多渠道、多层次的科技金融投资体系,让市场决定创新资源配置,重点支持处于"蹒跚"起步阶段的创新型企业,支持战略性新兴产业和高技术产业处于成长期的创新型中小企业发展,从而促进技术与市场融合、创新与产业对接,孵化和培育面向未来的新兴产业,推动经济迈向中高端水平。

因此,应当进一步引导国有创投企业不去盲目追风口、求热点、比赛道,而是要以实体为根,科技为本,进一步提升市场化运作和专业化管理能力,优化"基金募集、基金投融、投后管理、资本退出"链条,真正增强造血功能,最终形成功能性业务和市场化业务融合发展的良性循环模式,培育更多具备基础性、战略性、前瞻性创新能力的科创企业。鼓励国有创投企业与市场化专业管理团队和其他战略投资者共同成立市场化运作的二级投资管理公司,试行职业经理人制度,提高市场化专业运作水平。鼓励国有创投企业进一步与相关产业集团、金融机构等开展紧密合作,围绕重点产业领域,合作设立更具产业特色的创投基金,打通创新成果产业化、规模化链条,打造一批细分领域龙头企业。

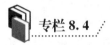 专栏 8.4

上海国有创投企业在强化高端产业引领功能方面发挥重要作用

一、发挥"战新产业投资管理平台"的作用

上海国有创投企业通过市场化手段和专业化管理,采取"项目投资(出资）＋项目管理＋项目退出后循环投资"的运作模式，实现政府投资安全、规范、高效和可持续的运作。例如，上海科创投集团通过创投引导基金持续撬动社会资本，集中投向早中期的战略性新兴产业项目。截至 2020 年底，承诺出资 113 亿元，参股基金总募集规模 6 793 亿元，撬动社会资本 6 倍，累计完成投资 81 亿元，过会基金 89 只，签约基金 70 只，参股基金投资企业近 900 家；市场化母基金承诺出资 17 亿元，投资基金 48 只，参股基金总募集规模 189 亿元，撬动社会资本 11 倍。同时，还承担上海市研发与转化功能型平台 6 个功能平台的投资与管理工作，投资了超硅半导体、翱捷科技、依图科技、微创机器人、西井科技、博动医学等一批重点项目。

二、发挥"基金投资管理平台"的作用

上海国有创投企业通过"母基金＋产业基金＋专业基金"的模式，一方面盘活国有资产存量，实现国有资本的合理流动及保值增值；另一方面发挥国有资本的引导作用，带动社会资本集中投向早中期的战略性新兴产业项目，不断完善政府在创新创业领域的系统布局。例如，作为上海国资系统内最大的产业基金集群，上海国际集团旗下现有金浦、国和、赛领、科创、国方五大产业基金管理人品牌，在产业内打响了"国字号"基金的名号。以科创产业为例，上海国际集团牵头成立了全国第一家以"科创中心"命名的上海科创中心股权投资基金，已投资签约子基金超过 40 只，带动子基金投资超过 700 亿元，已投项目超过 700 个。聚焦长三角一体化发展战略，上海国际集团牵头发起设立长三角协同优势产业基金，推动长三角地区加快形成具有国际竞争力的优势产业集群。长三角协同优势产业基金已投资 27 只基金、直投项目 22 个，带动社会资本投资额超过 470 亿元，实现高达 10 倍的资本放大效果。

三、发挥"市场化投资运营平台"的作用

上海国有创投企业着眼于政府战略导向，注重发挥示范、引领作用，通过市场化投资的锤炼，不断提升专业投资能力。例如，上海科创投集团在"十三五"期间的市场化直接投资项目达 35 个，累计投资 11 亿元。特别是在中微公司创立之初，上海科创投集团就开始投入资金，累计投资 16 年，投入资金额达 1.42 亿美元，一直到中微公司于 2019 年成功登陆科创板。上海国际集团参与投资的中国通号、澜起科技、睿创微纳等 6 家企业作为首批 25 只科创板股票在上交所上市。截至 2020 年 1 月，浦东科创集团累计投资科技创新企业 200 家，累计投资金额超 60 亿元。基金方面，累计投资了 54 只基金，44 只人民币基金，10 只美元基金，累计基金总规模超过 800 亿元，成功实现了 150 多家企业的上市和并购退出。

四、发挥"科技金融服务平台"的作用

上海国有创投企业通过"融资担保+投贷联动+贷款贴息"的运作模式，不断完善"投资、贷款、担保、服务"的联动机制，缓解创新类企业的融资难题。例如，浦东科创集团通过知识产权证券化项目，突破中小企业传统的融资渠道，以较低的融资成本助力高新技术企业发展。其中，浦东科创 2 期知识产权资产证券化项目是全国首个在知识产权 ABS 储架模式下连发两期的产品，合计发行金额 1.05 亿元，涉及 102 个已授权专利，共支持 17 家中小型高新技术企业获得低成本融资。上海科创投集团依托参股的担保公司，以融资担保、保理、小贷等多种渠道，缓解小微企业的融资难题，累计为 3 700 家中小企业提供总计约 210 亿元融资担保服务、约 200 亿元非融资性担保业务。联合旗下融资担保机构与商业银行开发出服务小微企业融资的"科技卡"产品。配合上海市政府有关部门，服务上海高新产业企业，高质高效完成"上海方案优惠利率长期信贷项目"贴息工作。

资料来源：根据相关资料整理。

8.6.3　推动制造业企业在高精尖领域的并购

积极创造条件，推动相关制造企业并购在制造业发展关键领域具有竞争力的企业。例如，谷歌在早期发展机器人技术的过程中，就收购了 8 家机器人公司，从而快速掌握了机器人领域的核心技术；丰田公司为了能够将机器人技术应用于汽车制造领域，斥资 1 亿美元成立了风险投资公司，专门用于人工智能和机器人领域的投资，主要用于收购致力于传感器技术、研究机器学习和仿真技术的初创公司。在芯片领域，在 2021 年"缺芯潮"的影响下，芯片行业的并购在 2022 年开年迎来了新的高潮。2022 年 2 月 14 日，美国半导体公司 AMD 宣布完成对全球最大 FPGA 厂商 Xilinx（赛灵思）的收购。按 Xilinx 的市值估算，这宗收购价值接近 500 亿美元，创下了芯片领域收购的新纪录，同样这起收购案也成功地刷新了 AMD 的历史。这起收购主要聚焦的是半导体行业十分火爆的 FPGA，这是一种硬件可编程的芯片，有较好的性能和较低的功耗，可定制化开发各种运算加速功能，无论是边缘数据处理还是高性能计算，均可使用此类芯片。但是，FPGA 的研发难度很大。一方面，对芯片材料和制程要求较高；另一方面，其编程语言更加底层、流行度更低、难度更大。在全球市场上，赛灵思、Altera、Lattice 和 Microsemi 四大厂商几乎垄断了 FPGA 市场。其中，赛灵思在技术方面处于领先地位，在中国和全球的占比均超过 50%。由于研发门槛较高，马太效应明显，因此，对于资金充足的行业巨头而言，自我研发的突破之路并不一定是最佳选择，并购往往就成为最优解。早在 2015 年，英特尔就以 167 亿美元的价格收购了 FPGA 领域排名第二的 Altera。通过收购 Xilinx，AMD 将在数据中心、5G 通信、汽车、工业、航空航天和国防市场等领域有更大的发展空间。国际知名汽车厂商通常也采用投资、收购等方式，加强其在自动驾驶领域的技术储备和专利布局。例如，2015 年，福特汽车公司发布"智能移动战略"，相继投资、收购了云计算公司 PivotalSoftware、高精地图公司 CivilMaps、激光雷达公司 Velodyne、机器视觉公司 SAIPS，以及自动驾驶技术公司 ArgoAI。福特已成为全球自动驾驶领域最具竞争力的公司之一[①]。从更加细分的汽车芯片领域来看，美国半导体产业协会（SIA）发布的数据显示，2021 年全球售出了 1.15 万亿颗芯片，销售额达到创纪录的 5 559 亿美元，同比增长 26.2%，其中汽车级芯片需求增幅最大，销售额比上年增长 34%，达 264 亿美元。自从汽车"缺芯"问题日益凸显之后，国内的汽车厂商也纷纷通过资本手段，加快补齐芯片供应的短板。上汽集团将与上海微技术工业研究院联合发起打造精准战略合作的"国产汽车芯片专项基金"，实现"中国汽车级"落地；北京汽车重点投资智能驾驶、汽车半导

---

① 赛迪智库.从感知技术专利看中国自动驾驶与世界的差距[EB/OL].澎湃新闻,2020-01-16.

体（功率器件 IGBT、SIC、MCU、语音交互芯片、传输芯片等），广州汽车则主要投资粤芯半导体，包括地平线、芯钛科技、瀚薪科技和瞻芯电子等，而本身具备半导体开发能力的比亚迪，也投资了地平线、杰华特、华大北斗和纵慧芯光等，目的是借助资本补齐短板。未来，我国应当积极鼓励制造业企业寻找在特定技术领域掌握核心竞争力的初创类企业、成长类企业或者成熟类企业，通过资本并购的手段，加快制造业发展关键领域的攻关。

8.7　产业政策重点

我国需要积极应对发达国家"再工业化"战略，但是这种应对并不意味着将自身排斥在全球制造业网络之外，而是要更加积极地将中国与全球的生产网络、创新框架、贸易体系、网络空间进行更为紧密的结合，真正构建能够支撑我国融入新一轮工业革命的全球网络支点。

8.7.1　采取更有弹性、更富效率的政策组合模式

以往，就我国的产业政策总体而言，较为强调"进口替代"。往往是先通过进口替代摆脱对国外的依赖并突破技术封锁，更好地满足国内需求，在此基础上出口并分享国际市场。这是由于当时我国制造业的发展正处于冷战时期，发达国家对我国实施严格的技术封锁，虽然最初有苏联的技术援助，但之后由于中苏关系紧张，我国不得不走上独立自主的工业化道路。改革开放后，发达国家虽然放宽了对我国的技术出口限制，而且外商直接投资还直接推动了部分领域的技术转让和技术外溢，但在与军事和国防相关的领域，一直都存在严格的技术出口管制，而且近年来在美国的带领下这种趋势有进一步强化并向民用领域扩散的态势。这就使得我国在制定产业政策时，在某种程度上始终会有突破海外技术封锁的意图，这也是一种保持和维护产业链和技术链安全的预防性做法。随着我国产业技术水平的不断提升和竞争力的提高，我国产业的供给能力不断拓展，技术层次不断提升、竞争能力日益提高，开始在越来越多层次更高的产业领域对发达国

家的产业构成竞争挑战，这就使得美国等发达国家更加关注并研究我国的产业政策、产业补贴等问题。

今后，我国在产业政策的制定上，需要采取更有弹性、更富效率的政策组合模式。既不能乐观低估发达国家"再工业化"战略对我国制造业发展的不利影响，也不能悲观高估我国制造业发展所需要应对的风险和危机。在发达国家推出"再工业化"战略及我国部分区域开始出现"去工业化"迹象的情况下，需要更加谨慎地思考既有制造业发展政策的优势与不足，面向制造业发展的未来，制定能够适应全球制造业发展新态势、更加具有弹性和活力的产业政策体系，从而为制造业发展创造良好的制度环境。特别是要改变以往"平推化"的发展思路，因为在"再工业化"战略所引领的新兴制造领域，不再存在平推增长的可能。以往那种以高强度补贴为特征的产业政策，在某种程度上导致了产能过剩。2016 年以来，我国制造业整体产能利用率为 73.9%，此后年度虽然有所提升，但一直低于 80% 的水平，呈现出产能利用不足、生产效率不高的局面。从具体行业来看，除化学纤维制造业略高于 80% 外，多数产业大部分年份产能利用率也低于 80%。近年来，半导体、互联网等新兴产业由于缺乏有效行业管理和引导，盲目上马和无序竞争，不仅对传统行业带来巨大冲击、造成社会资源的巨大浪费，还面临整个产业难以实现良性发展的困境。产能过剩导致的一个严重后果即是企业难以获得足够的利润支撑企业持续加大研发投入，不仅导致企业难以实现差别化发展，也造成我国全要素生产率难以显著提升。长期以来，我国全要素生产率低于美国、德国、法国、日本、韩国等发达国家，与俄罗斯和巴西也有不小差距。2019 年，我国全要素生产率只有美国的 44.26%，而德国、法国的全要素生产率为美国的 85% 以上，日本、韩国为美国的 60% 以上，俄罗斯、巴西为美国的 50% 以上。从变动来看，近两年我国的全要素生产率还出现小幅回落，2019 年只有 2017 年的 98.97%，而美国、日本、韩国、俄罗斯、印度等全要素生产率仍在提升，只有巴西降幅略高于中国。全要素生产率水平持续下降，也进一步表明我国制造业高质量发展的动力来源不足①。

---

① 刘文强,关兵,乔宝华.中国产业内卷化倾向成因及应对策略[EB/OL].澎湃新闻网,2021-12-16.

更需要引起警惕的是，在一些新兴产业领域，也开始出现产能过剩的苗头，表现为产业竞争的"内卷化"态势，产业内部的国内企业竞争表现为低水平同质化、过度的价格战以及企业各自为战。这种"内卷化"的产业竞争会降低资源利用率和配置效率，削弱企业盈利水平，进而导致企业难以获得充足的收入，由此引发长期的创新研发投入不足。"十三五"期间，我国提出大力发展新能源汽车、工业机器人、光伏、液晶面板等战略性新兴产业。各地均围绕这些重点发展的产业领域，盲目投资，一哄而上，导致战略性新兴产业很快就出现了"产能过剩"和"高端产业低端化"现象。例如，2019 年，我国新能源汽车销量仅 120 万辆，但当年各地车企规划的新能源汽车产能达 2 000 万辆。近年来美国对我国实施技术封锁，"卡脖子"领域又再次成为近期各地轮番追逐的投资热点。在集成电路投资热中，仅 2019 年、2020 年两年全国新增半导体相关企业分别高达 5.3 万家、2 万家。根据天眼查的数据，我国目前大约有 28.2 万家企业名称或经营范围中含有"集成电路或芯片"，仅 2020 年注册的企业就超过 7 万家，而注册资本在千万元以上的企业比重只占 22%。这种发展格局并不符合半导体行业的技术特性，也不排除企业和地方存在短期政策"套利"的行为。在盲目投资冲动下，部分地区的百亿元、千亿元级半导体大项目甚至出现了"停摆"①。因此，应当正确处理好产业"内卷"与正常市场竞争、适度产能过剩之间的区别，尽快采取措施加以调整，在保护企业投资热情的前提下，要尽可能避免大量投资无序涌入中低端芯片的制造领域，同时，遵循行业技术创新和全球半导体行业竞争的基本规律，在国家层面进行生产力布局的顶层设计和长期的战略规划。政策层面要严格区分芯片企业的主体业务类型，如芯片研发、芯片制造、芯片设备制造或芯片材料生产等不同类型，建立分类监管体系，加强行业生产力布局的功能性分工。

另一方面，新兴制造领域的重要特征就是技术路线的高度不确定性和投资的高风险性，发达国家的新兴制造业发展也是通过不同技术路线之间的竞争而确定的，政府很难主观认定具体制造业领域的未来主流技术路线。政府更应当发挥作用的领域是基础研究。虽然我国持续加大对基础科学研究的投入，但由于资源配

———————————

① 刘文强，关兵，乔宝华.中国产业内卷化倾向成因及应对策略[EB/OL].澎湃新闻网，2021-12-16.

置不尽合理、科研成果评价体系不尽科学、缺乏相关的市场化激励机制等多方面原因，我国基础研究面临较为严重的人才危机，存在战略科学家少、专业辅助人员缺乏、基础学科后备人才资源不足、优秀人才流失等问题，导致我国高质量科研成果不足，重大的基础理论、核心技术几乎空白，进而导致我国制造业产业链不完整，受上层技术制约较多，关键基础材料、工艺、核心零部件等依赖发达国家的局面。未来，在产业政策制定和优化方面，应当进一步加大市场不能有效配置资源的基础前沿、社会公益、重大共性关键技术研究等投入，优化科研机构规划布局。同时，要进一步优化基础研究政府项目招标方式，建立健全社会及企业对基础研究的长期资助机制，鼓励"小功能""模块式"研究。要充分发挥大企业、科研机构集成创新能力，加快突破一批关键共性技术、前沿引领技术、现代工程技术、颠覆性技术，为我国创新发展夯实基础①。

8.7.2 切实建立支持企业创新强有力的引导政策

按照创新型国家建设战略要求，坚持以创新为根本衡量标准，切实加大对企业创新支持投入，强化对创新型企业支持，提升企业创新能力和培育核心竞争力。实施企业基础研究创新工程，提升企业原始创新能力，支持产业链龙头企业扎扎实实开展基础前沿理论研究，支持"专精特新"企业开展基础技术创新、基础工艺创新；实施创新服务平台建设工程，支持建设"基础研究、应用开发、中试、商品化、产业化"创新链条，加快技术成果转化，激发企业创新动力。特别是要进一步强化以国有企业为代表的大型、特大型企业，要以国企改革三年行动为抓手，进一步建立健全中国特色现代企业制度和自主创新体系。要面向世界科技前沿、面向国家重大需求、面向国民经济主战场，加快布局一批基础应用技术，加快突破一批前沿技术，加快锻造一批长板技术，加强集成创新能力建设，使之成为原创技术策源地。

8.7.3 优化企业补贴方式

一是降低制造业企业税收负担。我国主要由企业纳税，合计占总税收的八成

---

① 王绛.加快完善我国立体式创新体系[N].经济参考报,2022-02-08.

以上。2019 年，企业所得税占总财政收入的 24%。除企业所得税外，企业缴纳的税种也涵盖流转税、财产和行为税、资源税、特定目的税等。与发达国家相比，我国企业不只缴税金额更高，且缴纳税类过多过杂。2012 年以来，我国的税制改革倾向于扶持服务业和先进制造业。"营改增"及税率简化的减税效应有利于生产性服务业和先进制造业。专业设备制造以及计算机、通信和其他电子设备制造等相关行业的工业增加值累计同比在"营改增"出台后大幅提升。以专用设备制造业为例，2016 年 5 月的工业增加值同比为 5.7%，一年后上涨至 11.1%。但与此同时，传统制造业如皮革和羽毛制品、造纸及纸制品等行业的增加值则明显滞后。目前我国现行的增值税税率分 13%、9% 和 6% 三档，其中制造业的税率最高（13%），高于大部分以制造业为经济支柱的亚洲国家。例如，日本增值税率几番上调后仍为 10%。进一步降低制造业的税率势在必行。

当前，我国制造业升级面临多重压力，不仅有来自国内人口红利锐减、劳动力流失、生产经营成本上升等方面的影响，还要面对发达国家"再工业化"导致的制造业回流以及东南亚国家出台优惠政策积极承接新一轮国际产业转移等方面的严峻挑战。在以往的税收政策体系下，企业在研发投入、生产场地与设备购建、兼并收购等环节面临重复课税等问题。因此，制造业企业面临较大的资金和经营压力。虽然近些年我国实施了"营改增"等一系列减税政策措施，但是对制造业企业而言，效力仍然显得不够。在增值税进项税抵扣不充分的情况下，制造业企业期望能够进一步简化增值税税率结构，降低税率。2019 年，政府工作报告明确提出"深化增值税改革，将制造业等行业现行 16% 的税率降低到 13%"。这表明制造业将成为我国新一轮增值税改革的最大受益者。增值税主要是针对商品在生产、流通和劳务服务等多个环节中新增价值所征收的一种流转税，因此对于那些主打高端产品、高附加值产品的制造业企业而言，减税增效的力度会更为明显。

"十三五"期间，全国研发费用加计扣除减免税额由 726 亿元提升至 3 600 亿元。与此相对应，全国研究与试验发展投入经费从 2015 年的 1.42 万亿元增长到 2020 年的 2.44 万亿元，我国已成为世界第二大研发经费投入国。同时，应当继续提升研发费用加计扣除政策的普惠性。当前，已出台的制造业企业 100% 研发费用加计扣除比例政策和即将出台的科技型中小企业 100% 研发费用加计扣除比例政策，对于支持制造业和科技型中小企业加大科技创新起到了精准发力的作用。但是，由于存在负面清单行业，使得这些行业内的企业开展的符合条件的研发活动支出无法享受到政策红利。在信息技术引领的科技变革与产业变革中，新行业新业态新模式不断涌现，产业之间的界限已经越来越模糊。为了进一步提升我国研发费用加计扣除政策的普惠性和精准性，今后，应当定期征集各行业的反馈意见和建议，建立负面清单行业的动态评估调整机制，对负面清单行业适时进行调整，使我国的研发费用加计扣除政策不断适应科技和经济发展的新形势。

8.8 绿色转型重点

近年来，我国制造业节能减碳之所以取得显著成效，既得益于不断完善的顶层设计，也依托于针对不同重点领域形成的多维度、全覆盖的工业低碳发展体系，工信部已累计发布 128 家绿色设计示范企业，共 2 170 项绿色设计产品。但是，从总体状况而言，我国制造业发展仍然没有彻底摆脱高资源投入、高能源消耗和高污染排放的粗放型发展模式，正面临周边国家"低端产业吸纳"和发达国家"再工业化"的"双重挤压"。发达国家纷纷提出制造业向绿色生产转型的战略和措施，新能源、再制造等新名词和新理念日益普及，制造业的绿色改造已经成为发达国家提高重塑制造业进入壁垒的重要筹码。因此，制造业的转型升级不仅意味着生产效率的提高，更意味着生产方式向绿色化、低碳化方向的转变。我国在提出《中国制造 2025》时将绿色发展作为主要方向之一，明确提出了全面推行绿色制造。开展绿色制造专项行动，实施绿色制造工程是落实五大发展理念和建设制造强国的重要着力点，也是加快推动生产方式绿色化、增加绿色产品供给、减轻资源环境压力、提高人民生活质量的有效途径，更是推动工业转型升级、培育新的经济增长点、稳定增长和调整结构增加效益的关键措施，并能促进工业文明与生态文明和谐共融。"十四五"规划和 2035 年远景目标纲要提出，制定 2030 年前碳排放达峰行动方案,这意味着我国将更加坚定地贯彻新发展理念,加快制造业转型升级,走上绿色、低碳、循环的发展路径。从全球其他国家的发展经验看,多数发达国家是在完成工业化、城镇化之后实现碳达峰的。我国按 2030 年碳达峰计算,届时人均 GDP 约 2 万美元,城镇化率 70%左右。相比发达国家,我国碳排放达峰是在工业化进程尚未完成、人均 GDP 水平不高、城镇化率较低的情况下实现的,这既对我国制造业产生重大挑战和变革,也为我国制造业未来发展创造新机遇。未来,我国制造业应当积极探索并实现"资源节约型、环境友好型"的发展模式,围绕提升制造业资源能源使用效率,将产品设计、生产等全生命周期阶段对环境的负面效应降至最低,促进制造业绿色低碳发展,获得经济、生态与社会综合效益最优。

8.8.1　优化资源要素投入结构

以往,劳动力价格低廉,资源开发成本低,我国经济增长在很大程度上依靠自然资源特别是不可再生资源要素的投入,这在一定程度上造成了能源消耗以及对生态环境的破坏。因此,制造业的转型升级需要从"不可持续性生产"转为"可持续性生产"。从技术出发,以科技创新、技术升级作为绿色发展的内核,形成"绿色技术—绿色生产线—绿色产品—绿色运输—绿色配送"的制造业绿色发展机制,提高制造业可再生资源的利用率,降低能耗并减少污染,形成循环生产方式,带动产品价值提升并推动制造业由劳动密集型、资源密集型、低附加值向资金密集型、技术密集型、高附加值转型。

8.8.2　加快传统制造业绿色改造

为促进制造业绿色升级,培育制造业竞争新优势,我国已将加快制造业绿色改造写入政府工作报告,提出开展绿色制造系统集成等一系列工作。为此,制造业企业应顺应时代要求,把可持续性发展落实到日常生产运营活动中,以制造业升级促进环境保护,以环境保护倒逼制造业升级,依靠绿色改造的新理念,走出一条高质量的可持续性发展的道路。推动互联网、大数据、人工智能、第五代移动通信（5G）等新兴技术与绿色低碳产业深度融合，释放数字化智能化绿色化叠加倍增效应。要依托现有产业园区等平台，推动企业、科研单位等有效集聚，促进先进制造业集群发展，提高能源利用效率和循环经济发展水平。引导行业龙头企业率先构建绿色供应链，将自身绿色环保实践推广至一级供应商及产业链供应链上下游企业，带动其开展节能环保改造，实现整个产业体系绿色、循环和低碳发展。例如，联想打造了集"绿色生产＋供应商管理＋绿色物流＋绿色回收＋绿色包装"于一体的信息披露平台，拥有上百万供应商和部件组成的全球绿色供应链体系，其中95%以上的供应商都符合绿色规范。同时，我国工业能源消费占全国能源消费的70%左右，钢铁、建材等六大高耗能行业占工业能源消费的70%左右。今后，应当大力发展数字经济、高新科技产业，抑制煤电、钢铁、石化等高耗能重化工业的产能扩张，实现结构节能。

8.8.3　加强政策工具引导

各级政府要根据本地具体情况构建差别化、有针对性的区域政策体系，通过立法、行政等手段，将绿色发展理念深入贯穿于制造业整体发展。紧密结合制造业高质量发展与生态环境改善，通过政策引导，完善绿色发展生态。实施严格的资源管理制度，大力推进节能减排，推广应用低碳技术，鼓励制造企业以材料替代、清洁生产等绿色生产方式开展绿色化改造。通过政策引导，加大绿色资金投入。出台"绿色贷款"政策，鼓励商业银行等金融机构实行低碳资金政策，充分发挥绿色信贷、绿色债券、绿色保险等金融产品的作用，加大对绿色制造的资金投入，引导资金流向高效、节能、环保等制造行业。同时要利用好产业投资引导基金，积极支持技术密集型制造业绿色技术研发，尤其是高技术行业中的基础研究和共性知识的开发，让所有的企业都能共享，对共性薄弱环节提供资源配置和支持，以强化行业整体绿色升级。各地区环境保护部门应该根据制造业生产特点及转型发展需要，不断更新和完善环境保护立法。通过强化监管力度，做好绿色信用评级工作，推动制造企业绿色节能及清洁生产等方面技术的研发[①]。

---

① 李新安，李慧.中国制造业绿色发展的时空格局演变及路径研究[J].区域经济评论，2021（04）.

8.8.4　积极优化能源结构

目前，全世界每年总共排放约 400 亿吨二氧化碳，我国大约占四分之一，即 100 亿吨左右，年度人均排放已经超过全球人均水平。自我国加入 WTO 以来，二氧化碳排放量的快速增长，是同我国的压缩式发展分不开的。要发展就得增加能源消耗，在非碳能源技术尚未成熟的背景下，这就意味着排放增加。根据相关统计，中国目前的一次能源（指自然界中以原有形式存在的、未经加工转换的能量资源，又称天然能源）消费总量约为每年 50 亿吨标准煤，其中煤炭、石油、天然气的占比分别为 57.7%、18.9%、8.1%，非碳能源的占比仅为 15.3%。二氧化碳的终端排放源主要为工业（约占 68.1%）、建筑（约占 17.6%）和交通（约占 10.2%）。因此，工业领域应进一步加快碳中和的步伐。在 2060 年碳中和目标的指引下，我国未来的能源结构将发生重大变化。从全球格局来看，各国都在加紧氢能的研发与投入。中国氢能联盟预测，到 2050 年我国氢能年需求量有望达 6 000 万吨，产业规模方面，氢能生态系统潜在市场规模有望达到 12 万亿元。而且，氢能产业链具有链条长、潜在产值大的特点，涵盖了氢能端及燃料电池端，包括上游氢气供应的制氢、储氢、输氢和加氢等环节，以及下游的氢能整车、工业炼钢等应用环节。

同时，积极推动电力系统的技术创新。例如，重点聚焦分布式电网技术、储能技术、柔性化输电技术，从而提高可再生能源发电比例。同时，对化石能源等传统能源的消费，应当在消费总量上采取更为严格的控制政策，并进一步完善绿色能源采购制度，为新能源领域的交易活动创造更为有利的制度环境，以确保新能源发电能够尽快实现优先上网。与此同时，积极鼓励传统能源行业加大向低碳化和绿色化的转型力度，并进一步创新能源税费征收方式，真正提高绿色能源行业的市场竞争力[①]。在向碳中和目标挺进的过程中，政府和市场要做好协调，扮演好各自的角色，从而做到"两只手"均发挥出最大效能。据估计，我国实现碳中和，需要百万亿元人民币数量级的投资，绝非政府一家能够单独提供，投资主

---

① 史丹.打造工业绿色发展新动能[EB/OL].中国经济网,2017-01-24.

体还是应该来自市场。但在引导投资过程中，政府可在法律、行政法规、税收、补贴、产业政策、碳配额投放、绿色金融政策等方面发挥十分有力的作用。例如，当前，绿色金融面临产品种类较少、结构单一、服务对象较局限等瓶颈。要大力发展绿色金融特色机构、业务中心，形成专项规模、专职团队、专属产品、专业流程、专门风控、专有考核的"六专"运营模式，不断丰富绿色信贷产品与服务供给，更加契合绿色企业和项目融资特点。

8.9　人才支撑重点

人力资本是推进任何一次产业革命的关键因素，每次工业革命都有不同的技术内涵，因而所需的人力资本类型并不相同。随着发达国家"再工业化"战略的深度推进，制造业高质量发展所需要的人力资本结构发生显著变化。例如，由于机器人的加入，工作岗位将重新分配，传统岗位可以解构为独立组件任务，程式化的工作将被分割出来安排给自动化程序完成，信息技术人才的培养与信息技术的创新、开发及应用能力的普及将变得更加至关重要。同时，随着制造业发展越来越依赖于科技创新，制造业强国的产业主体也将进一步向具有更高技术水平、更具创新驱动性的价值链环节升级，对劳动力的素质和技能也提出了更高要求。因此，制造业发展的硬实力、软实力和驱动力，在很大程度上要依靠制造业人才实力，人才成为我国产业迈向全球价值链中高端的关键。未来的制造业发展将更依赖劳动者素质、技能和创造力的全面提高，必须加快培育高端制造发展所需的各类人才。华为作为一家民营企业，在全球进行投资，聘用各国大量高端人才，创造了最先进的通信技术，最后以企业的成功提升了我国的国家竞争力。毫无疑问，华为模式是一种开放型模式而不是封闭型模式，但它既不是以出口为特点，也不是以引资为标志，它的开放性体现在集聚全球人才这一现代经济最核心的高级生产要素上。

从实际情况来看，我国的人才总量和结构仍难以支撑制造业高质量发展的要求。从总量看，第四次全国经济普查数据显示，截至 2018 年末，制造业法人单位从业人员达 10 471.3 万人，占比 27.3%，位居行业首位。2020 年，我国制造业人才缺口达 2 200 万人左右，近五年来，平均每年有 150 万名劳动力离开制造业。据《制造业人才发展规划指南》统计，预计到 2025 年，全国制造业重点领域人才缺口将接近 3 000 万人。而且，制造业领域的人才供需结构也仍然存在矛盾，低技能人才供过于求，中高端技能人才供给严重不足，特别是在新兴产业等高精尖领域，人才需求增速大，复合型人才和科技领军人才面临"找不到"的困境。人社部发布的全国"最缺工"100 个职业显示，在新进排行榜的 25 个职业中有 15 个与制造业直接相关，短缺程度加大的 34 个职业有 16 个与制造业直接相关，多为传统制造业技工技能人才。由于人才培养与企业需求之间的结构性矛盾尚未解决，优秀人才无法流入制造业，制造业人才"堰塞湖"现象久久未消。不少制造业企业反映，企业迈向高质量发展过程中最主要的困难是"技术人才缺乏"，劳动密集型产业招工逆向潮的社会现象时有发生。随着产业融合发展的加速，从"制造"到"智造"的迭代过程离不开有跨界融合背景和高素质的制造业人才。新兴制造领域、高端制造领域和跨学科创新领域的人才缺口较为明显。以人工智能为例，我国在人才总量方面略胜于美国，当前全球约有 55 万余名人工智能研究人员和从业人员，中国占 28.3%，居第一位，美国占 15.8%，居第二位。但从顶尖人才总量上比较，美国培养并聚集了更多顶尖的人工智能人才。清华大学发布的《中国人工智能发展报告 2018》显示，美国人工智能杰出人才累计达 5 158 人，而我国人工智能杰出人才虽总数位居全球第二，但数量仅为 977 人，不及美国的 1/5。2022 年 2 月，百度与浙江大学发布的《中国人工智能人才培养》白皮书显示，我国人工智能行业的人才缺口高达 500 万人，并且在高度跨学科复合型人才的标准下，人才短缺将会长期存在。大数据产业发展也面临着突出的人才短板，大数据技术人才不足，复合型人才更稀缺，严重制约着产业发展进程。从结构看，创新型、高技能、高素质人才的占比明显偏低，例如，既懂制造技术又懂人工智能技术的复合型制造人才更是紧缺。相关研究显示，目前，我国高技能人才占制造业总就业的比重仅为 6%，而发达国家则普遍高于 35%。以集成电路产业为例，从设计、制造、封装到测试等各个环节都对专业知识和技能有很高的要求，而且这种要求具有很强的复杂性、交叉性和快速迭代性。我国在集成电路领域的教育储备仍较为滞后，《中国集成电路产业人才（2016—2017）》白皮书显示，我国集成电路产业到 2020 年有约 70 万人的人才供应缺口①。据相关数据显示，未来 3 至 5 年，我国需要 180 万名大数据产业人才，但截至 2020 年末，从业人员只有约 30 万人。2019 年美国马可波罗智库的分析显示，顶级人工智能研究人才中，59% 在美国工作，11% 在中国工作。无论是"杰出人才"还是"顶级研究人才"，虽然统计标准不一，但均从一定程度上反映了人工智能领域中美两国在顶尖人才这一结构性指标上的巨大差异。

8.9.1 优化人才培养模式

制造业作为实体经济的核心成分，离不开人才、技术与创新的要素集聚、共同引领。换言之，倘若制造企业只是物理上的搬迁和集聚，不在人才引进和技术研发上下足功夫，人才的贫瘠最终很可能演变为企业的衰落。《人民日报》对三省六市 100 家企业的问卷调查结果，高达 73.08% 的企业认为，目前企业迈向高质量发展的过程中最主要的困难就是"技术人才缺乏"。今后，应当积极构建符合制造业创新发展要求的现代化教育、知识和人力资源发展体系，逐步健全和完善培养更多高技能人才和大国工匠的机制，推动高技能人才队伍建设，提高技能人才尤其是高技能人才在制造业人才队伍中的占比，逐步化解人才供需的结构性矛盾。例如，随着发达国家"再工业化"战略的不断深化，直接从事制造行业的劳动力人数将大幅减少，而溢出的剩余劳动力则需要成为机器维护员、软件设计者，通过操纵智能软件管理机器人完成生产任务。在这种生产方式下，从业人员需要很高的知识储备、技能水平和综合素养。因此，发达国家纷纷调整改革其职业教育内容的重心，逐步拓展专业的宽度，淡化专业对口概念，转而以专业群为基础对接产业群发展；由强调"从学校到工作"的"就业导向"逐渐向"从学校到生涯"转换；重点培养学生的通用能力，即注重批判性思考与问题解决能力，交流与协作能力，创新与革新能力的培养；提高职业教育的整体层次，推迟职业

---

① 李鹏飞.改革开放 40 年集成电路产业发展历程和未来的机遇及挑战[J].发展研究,2019(01).

教育对象的主要年龄阶段，实施高中后分流。今后，我国应当横向贯通国家高端制造业发展急需的"高精尖"专业和专业群，纵向完善职业教育"五年一贯制""高本贯通"的一体化培养形式、互认机制、评价方式，应积极开拓与智能制造领域密切相关的重点专业、特色专业，培养一大批具有前沿专业知识、一般学科知识与特定领域知识深度融合的高素质技术技能型人才，实现人机协同发展，另一方面紧跟产业变革步伐，增设发展营销、设计、创意等与服务业相关的专业，以适应经济服务化、市场需求重心向服务业转移趋势。同时，我国很多的制造企业依然还在沿用传统的"师徒制"传帮带的人才培养模式，这种模式下的人才培养成功率低、偶然性强、人为因素大、难以复制。不能形成完整的技术人才培养机制就无法批量"生产"更多高素质的能工巧匠，也就无法打造出有情怀守信念、懂技术敢创新的高技能产业大军。今后，应当秉承"政府主导、行业指导、学校支持、企业参与"的精神，对于校企合作的良性互动机制和产教融合的人才培养模式进行更深层次的探讨和试行，加强产学研一体化办学，升级产学研合作模式，引入"市场化"的产学研合作办学思路，并逐步形成产学研的社会合作机制，为我国制造业升级提供强大的技术支持和创新平台。特别是要围绕提高制造业发展的自主创新能力、建设创新型国家的战略目标，造就一批具备世界水平、掌控全球话语权的科学家、领军人才、高水平工程师和高能级创新团队。同时，还要大力培养能够在制造业一线开展工作的创新人才和青年科技人才，打造独具匠心的创新型人才支撑队伍。

8.9.2　改善人才发展环境

制造业企业吸引人才通常面临"三难"：找不到、招不来、留不住，因此，应当进一步优化制造业人才成长和发展的生态环境。在国家层面，出台激励制造业人才良性发展的政策举措，对战略性新兴产业和传统产业实施差异化人才政策支持，引导人才向制造业回流，逐步构建起与制造业高质量发展相适应、梯度发展的制造业人才培育体系。在区域层面，鼓励各地围绕园区和各类产业集聚区，加大产城融合力度，针对中小城市制造业人才流失问题，适时发布柔性引才政策年度报告或案例集，畅通体制机制通道，围绕企业引才用才的难点痛点问题，打造以产业、研发机构或科技平台吸引人才的机制，从人才的引、育、用、留等多方面提供政策支持，充分调动和发挥企业在制造业人才培养中的积极性和主体作用，持续发挥"人才飞地"模式作用，以兼职挂职、"周末工程师"等形式加强制造业人才流动和布局，逐步建立制造业人才"不求所有、但求所用"的机制。同时，梳理企业人才需求清单，以"一事一议"的方式及时研究解决人才工作政策边缘性、个性化需求，推动人才资源向企业一线聚集。紧盯人才普遍关心的编制、职称、待遇、成长环境等关键问题，探索破题路径，在子女教育、医疗保健、住房保障等方面提供更直接更高效的资源对接，构建宜居宜业创新创造的人才生态。

8.9.3 优化人才激励机制

我国从制造大国迈向制造强国，需要不断修炼内功，也需要更多高质量的"工匠人才"加入。有资格被称为"工匠"的人才，在技术层面应当专注于某一领域，并针对这一领域的产品研发或生产加工具备丰富的专业知识和技能经验；在产品层面指的是工作中专注投入和精益求精，面对每一工序、每一环节所付出的一丝不苟和深层思考。身为工匠，技术和产品同等重要，缺一不可，甚至因此填补了国内技术空白或者突破了国外技术封锁，为整个行业树立标杆甚至制订规范。"十三五"期间，我国高技能人才队伍不断壮大，"大国工匠"成才之路不断拓宽，各地对于"工匠人才"也已经有一定的激励机制。例如，2022年厦门市技能大师工作室计划遴选20个市级技能大师工作室，入选后将给予8万元资金奖补。除奖金支持外，对确定的市级技能大师工作室，还将择优推荐参评福建省技能大师工作室。工作室成绩突出的技能大师，将优先列为省、市高技能人才国（境）外培训的对象，并可优先推荐参加"全国技术能手""中华技能大奖"等各级技能人才荣誉称号的评选。今后，应当进一步大力宣传技术工人在经济和社会发展和企业供给侧结构性改革中的重要作用及突出贡献，让技术工人受到全社会的重视和关注，提高工匠工资水平，并给予技工晋级的通道。建立健全企业培养工匠的激励机制和工匠流失的补偿机制，调动企业培育工匠的积极性。

参考文献

[1] 蔡承彬.推动传统制造业向服务型制造转型为建设制造强国提供有力支撑[N].人民日报,2021-12-14.

[2] 曹芹,金泽虎.美国制造业空心化的现状、原因与未来前景[J].红河学院院刊,2021(12).

[3] 陈芳,王学昭,刘细文,王燕鹏,吴鸣.美国出口管制科学仪器技术分类研究[J].世界科技研究与发展,2021(08).

[4] 陈柳.构建长三角跨区域的世界级产业集群[EB/OL].澎湃新闻网,2020-12-02.

[5] 陈维宣,吴绪亮.产业互联网是治疗"鲍莫尔病"的一剂良药[EB/OL].腾讯研究院,2021-10-11.

[6] 程大中.论全球贸易自由化的基本趋势与现实挑战[J].人民论坛·学术前沿,2018(10).

[7] 程广宇.京沪高速列车上路看我国高铁创新进展及创新组织经验[J].中国科技财富,2011(17).

[8] 杜壮.高端化、绿色化正成为推动制造业高质量发展的重要发力点[J].中国战略新兴产业,2021(12).

[9] 封凯栋,纪怡.建设本土创新共同体——国际创新竞争背景下中国的困境与出路[J].文化纵横,2021(04).

[10] 顾登晨.消费互联网向产业互联网转型的五大挑战[EB/OL].澎湃新闻,2019-

10-23.

[11] 郭安琪.战后日本制造业的结构演进[J].新经济,2021(06).

[12] 郭朝先.百炼成钢:中国工业创造世界瞩目奇迹[N].新京报,2021-06-29.

[13] 郝红梅.中国吸引外资亟须关注六大问题[N].中国经济时报,2019-03-27.

[14] 何立胜.健全新型举国体制提升创新能力[N].经济日报,2021-01-19.

[15] 洪银兴.论创新驱动经济发展战略[J].经济学家,2013(01).

[16] 胡志宇.产业界、科研机构与金融业的合作环境[J].全球科技经济瞭望,2014
(02).

[17] 黄剑辉,等.欧美"再工业化"成效及对我国的启示与借鉴[J].民银智库研究,
2017(69).

[18] 黄鹏,汪建新,孟雪.经济全球化再平衡与中美贸易摩擦[J].中国工业经济,
2018(10).

[19] 黄群慧,贺俊.中国制造业的核心能力、功能定位与发展战略[J].中国工业经
济,2015(06).

[20] 黄群慧.改革开放40年中国的产业发展与工业化进程[J].中国工业经济,2018
(9).

[21] 黄群慧.以高质量工业化进程促进现代化经济体系建设[J].行政管理改革,
2018(01).

[22] 金碚.大国筋骨:中国工业化65年历程与思考[M].广州:广东经济出版
社,2015.

[23] 克劳斯·施瓦布.第四次工业革命:转型的力量[M].北京:中信出版集
团,2016.

[24] 李大元,王昶,姚海琳.发达国家再工业化及对我国转变经济发展方式的启示
[J].现代经济探讨,2011(8).

[25] 李海飞,李建英.积极推进制造业数字化转型[N].河北日报,2021-12-01.

[26] 李金华.德国"工业4.0"与"中国制造2025"的比较及启示[J].中国地质大学学
报(社会科学版),2015(9).

[27] 李鹏飞.改革开放 40 年集成电路产业发展历程和未来的机遇及挑战[J].发展研究,2019(1).

[28] 李舒沁.欧盟支持中小企业数字化转型发展政策主张及启示[J].管理现代化,2020(05).

[29] 李晓华.数字科技、制造业新形态与全球产业链格局重塑[J].东南学术,2022(02).

[30] 李晓华.制造业全球产业格局演变趋势与中国的应对策略[J].财经问题研究,2020(10).

[31] 李晓萍,江飞涛,黄阳华.推动信息技术与实体经济深度融合[J].经济参考报,2019-01-23.

[32] 李新安,李慧.中国制造业绿色发展的时空格局演变及路径研究[J].区域经济评论,2021(04).

[33] 李玉.后金融危机时代美国制造业现状及启示[J].西南金融,2020(10).

[34] 李昱,王峥,高菲.新型研发机构在产学研深度融合中的作用探析——以瑞士比尔创新园为例[J].全球科技经济瞭望,2021(01).

[35] 李振兴.英国重点支持的八个基础研究方向解析[J].全球科技经济瞭望,2013(2).

[36] 李震英.英国将迎来激进的学徒制改革[N].中国教育报,2015-10-21.

[37] 栗楠,郑宽.德国能源战略——绿色先驱[N].中国能源报,2018-12-31.

[38] 廖奕驰,张义忠.中国与主要制造强国知识产权质量差距分析[EB/OL].澎湃新闻网,2021-09-26.

[39] 凌胜利,雒景瑜.拜登政府的"技术联盟":动因、内容与挑战[J].国际论坛,2021(06).

[40] 刘劼.奥巴马"学徒计划"欲重振美国制造业[EB/OL].新华网,2014-04-22.

[41] 刘戒骄,方莹莹,王文娜.科技创新新型举国体制:实践逻辑与关键要义[J].北京工业大学学报(社会科学版),2021(05).

[42] 刘润生.未来创新政策引领德国发展航向[N].光明日报,2017-12-06.

[43] 刘伟,蔡志洲.我国工业化进程中产业结构升级与新常态下的经济增长[J].北

京大学学报(哲学社会科学版),2015(5).

[44] 刘玉书,王文.中国智能制造发展现状和未来挑战[EB/OL].人民智库公众号,
2022-01-20.

[45] 刘云.英国去工业化的代价与对中国的警示[J].产权导刊,2020(01).

[46] 吕铁,刘丹.制造业高质量发展:差距、问题与举措[J].学习与探索,2019(01).

[47] 孟凡新.用数字化为制造业高质量发展赋能[N].经济日报,2022-03-13.

[48] 彭文生.认识中国创新经济[R].中国首席经济学家论坛,2021-09-30.

[49] 渠慎宁,杨丹辉.中美制造业劳动力成本比较分析[J].中国党政干部论坛,
2017(6).

[50] 赛迪智库.从感知技术专利看中国自动驾驶与世界的差距[EB/OL].澎湃新
闻,2020-01-16.

[51] 邵嘉文,郭将.美国再工业化对中国制造业的影响分析[J].经济研究导刊,
2018(31).

[52] 邵宇,陈达飞.创新:现代经济增长的不竭源泉[EB/OL].澎湃新闻,2021-
10-24.

[53] 史丹,许明,李晓华.产业链与创新链如何有效融合[J].中国中小企
业,2022(02).

[54] 史丹.打造工业绿色发展新动能[J].中国经济网,2017-01-24.

[55] 史丹.绿色发展与全球工业化的新阶段:中国的进展与比较[J].中国工业经
济,2018(10).

[56] 世界各国再工业化战略与全球机床市场分析[J].世界制造技术与装备市场,
2021(01).

[57] 宋紫峰.未来全球产业分工格局变化分析[J].中国发展观察,2019(12).

[58] 孙丽.日本的"去工业化"和"再工业化"政策研究[J].日本学刊,2019(01).

[59] 孙志燕,郑江淮.全球价值链数字化转型与"功能分工陷阱"的跨越[J].改革,
2020(10).

[60] 孙志燕.破解中国"芯"难题需立足全球半导体产业生态[EB/OL].澎湃新闻

网,2021-09-14.

[61] 谭惠文.美智库深度分析《保持美国创新优势 2020》[R].美国战略与国际研究中心,2020-10.

[62] 唐志良.发达国家再工业化影响我国制造业转型升级的机制研究[J].西部经济管理论坛,2019(01).

[63] 王绛.加快完善我国立体式创新体系[N].经济参考报,2022-02-08.

[64] 王茹.美国再工业化和工业互联网的启示[N].中国经济时报,2016-03-08.

[65] 王一鸣.加快推进制造业数字化转型[N].学习时报,2022-03-04.

[66] 王永龙."再制造业化"战略建构及对我国的影响效应[J].经济学家,2017(11).

[67] 王展祥,李擎.美国"再工业化"对中国经济结构转型升级的影响及对策研究[J].江西师范大学学报(哲学社会科学版),2018(03).

[68] 魏际刚.构建强大纺织产业链的战略思路[R].国务院发展研究中心,2020-10.

[69] 吴晓琪.美英等国"再工业化"战略的效果评价及启示[J].特区实践与理论,2018(05).

[70] 邢佳颖.美国经济制裁政策评析[EB/OL].IPP 公众号,2021-10-11.

[71] 徐林.从加入 WTO 到加入 CPTPP：中国产业政策的未来[EB/OL]."比较"微信公众号,2021-11-14.

[72] 徐梅.日本制造业强大的原因及镜鉴[J].人民论坛,2021(Z1).

[73] 徐宇辰.中国装备制造业创新发展与国际借鉴的思考[J].中国发展观察,2022(01).

[74] 薛亮.日本国家科学技术创新战略——"统合创新战略"简介[EB/OL].上海情报服务平台,2020-12-02.

[75] 杨继军,范从来."中国制造"对全球经济"大稳健"的影响——基于价值链的实证检验[J].中国社会科学,2015(10).

[76] 张继彤,陈煜.再工业化对美国制造业产出效率的影响研究[J].世界经济与政治论坛,2018(5).

[77] 张其仔.加快新经济发展的核心能力构建研究[J].财经问题研究,2019(02).

[78] 张秋菊,惠仲阳,李宏.美日英三国促进先进制造发展的创新政策重点分析

[J].全球科技经济瞭望,2017(7).

[79] 张文涛.从"去工业化"与"再工业化"的历史演进谈工业的全球化[J].集宁师范学院学报,2018(01).

[80] 张向晨.美国重振制造业战略动向及影响[J].国际经济评论,2012(04).

[81] 张友丰.英国制造业发展经验及启示[J].管理现代化,2021(03).

[82] 张幼文.中国经济需要为未来十年做好准备——重新定义对外开放[J].探索与争鸣,2021(07).

[83] 张志元,李兆友.新常态下我国制造业转型升级的动力机制及战略趋向[J].经济问题探索,2015(06).

[84] 郑世林.中国跻身创新型国家前列的挑战与建议[J].今日科技,2020(12).

[85] 周毅,许召元,李燕.日本经验对我国制造业高质量发展的启示[EB/OL].国研网,2020-03-16.

[86] 朱星华.我们究竟需要什么样的职务科技成果所有权制度?[J].科技与金融,2021(10).

后记

2008 年全球金融危机后，为了重振制造业，发达国家纷纷启动"再工业化"战略，在全球范围内开启了一场全新的制造业发展制高点争夺战。随着发达国家"再工业化"战略的实施，新产业、新技术、新业态、新模式层出不穷，全球制造业发展格局加速演变。复杂多变的外部环境，给我国制造业跨越式发展既带来诸多挑战，也创造了难得的机遇。我国制造业的发展既需要积极应对发达国家"再工业化"战略的实施，更需要加快实现制造业高质量发展的中长期战略目标，不断稳固和提升在全球价值链中的地位。

作为一名决策咨询工作者，我十分关注全球制造业的格局演变和我国制造业的转型升级。在此期间，我主持的国家社科基金项目"发达国家再工业化背景下我国制造业升级的策略研究"，对发达国家"再工业化"战略的重要举措及其对全球制造业格局所产生的深刻影响，以及我国制造业转型升级所面临的新形势进行了持续跟踪和深度分析。本书即是在该研究报告的基础上完善而形成的。

本书得以顺利出版，要感谢我的工作单位上海发展战略研究所的大力支持。我更要特别感谢我的爷爷周陆勋先生，他是一位资深的财政科学研究工作者，虽已是九旬老人，但一直心系我的研究工作，始终给予我关心、鼓励和支持。

本书的出版也得到上海远东出版社的大力帮助，由于编辑们出色且高效的工作，我才能在如此短的时间内将本书呈现给读者。

由于笔者知识水平有限，书中错漏之处在所难免，恳请读者批评指正。

周海蓉

2022 年 6 月 10 日